2017年世界发展指标

世界银行 著
田润泽 译

中国财经出版传媒集团
中国财政经济出版社

World Development Indicators 2017

Copyright © 2017 by International Bank
for Reconstruction and Development / The World Bank

This work was originally published by The World Bank in English as *World Development Indicators 2017* in 2017. This Chinese translation was arranged by China Financial and Economic Publishing House. China Financial and Economic Publishing House is responsible the quality of the translation. In case of any discrepancies, the original language will govern.

2017年世界发展指标

© 2017 国际复兴开发银行/世界银行

《2017年世界发展指标》一书英文原版由世界银行于2017年出版发行，该书中文版由中国财政经济出版社出版。中国财政经济出版社应对译文的准确性负责，如有不符，一切以原文为准。

本书中的发现、阐释和结论为作者的观点，未必代表世界银行执行董事会或他们代表的政府的观点。

世界银行不保证该作品中数据的准确性。本书中任何地图的疆界、颜色、名称以及其他资料，并不代表世界银行的任何部门对任何地区法律地位的看法，也不意味着对这些疆界的认可或接受。

图书在版编目（CIP）数据

2017年世界发展指标/世界银行著；田润泽译.—北京：中国财政经济出版社，2019.3
书名原文：World Development Indicators 2017
ISBN 978-7-5095-8833-8

Ⅰ.①2… Ⅱ.①世…②田… Ⅲ.①世界经济-经济发展-综合指标-2017 Ⅳ.①F112

中国版本图书馆CIP数据核字（2019）第044809号

责任编辑：王 飏　　　　　　　　　　　责任校对：李 丽

中国财政经济出版社 出版

URL：http://www.cfeph.cn

E-mail：cfeph@cfemg.cn

（版权所有　翻印必究）

社址：北京市海淀区阜成路甲28号　邮政编码：100142

营销中心电话：010-88191537

北京厚诚则铭印刷科技有限公司印装　各地新华书店经销

889×1194毫米　16开　9.25印张　253 000字

2019年6月第1版　2019年6月北京第1次印刷

定价：60.00元

ISBN 978-7-5095-8833-8

（图书出现印装问题，本社负责调换）

本社质量投诉电话：010-88190744

打击盗版举报热线：010-88191661　QQ：2242791300

纪念汉斯·罗斯林（Hans Rosling），他开拓了我们的眼界，
让我们看到了一个我们身在其中却从未发现的世界。

前　言

《世界发展指标》创刊号发表于《1978年世界发展报告》的增刊，今年已迈入第四十个年头。世界经历了无数变迁，《世界发展指标》也随之发展并不断调整。如今，《世界发展指标》覆盖更多的国家，提供更多的指标：在线数据库（http://data.worldbank.org）已包含超过220个经济体的逾1400项指标，其中部分数据序列可追溯至50多年前。

2017年，"世界发展指标"数据库进行了增补，新增指标包括"可持续发展目标"，新增数据分为性别、年龄、财富五分位数以及城乡地理位置类别。新数据包含清洁烹饪燃料的使用率与全球工业设计应用的注册数。当前价格与通货膨胀下的国内生产总值数据解释了时间序列中断的原因。

本版《世界发展指标》主要体现了两大结构性变化：

"贫困与共同富裕"原为"世界概览"的一部分，现成为独立板块。"世界概览"中的全球精选包含全部六大主题版块的数据。

"可持续发展目标"数据现呈现于《2017年可持续发展目标图集》，该书为全新的附属出版物，书中对"世界发展指标"数据进行了分析与可视化，以探索2030年目标的进程，并催生评估问题与数据需求的讨论。

若无世界各地统计学家与数据科学家的辛苦努力，《世界发展指标》将无法完成。在此，本人一并表示感谢。他们的职责是帮助人们在生活中做出更好的决策；收集，分析，传播高质量、可比照的数据是发挥这一作用过程中重要的组成部分。投资数据系统与统计能力对于世界银行实现消除极端贫困、推动共同富裕的目标而言至关重要。

付海山（Haishan Fu）
发展经济学数据组组长

目 录

前言 v
合作伙伴 viii
使用指南 xii

世界概览 1
贫困与共同富裕 2
人口 3
环境 4
经济 5
政府与市场 6
全球联系 7
地图 8
指标表格 10
关于数据 15
在线表格与指标 17

1. 贫困与共同富裕 19
地图 20
贫困指标表格 22
关于数据 26
共同富裕指标表格 29
关于数据 31
在线表格与指标 33

2. 人口 35
地图 36
指标表格 38
关于数据 43
在线表格与指标 47

3. 环境 51
地图 52
指标表格 54
关于数据 59
在线表格与指标 63

4. 经济 67
地图 68
指标表格 70
关于数据 75
在线表格与指标 79

5. 政府与市场 83
地图 84
指标表格 86
关于数据 91
在线表格与指标 95

6. 全球联系 98
地图 100
指标表格 102
关于数据 107
在线表格与指标 110

来源与方法 113
参与工作的人员 129

合作伙伴

本书所定义、收集并公布的国际统计数据是许多人士和组织集体努力的结果。《世界发展指标》提供的各种指标数据是各方面的工作人员几十年工作的结晶,包括在世界各地实际从事普查和家庭调查的现场工作人员,以及各种委员会及各国和国际统计机构的工作人员。这些委员会和统计机构确定的术语、分类方法和标准,为国际统计体系奠定了基础。非政府组织和私人部门也在收集原始数据、组织和出版其成果方面做出了重要的贡献。另外,学术研究人员也在建立统计方法方面发挥了重要作用,并就统计指标的质量和解释开展了持续对话。所有这些人员都拥有一个强烈的信念,那就是获得精确的数据有利于提高公共和私人决策的质量。

通过与以下机构共享它们的数据和专业知识,这本《世界发展指标》才有可能出版。更为重要的是,这些机构的合作为世界银行致力于发展的努力做出了贡献,同时也对其他旨在提高人类生活质量的方面做出了贡献。我们要对那些努力帮助我们建立了有关全球及人民的综合的、丰富翔实的信息基础的人们表示谢意。

为方便大家查询,我们在此列出了有关组织的网址。这些网址截至2017年3月1日仍有效。

国际和政府机构

二氧化碳信息分析中心

http://cdiac.ornl.gov

灾害流行病学研究中心

www.emdat.be

德国技术合作公司

www.giz.de

人口统计与调研项目

www.dhsprogram.com

全球大气研究排放数据库

http://edgar.jrc.ec.europa.eu

欧盟统计局

http://ec.europa.eu/eurostat

联合国粮食与农业组织

www.fao.org

健康指标与评估研究所

www.healthdata.org

流离失所监测中心

www.internal-displacement.org

国际民用航空组织

www.icao.int

国际糖尿病联盟	斯德哥尔摩国际和平研究所
www.idf.org	www.sipri.org
国际能源署	理解儿童工作项目规划小组
www.iea.org	www.ucw-project.org
国际劳工组织 	联合国
www.ilo.org	www.un.org
国际货币基金组织 	联合国人类居住中心，全球城市观测计划
www.imf.org	www.unhabitat.org
国际电信联盟 	联合国儿童基金会
www.itu.int	www.unicef.org
联合国艾滋病规划署	联合国贸易与发展会议
www.unaids.org	www.unctad.org
国家自然科学基金会 	联合国经济和社会事务署人口司
www.nsf.gov	www.un.org/esa/population
美国外国灾害援助办公室	联合国维持和平行动部
www.usaid.gov	www.un.org/en/peacekeeping
经济合作与发展组织 	联合国教育、科学及文化组织统计研究所
www.oecd.org	www.uis.unesco.org

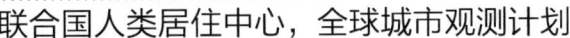

联合国环境规划署  www.unep.org	乌普萨拉大学冲突数据库  www.pcr.uu.se/research/UCDP
联合国工业发展组织  www.unido.org	世界银行  http://data.worldbank.org
联合国国际减灾战略组织  www.unisdr.org	世界卫生组织  www.who.int
联合国药物管制与预防犯罪办事厅 www.unodc.org	世界知识产权组织  www.wipo.int
联合国难民署  www.unhcr.org	世界旅游组织  www.unwto.org
联合国人口基金会  www.unfpa.org	世界贸易组织  www.wto.org
联合国统计司 http://unstats.un.org/unsd/	

私人与非政府组织

国际地球科学信息网络中心

www.ciesin.org

DHL

www.dhl.com

国际战略研究所

www.iiss.org

劳埃德船舶日报

www.lloydslist.com/ll/sector/containers/

天网

http://news.netcraft.com

普华永道会计师事务所

www.pwc.com

标准普尔

www.standardandpoors.com

世界保护监测中心

www.unep-wcmc.org

世界经济论坛

www.weforum.org

世界交易所联合会

www.world-exchanges.org

世界资源研究所

www.wri.org

使用指南

《世界发展指标》是世界银行关于发展状况跨国可比数据最重要的汇编。数据库覆盖了217个经济体与超过40个多国集团的1400余项时间序列指标,其中多项指标数据可追溯至50多年前。

2017版《世界发展指标》简明地展示了主要指标以及地区时事精选与地图。贫困与共同富裕相关指标出现在独立版块之中。

表格

表格中包含世界银行所有成员国(189个)以及所有人口超过30,000的其他经济体(共217个)。国家与经济体按照首字母顺序排列(中国香港、中国澳门列在中国之下)。

术语"国家"可与经济体通用,不意味政治独立,而指代任何能够独立报告社会或经济统计数据的地区。如有可能,表末,都附上各收入群体与地区组别的总体估算。

各收入组别的总体估算

各收入组别的总体估算包括表格列出的217个经济体,以及中国台湾(数据可用时)。为保持不同时间、不同表格之间总体估算的一致性,将尽可能推算缺失数据。

地区总体估算

除非另有说明,地区总体估算应包含全部收入层次的经济状况。地区的国家组成可能有别于惯常地理划分。地区分级详情,参见封底内页地图。更多总体估算方法的讨论,参见"来源与方法"版块。

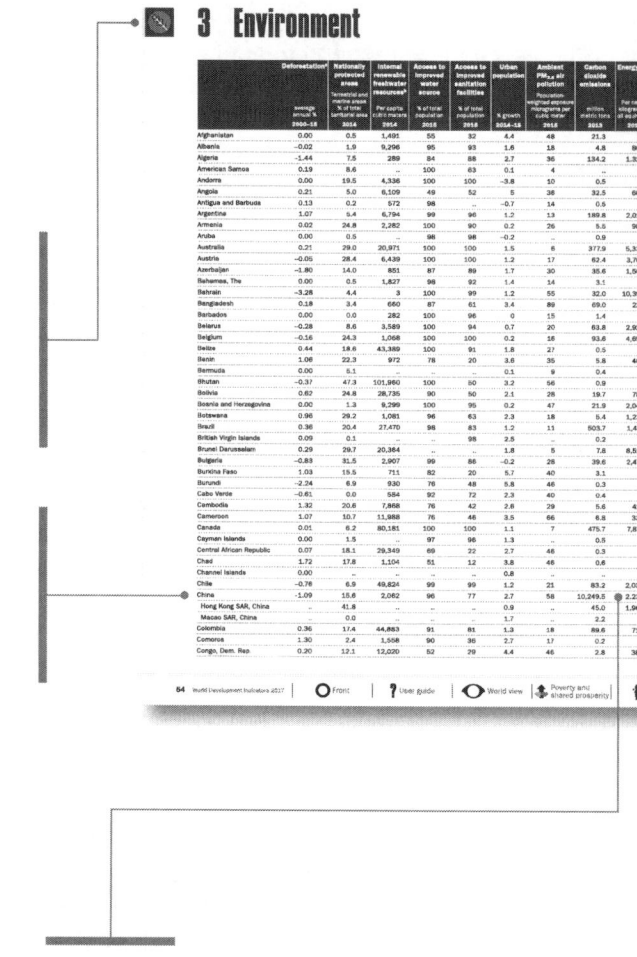

数据展示惯例

- 空格表示不可用,或不具分析意义(合计栏)。
- 十亿为1,000百万。
- 万亿为1,000十亿。
- 红色斜体数字表示非特定年份或时期的数据,或者表示非整个特定时期的增长率估算值。
- 3年以上的数据在脚注中显示。
- 数据截止日期为2017年2月1日。

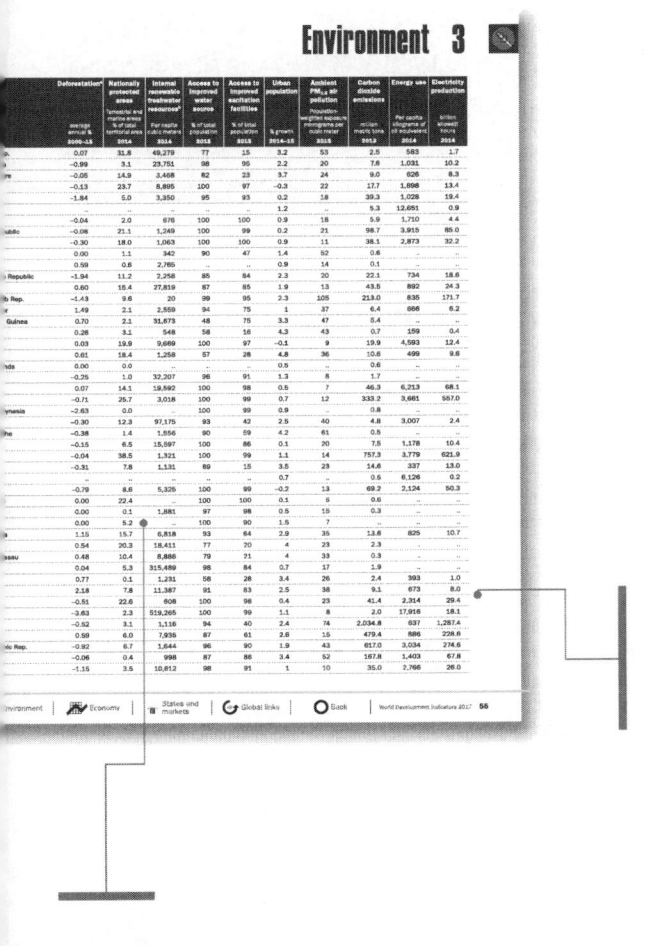

对各经济体的分类

为方便操作与分析，世界银行所采用的主要经济体分级标准为人均国民总收入（使用"世界银行图表集法"方法换算成美元）。由于人均国民总收入随时间不断改变，不同版本的《世界发展指标》中，各收入群体的国家组成可能会不同。一旦根据数据可用的最近年份的人均国民总收入（此版中为2015年数据）确定了版本中的分级，所有历史数据将按照同样的分组进行展示。

低收入经济体2015年的人均国民总收入不高于1,025美元。中低收入经济体的人均国民总收入介于1,026—4,035美元之间。中高收入经济体的人均国民总收入介于4,036—12,475美元之间。高收入经济体的人均国民总收入不低于12,476美元。通常，低收入与中等收入国家统称发展中国家。

统计数据

各经济体数据展示以2015年的数据构成为模板，修订后的历史数据反映了当前的政治安排。各例外情况已在表格中予以标示。

数据相关的附加信息在"来源与方法"版块，总结了国内与国际为更好地收集基础数据所作的努力，并提供了国家层面的信息，包含直接来源、人口普查年、财政年、所用的统计概念以及其他背景信息。"来源与方法"版块还提供了全书通用的与计算相关的技术信息。

国别说明

- 中国的数据不包括中国香港、中国澳门和中国台湾。
- 塞尔维亚的数据不包括科索沃以及黑山共和国。
- 苏丹的数据，如无另外说明，不包括南苏丹数据。

符号意义

..	表示无数据或因所示年份数据丢失而无法计算总值。
0或0.0	表示0或数值太小，小数位可以四舍五入为0。
/	用于时间，如2014/2015，表示该时期（通常为12个月）跨越两个自然年，指收成年度、人口普查年度或财政年度。
$	如无另外说明，表示当前流通的美元。
<	表示小于。

访问http://data.worldbank.org/products/wdi，阅览《世界发展指标》的众多资源，包括时间序列数据库、在线表格、已归档资料组以及"可持续发展目标"交互界面。

《世界发展指标》在线表格

87份统计表格可在网上获得。这些参考表根据《世界发展指标》数据库的改动进行相应的更新。

获取"世界发展指标"在线表格，请访问http://wdi.worldbank.org/tables。直接获取特定的《世界发展指标》在线表格，可使用链接http://wdi.worldbank.org/table/加表格编码（例如，键入http://wdi.worldbank.org/table/WV.1访问《世界概览》版块的第一张表）。本书中的每一个版块还列出了按照表格及编码收录的指数。在线访问特定的指标，可使用链接http://data.worldbank.org/indicator/并键入指标编码（例如，键入http://data.worldbank.org/indicator/SP.POP.TOTL访问总人口页面）。

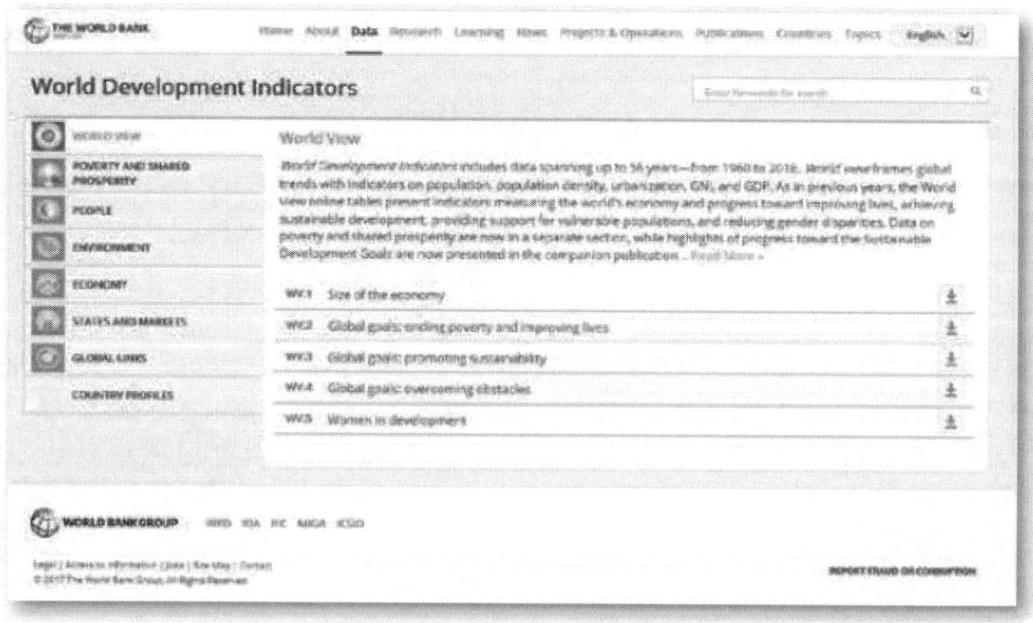

数据库

通过使用DataBank（数据库，http://databank.worldbank.org）网络资源，可以简单快捷地获取《世界发展指标》数据及其他时间序列数据。该网站功能先进，可筛选并展示数据、进行自定义查询、下载数据以及创建图表与地图。用户可根据所选择的国家、指标以及年份信息生成动态自定义报告。所有这类报告都可以轻松编辑、存储、共享，或者作为插件嵌入网页或博客之中。更多信息，请访问 http://databank.worldbank.org/help。

可持续发展目标

为监测"可持续发展目标"的进展，《世界发展指标》数据库向各个国家和多国集团提供了一组全面的相关数据与指标。用于评估"可持续发展目标"的关键指标互动展示可以通过网站 http://data.worldbank.org/sdgs 中世界银行的"可持续发展目标"界面实现。此外，可在网站 http://data.worldbank.org/sdgatlas 中获取的《可持续发展目标图表集2017》对数据进行了分析并实现了数据可视化，旨在探索2030年的目标进展，并促进对评估问题与数据需求的讨论。

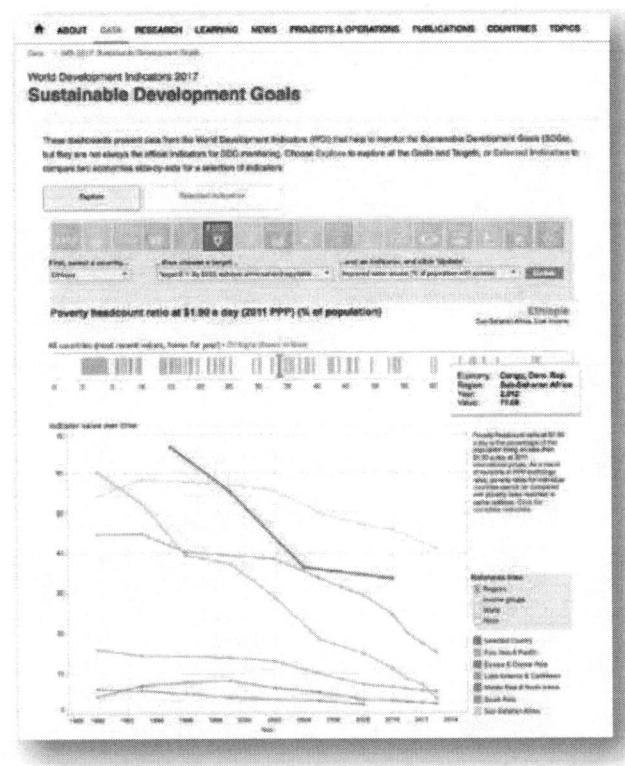

世界概览

《世界发展指标》中的数据跨越56年——从1960—2016年。"世界概览"通过人口、人口密度、城镇化、国民总收入以及国内生产总值等数据来构建全球趋势的框架。同前些年一样,"世界概览"在线表格展示了指标,测算了世界经济,以及提高生活水平、实现可持续发展、向弱势群体提供支持以及缩小性别差异等方面的进程。现今,贫困与共同富裕的数据罗列于独立板块,而"可持续发展目标"进程概况则呈现于一部附属出版物——《可持续发展目标图表集2017》之中。

此版块中的全球概况包含《世界发展指标》的六大主题:

- 贫困与共同富裕,所列指标测算世界银行集团的两大目标进程:2030年之前消除极端贫困;促进各个国家内部的共同富裕。
- 人口,所展示指标涵盖教育、健康、工作、社会保护以及性别,勾勒出全世界范围社会进步的画面。
- 环境,所展示指标包括自然资源的使用(如水和能源)与各种环境恶化的测算,包括污染、采伐森林和栖息地流失;在制定发展战略时,这一切都必须列入考虑。
- 经济,通过各项指标打开一扇窗,使全球经济为人可见,并描述了超过200个国家和地区(对全球产出进行生产、交易以及使用)的经济活动。
- 政府与市场,其指标包括私人投资与表现、金融体系发展、基础设施质量与可用性,以及鼓励投资与发展中,公营成分所扮演的角色。
- 全球联系,列举了流动与连接(可以促使经济增长)规模与方向的指标,包括对交易、汇款、股票、借款以及旅游和移民的测算。

贫困与共同富裕

极端贫困率降低，极端贫困人数减少　1a

生活水平低于1.90美元/天的人口（按2011年购买力平价计算）

注：地区估算值排除了少数高收入国家
a. 因调研覆盖率太低，未显示2013年估算值。
来源：世界银行PovcalNet；《世界发展指标》数据库（SI.POV.DDAY）

农村贫困率通常高于城镇贫困率　1b

国家贫困线上的农村贫困率（百分比）

来源：世界银行PovcalNet；《世界发展指标》数据库（SI.POV.RUGP, SI.POV.URGP）。

有数据的国家之中，最贫穷40%的增长速度高于平均水平的国家超过半数　1c

2008—2013年，人口中最贫穷40%人均收入或消费年化增长率（百分比）

来源：共同富裕全球数据库；《世界发展指标》数据库（SI.SPR.PC40.ZG, SI.SPR.PCAP.ZG）

　　1990年，世界三分之一的人口——18亿人——生活在极端贫困之中。其中，半数位于东亚与太平洋地区，60%的极端贫困率也使得该地区成为当时最贫困的地区。到了2013年，仍生活在极端贫困的人口仅占世界人口的10%。东亚与太平洋地区进步最为突出，2013年，该地区的极端贫困率仅为3.5%，这一巨大降幅在很大程度上归功于中国。南亚的极端贫困率同样大幅降低，由45%降至15%。但即便已取得了巨大进步，仍有不少挑战摆在眼前。撒哈拉以南非洲地区的极端贫困率虽然降低至41%，但由于人口增长，2013年时，仍有近4亿人每日生活开销不足1.9美元，比1990年反而增加了1亿多人。生活在极端贫困之中的人口，半数位于撒哈拉以南非洲地区（图1a）。

　　多数国家在测算国家贫困时，除使用国际贫困线外，还会使用本国的贫困线。许多国家还会分别报告农村与城镇地区的贫困估算数据，其中，农村贫困率通常显著高于城镇贫困率。在100个同时具有国际贫困线上农村与城镇贫困率的国家，其中92个的最新估算数据表示，农村贫困率高于城镇贫困率。平均下来，一个国家之中，城镇贫困率大约为农村贫困率的一半。为反映生活成本，或是饮食与消费篮成本，一个国家对于农村及城镇地区，或是对于不同地理区域，可能会设置不同的贫困线（图1b）。

　　拥有数据的国家有83个，其中49个国家，其人口之中最贫穷的40%（"底层的40%"）的平均消费或收入，在2008年至2013年之间，增长速度高于全国平均水平。在8个国家之中——多数为高收入国家，包括冰岛、荷兰、葡萄牙、英国以及美国——底层40%的增长尽管高于平均水平，但仍为负数。相对的，拥有数据的83个国家之中，34个国家的底层40%的平均消费或收入，增长速度低于全国平均水平。这34个国家之中，15个国家的底层40%呈现负增长。这15个国家之中，多数国家增长率同样为负，因而整体生活水平下降，而最贫困的人群尤甚（图1c）。

人口

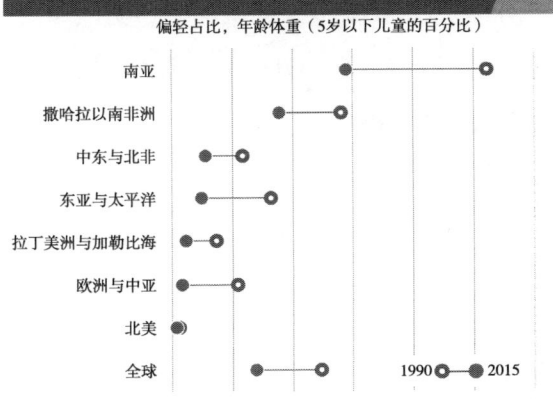

体重偏轻儿童占比，自1990年后不断降低 2a

偏轻占比，年龄体重（5岁以下儿童的百分比）

来源：联合国儿童基金，世界卫生组织，世界银行；《世界发展指标》数据库（SH.STA.MALN.ZS）。

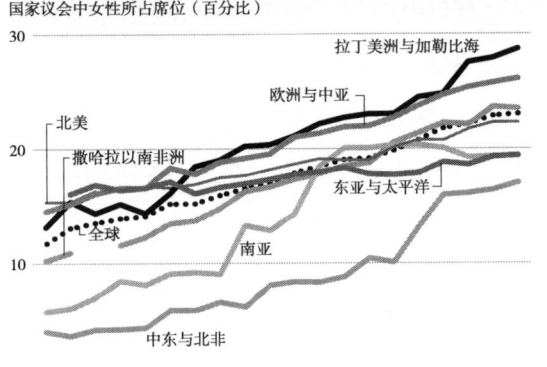

全球范围内，虽然女性所占国家议会席位比例正在提高，但仍不足四分之一 2b

国家议会中女性所占席位（百分比）

来源：国际议会联盟；《世界发展指标》数据库（SG.GEN.PARL.ZS）。

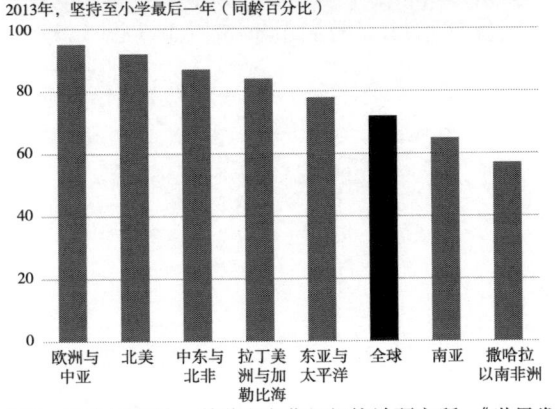

全球范围内，四分之三的儿童进入了小学最后一年的学习 2c

2013年，坚持至小学最后一年（同龄百分比）

来源：联合国交易、科学和文化组织统计研究所；《世界发展指标》数据库（SE.PRM.PRSL.ZS）。

全球范围内，5岁以下儿童体重偏轻的占比已从1990年的25%降低至2015年的14%。也就是说，体重偏轻的儿童数量由1.6亿人减少至0.93亿人。虽然已经降低了20多个百分点，但南亚地区体重偏轻儿童的数量占比依然最高，为29%。撒哈拉以南非洲地区的变化没有如此显著，由1990年的28%降低至2015年的18%。在欧洲与中亚地区，这一数字同样降低，由11%降低至2%以下；而东亚与太平洋地区，则由16%降低至5%（图2a）。

近年来，女性在教育和劳动力市场中的参与度有所提高，但在国家政治决策层面，仍未获得足够代表数量；2016年，女性所占国家议会席位比例仍略低于四分之一。不同地区代表的情况也有所不同：2016年，拉丁美洲与加勒比海地区、欧洲与中亚地区，女性所占席位皆超过了四分之一。虽然在过去20年间，中东与北非地区的女性议员占比增加了四倍，但仍为女性所持席位最低之占比，仅为17%。2016年，仅有两个国家的议会之中，女性人数高于男性：卢旺达，女性占有64%的席位；玻利维亚，女性占有53%的席位。七个国家的议会之中没有女性：海地、密克罗尼西亚联邦、帕劳共和国、卡塔尔、汤加、瓦努阿图和也门共和国（图2b）。

多数国家的教育入学率都有提高，但确保学生长期在校学习仍是挑战。2013年，全世界入学小学一年级的学生中，有72%坚持到了最后一年。然而，不同区域之间差异明显：最低为撒哈拉以南非洲地区的57%，最高则为欧洲与中亚地区的95%。阻碍学生进入小学最后一年学习的因素包括：需要他们工作、缺乏合适的校园设施、教师的高旷工率以及高昂的学费（图2c）。

环境

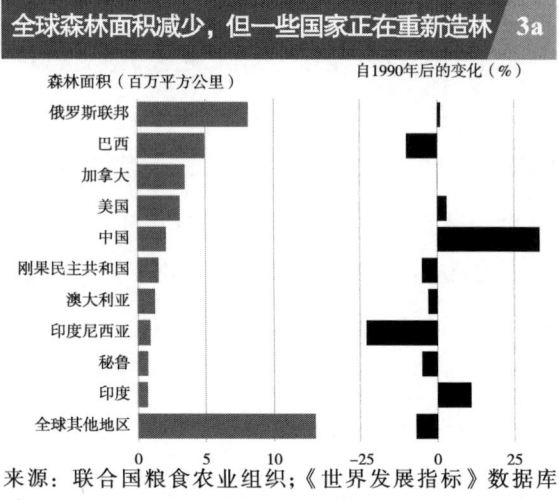

2015年，森林面积占所有土地的30%——略少于4000万平方公里，其中三分之二分布在10个国家内。1990年至今，虽有一些国家成功进行了森林重造，但全球范围内已有3%的森林消失。中国的森林面积增加了33%，即51万平方公里；印度增加了11%，增加了大约7万平方公里。相反，巴西的森林面积减少了10%，即略多于53万平方公里；印度尼西亚减少了25%，减少了27.5万平方公里。致使森林流失的因素包括人口增长、对食物需求增加以及农业生产力增速放缓（图3a）。

空气质量通常通过直径小于或等于2.5微米（$PM_{2.5}$）的悬浮微粒测定。世界卫生组织建议使用10微克/立方米为年均$PM_{2.5}$的参考；现已观测到，长期暴露于高于此浓度的大气环境之中，将对健康产生负面影响。然而，近90%的世界人口居住于超标地区。三个地区——东亚与太平洋、中东与北非、南亚——空气水平自1990年始不断恶化，全球年平均接触浓度已从1990年略低于40微克/立方米升高至2015年的44微克/立方米。2015年，提供数据的194个国家中，仅有26个国家的$PM_{2.5}$水平低于建议水平。145个国家的国民，99%都暴露于高于建议水平的环境之中（图3b）。

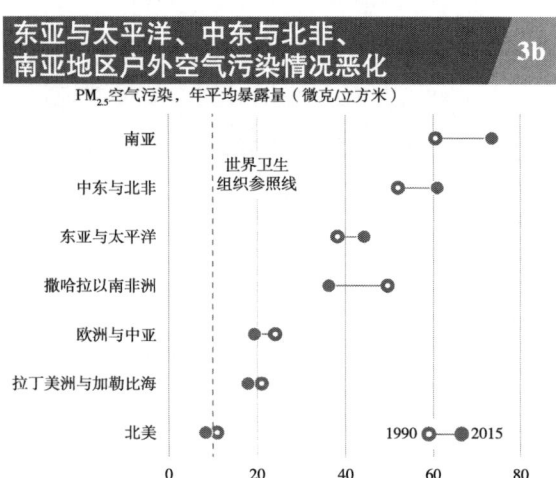

2014年，被视作国家领海的水域，有12%被列为海洋保护区——较之1990年的5%增加了一倍有余。所有地区的比例都有增加，但中亚与北非、南亚以及撒哈拉以南非洲地区，仍保持在6%左右。比利时、法国、摩纳哥、新喀里多尼亚、波兰以及斯洛文尼亚的保护水域都增加了30%以上（图3c）。

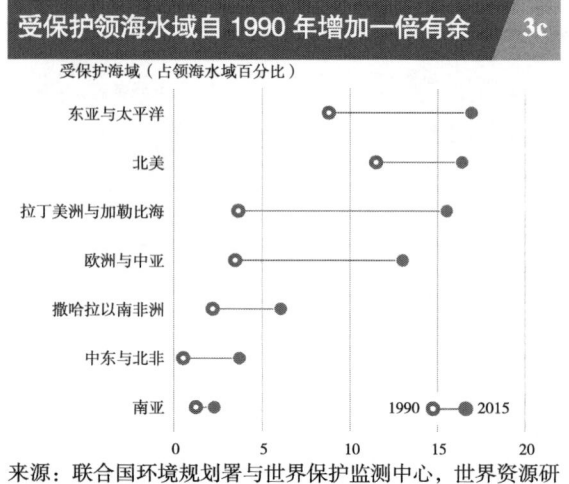

经济

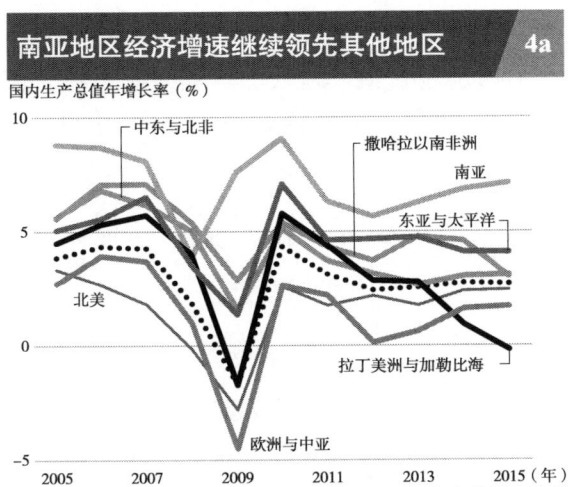

南亚地区经济增速继续领先其他地区 4a

来源：世界银行与经济合作与发展组织国家账户数据；《世界发展指标》数据库（NY.GDP.MKTP.KD.ZG）。

以购买力平价计算，2015年，中国为世界最大经济体 4b

来源：《世界发展指标》数据库（NY.GDP.MKTP.CD, NY.GDP.MKTP.PP.CD）。

国内生产总值占比中，制造业在下降而服务业在上升 4c

来源：世界银行与经济合作与发展组织国家账户数据；《世界发展指标》数据库（NV.IND.MANF.ZS, NV.SRV.TETC.ZS）。

2008年经济危机引发所有地区经济衰退。复苏后，自2012年起，国内生产总值增长相对停滞，2015年全球平均增长2.6个百分点。不过，2015年，不同地区增速差异明显；南亚地区增速稍稍提高，由2014年的6.8%提高到2015年的7.1%，而东亚与太平洋地区保持稳定，约为4.1%。最大降幅出现在撒哈拉以南非洲地区，2015年由4.6%降至3%，进一步给该地区经济复苏带来阻碍（图4a）。

根据标准市场汇率，2015年度，美国是世界最大经济体，国内生产总值为18万亿美元；中国紧随其后，为11万亿美元。但根据购买力平价汇率——不同于市场汇率，而将不同国家的相对价格列入考虑——中国则成为2015年度世界最大经济体，国内生产总值接近20万亿美元，而美国则为18万亿美元。同理，按照购买力平价计算，印度的国内生产总值高于日本、德国、法国以及英国；而根据市场汇率，这些国家的国内生产总值都高于印度（图4b）。

过去20年间，全球国内生产总值中，制造业的占比下降了大约6个百分点，而服务业则上升了约10个百分点，反映出全球范围内生产与雇佣模式的结构正在发生改变。1990年时，中低收入国家服务业对国内生产总值的平均贡献刚刚超过40%。自那以后，这一数字平稳上升——不同收入群体增长率各不相同。中高收入国家增长最快，到2014年接近60%。高收入国家之中，服务行业依旧占据主导地位，2014年时占国内生产总值的将近75%。制造业在所有收入群体的国内生产总值占比都有下降；在中高收入国家占比最高，2014年为21%（图4c）。

政府与市场

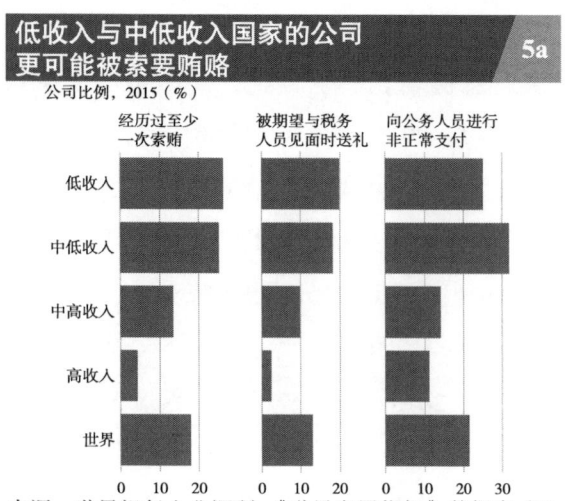

低收入与中低收入国家的公司更可能被索要贿赂 5a

公司比例，2015（%）

来源：世界银行企业调研；《世界发展指标》数据库（IC.FRM.BRIB.ZS, IC.FRM.CORR.ZS, IC.TAX.GIFT.ZS）。

撒哈拉以南非洲地区创业平均成本降幅最大 5b

创业程序成本（相对人均国民总收入的百分比）

来源：营商环境报告；《世界发展指标》数据库（IC.REG.COST.PC.ZS）。

2015年，低收入与中低收入国家受调研公司中，有超过四分之一遭遇过来自政府官员或其他人的索贿或非正规支付要求，而大约五分之一报告说被暗示向税务人员送礼。中低收入经济体中，超过30%的公司报告说，曾被迫向公务人员行贿。私人公司经营业务所必需的一切活动中，行贿都有可能发生：纳税，获取营业执照、进口许可证、建造许可，或是接通水电。受影响最严重的经济体，有超过半数的公司遭遇过这样的要求，增加了商业的官僚主义成本（图5a）。

创业的高成本使得小公司运营变得困难，因而妨害创业积极性。《世界银行营商环境报告》测算了创业相关成本相对于人均国民总收入的百分比。成本包括全部官方费用以及法律或专业服务费用（如果该等服务为法律所要求或通常在实务中被用到）。多数地区的成本自2003年以来都有降低，撒哈拉以南非洲地区降幅最大：由2003年人均国民总收入的300%降至2016年的大约50%。该地区进步最显著的是安哥拉、刚果民主共和国以及塞拉利昂，其成本不到人均国民总收入的三分之一（图5b）。

移动蜂窝服务订购增速极快。2015年，全球人均订购服务数接近1；而在1990年，1,000人之中仅有两人拥有移动电话。高收入国家的订购率最高，低收入国家过去10年的增长速度同高收入国家10年前相当。按照这种增速，未来10年内的某个时间节点，低收入国家的人均订购数也将达到1。相比之下，高收入国家的固定电话业务数量正在减少，低收入国家更是极少（100人不足一部固定电话）；人们转而使用移动网络进行联系。2015年，高收入国家之中，每100人拥有42部固话业务，而峰值时期（2000年），这一数字为55（图5c）。

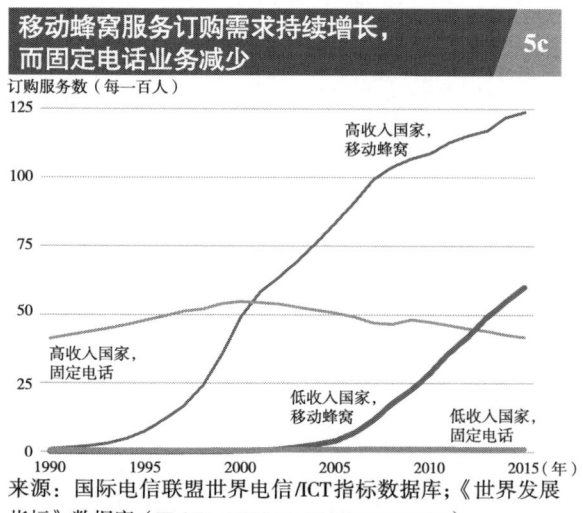

移动蜂窝服务订购需求持续增长，而固定电话业务减少 5c

订购服务数（每一百人）

来源：国际电信联盟世界电信/ICT指标数据库；《世界发展指标》数据库（IT.CEL.SETS.P2, IT.MLT.MAIN.P2）。

全球联系

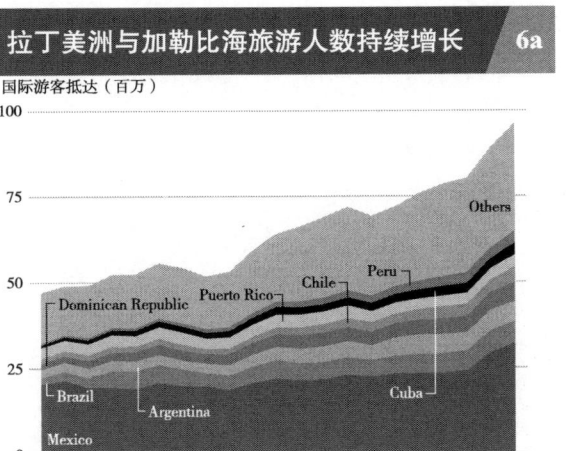

拉丁美洲与加勒比海旅游人数持续增长 6a

国际游客抵达（百万）

资料来源：世界旅游组织；世界发展指标数据库（ST.INT.ARVL）。

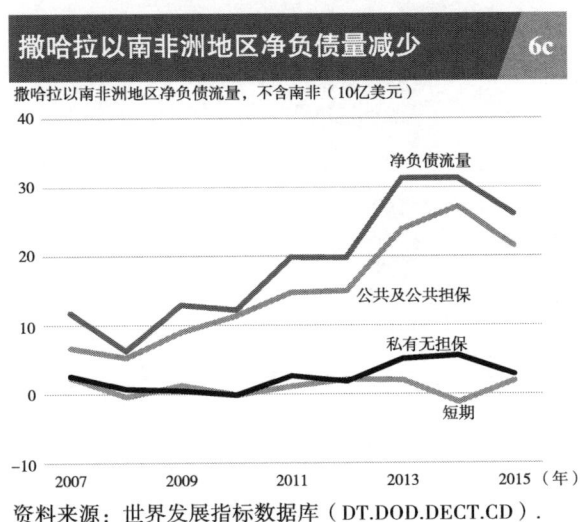

全球难民人数仍在增加，叙利亚尤甚 6b

难民人数，按来源国家划分（百万）

a. 2010年数据无法获得，因为南苏丹2011年才独立。

资料来源：联合国难民事务高级专员公署；世界发展指标数据库（SM.POP.REFG.OR）。

撒哈拉以南非洲地区净负债量减少 6c

撒哈拉以南非洲地区净负债流量，不含南非（10亿美元）

资料来源：世界发展指标数据库（DT.DOD.DECT.CD）。

过去20年间，拉丁美洲与加勒比海地区的游客人数增长了一倍有余，2015年将近1亿人。墨西哥游客增量占总数的四分之一，由1995年的2,000万人增至2015年的3,200万人。这20年间，该地区其他国家的增量同样惊人：秘鲁的游客人数增加了7倍多，巴西增加了3倍多。古巴的旅游业近来发展迅速，2014年至2015年，游客人数增加了50万人。但增长并不限于古巴，2014年至2015年，该地区整体增长8%（图6a）。

2015年，随着叙利亚共和国内战升级，阿富汗和索马里冲突继续，全球难民人数已升至新高——2,100万人。近年之中，阿富汗难民人数一直保持在接近300万人的水平，索马里保持在100万人出头；但叙利亚难民人数急剧增多，由2010年的18,000人增至2015年的500万人。这一数字约占叙利亚总人口的四分之一，同时也占全球难民人数的四分之一。虽然许多难民远遁欧洲甚至全世界，但86%的难民由低收入和中低收入国家收容，其中与冲突地区邻近的区域收容的难民最多。土耳其收容难民最多，2015年达到250万人，紧随其后的是巴基斯坦（160万人）和伊朗（将近100万人）。黎巴嫩的难民数与市民数比例为1：5，是相对人口而言容纳难民最多的国家（图6b）。

2015年，撒哈拉以南非洲地区（不包括南非）净负债量降低了17%，这是自2012年后首次下降。这同其他地区一样，反映出世界经济发展的脆弱以及全球市场油价与其他商品价格下跌。占总额82%的长期公共流入与公共保障流入，因由双边债权人处借款减少41%而下降22个百分点。然而，受影响地区主要集中于博茨瓦纳、毛里求斯及石油进口国，尤其是安哥拉与刚果民主共和国。随着新债券发行大幅减少，私人无保障流入也减少了近50%，减至29亿美元，但这些流入集中在少数国家之中。相反，短期债务流入，相对于其他地区不断流出而言，不仅保持活跃，还在2014年一年之中增长了50%，达到19亿美元。

2015年，世界人口为73.5亿人，接近1960年30亿人的2.5倍。东亚与太平洋以及南亚地区人口增长都超过1亿，而撒哈拉以南非洲地区人口增长最为迅速——增至55年前的4.4倍。中东与北非地区的人口同样增长迅速，增至1960年的4倍（图6c）。

人口

人口增长, 1960 – 2015 (%)

- 低于0
- 0 – 49
- 50 – 99
- 100 – 299
- 300或更高
- 无数据

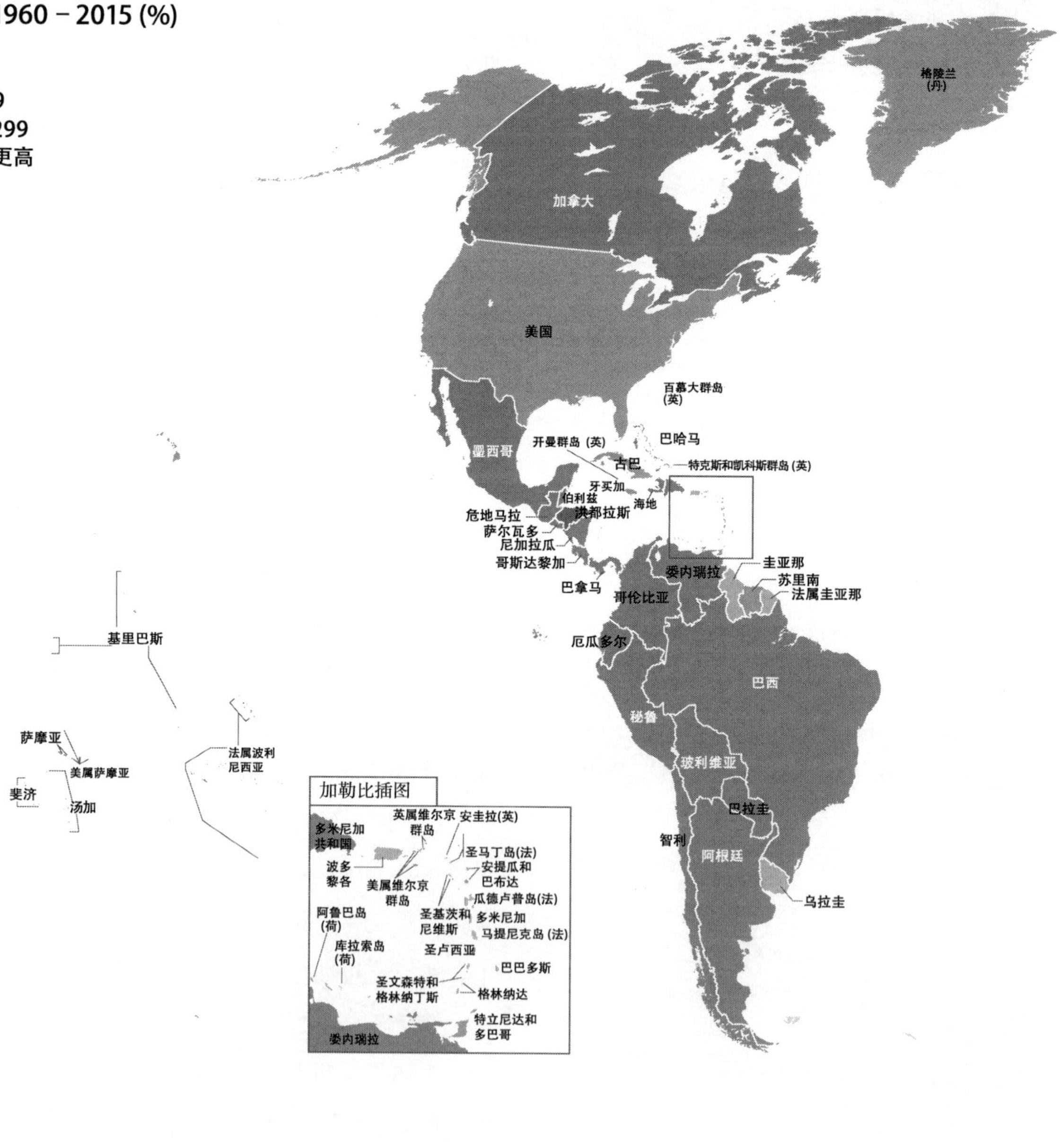

8　2017 年世界发展指标　　前缀　　使用指南　　世界概览　　贫困与共同富裕　　人口

到2050年，23%的世界人口将生活在撒哈拉以南非洲这一人口增速最快地区；2015年时，该比例仅为14%。

到2050年，欧洲与中东地区的人口增长将可忽略不计；彼时这一地区人口将占世界人口的9%，而2015年，这一比例为12%。

到2050年，埃塞俄比亚与刚果民主共和国将取代俄罗斯联邦与墨西哥，排在世界人口最多国家的前10。

预计印度将于2020年左右取代中国，成为世界人口最多的国家。

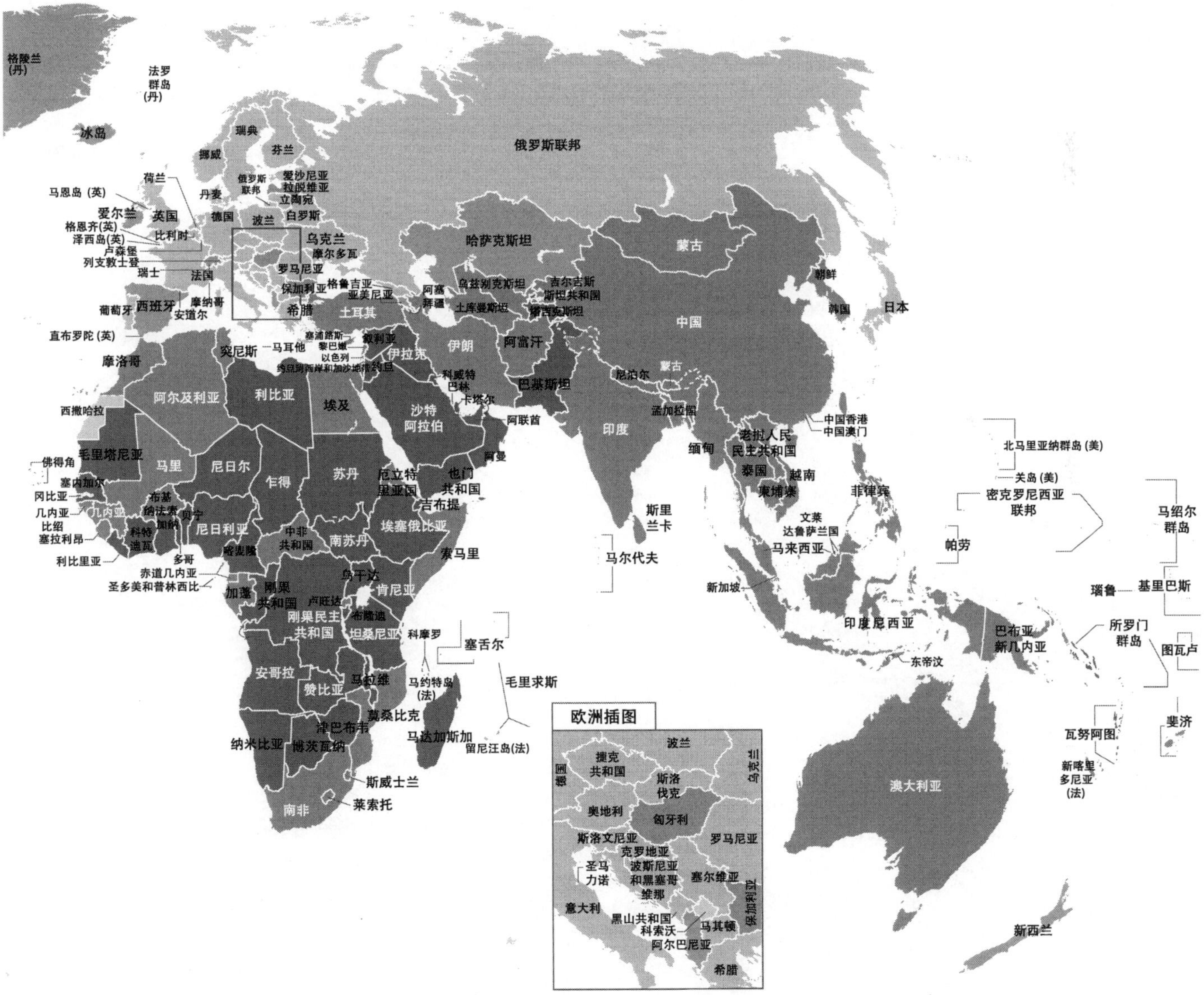

世界概览

	人口	表面积	人口密度	城镇人口	国民总收入				国内生产总值	
					图谱法		十亿美元			
	百万 2015	平方千米 2015	人/平方千米 2015	占总人口百分比 2015	人均(美元) 2015	购买力平价 2015	十亿美元 2015	人均(美元) 2015	增长百分比 2014—2015	人均增长百分比 2014—2015
阿富汗	32.5	652.9	50	27	19.9	610	63.2 a	1,940 a	0.8	-1.9
阿尔巴尼亚	2.9	28.8	105	57	12.4	4,280	32.7	11,310	2.8	3.0
阿尔及利亚	39.7	2,381.7	17	71	192.3	4,850	567.4	14,300	3.8	1.8
美属萨摩亚	0.1	0.2	278	87	..	.. b	..	..	1.1	0.9
安道尔	0.1	0.5	150	85	3.3	43,270	..	..	-0.1	4.4
安哥拉	25.0	1,246.7	20	44	104.5	4,180	161.9	6,470	3.0	-0.3
安提瓜和巴布达	0.1	0.4	209	24	1.2	13,270	2.0	22,280	4.1	3.1
阿根廷	43.4	2,780.4	16	92	540.7 c	12,450 c	867.5 a	19,980 a	2.6	1.6
亚美尼亚	3.0	29.7	106	63	11.7	3,880	26.5	8,770	3.0	2.6
阿鲁巴岛	0.1	0.2	577	42	..	.. d	..	..	..	..
澳大利亚	23.8	7,741.2	3	89	1,428.5	60,050	1,078.2	45,320	2.2	0.8
奥地利	8.6	83.9	105	66	408.2	47,260	424.7	49,160	1.0	-0.2
阿塞拜疆	9.6	86.6	117	55	63.3	6,560	165.7	17,170	1.1	-0.1
巴哈马	0.4	13.9	39	83	8.0	20,740	8.5	21,970	-1.7	-2.9
巴林	1.4	0.8	1,786	89	27.3	19,840	53.2	38,660	2.9	1.7
孟加拉国	161.0	147.6	1,237	34	191.3	1,190	572.6	3,560	6.6	5.3
巴巴多斯	0.3	0.4	661	31	4.1	14,510	4.4	15,610	0.9	0.6
白俄罗斯	9.5	207.6	47	77	61.4	6,470	160.5	16,920	-3.9	-4.0
比利时	11.2	30.5	372	98	500.7	44,510	514.9	45,770	1.5	1.3
伯利兹	0.4	23.0	16	44	1.6	4,490	2.9	8,020	1.0	-1.1
贝宁	10.9	114.8	96	44	9.2	840	22.3	2,050	2.1	-0.5
百慕大群岛	0.1	0.1	1,305	100	6.9	106,140	4.3	66,670	-2.5	-2.8
不丹	0.8	38.4	20	39	1.8	2,380	5.9	7,630	6.5	5.1
玻利维亚	10.7	1,098.6	10	69	32.2	3,000	71.9	6,710	4.8	3.3
波斯尼亚和黑塞哥维那	3.8	51.2	74	40	17.8	4,670	41.5	10,900	3.0	3.2
博茨瓦纳	2.3	581.7	4	57	14.6	6,460	35.1	15,510	-0.3	-2.1
巴西	207.8	8,515.8	25	86	2,076.1	9,990	3,146.8	15,140	-3.8	-4.6
英属维尔京群岛	0.0 e	0.2	201	46	..	.. d	..	..	..	..
文莱达鲁萨兰国	0.4	5.8	80	77	16.1	38,010	34.8	82,140	-0.6	-1.9
保加利亚	7.2	111.0	66	74	53.7	7,480	128.4	17,880	3.6	4.3
布基纳法索	18.1	274.2	66	30	11.6	640	30.0	1,660	4.0	1.1
布隆迪	11.2	27.8	435	12	2.9	260	8.1	730	-3.9	-7.0
佛得角	0.5	4.0	129	66	1.7	3,280	3.3	6,320	1.5	0.2
柬埔寨	15.6	181.0	88	21	16.7	1,070	51.4	3,300	7.0	5.3
喀麦隆	23.3	475.4	49	54	30.7	1,320	71.6	3,070	5.8	3.2
加拿大	35.8	9,984.7	4	82	1,693.8	47,250	1,562.3	43,580	0.9	0.1
开曼群岛	0.1	0.3	250	100	..	.. d	..	..	..	..
中非共和国	4.9	623.0	8	40	1.6	330	3.0	620	4.8	2.7
乍得	14.0	1,284.0	11	22	12.3	880	29.6	2,110	1.8	-1.5
海峡群岛	0.2	0.2	862	31	..	.. d	..	..	..	..
智利	17.9	756.1	24	90	253.1	14,100	408.6	22,760	2.3	1.2
中国	1,371.2	9,562.9	146	56	10,838.1	7,900	19,630.6	14,320	6.9	6.4
中国香港	7.3	1.1	6,958	100	299.5	41,000	422.7	57,860	2.4	1.5
中国澳门	0.6	0.0 f	19,393	100	39.5	67,180	60.2	102,480	-20.3	-21.7
哥伦比亚	48.2	1,141.7	43	76	344.3	7,140	653.7	13,550	3.1	2.1
科摩罗	0.8	1.9	424	28	0.6	780	1.2	1,490	1.0	-1.4
刚果民主共和国	77.3	2,344.9	34	42	31.8	410	55.8	720	6.9	3.6

世界概览

	人口	表面积	人口密度	城镇人口	国民总收入				国内生产总值	
					图谱法		十亿美元			
	百万 2015	平方千米 2015	人/平方千米 2015	占总人口百分比 2015	人均（美元）2015	购买力平价 2015	十亿美元 2015	人均（美元）2015	增长百分比 2014—2015	人均增长百分比 2014—2015
刚果共和国	4.6	342.0	14	65	11.7	2,540	29.2	6,320	2.6	0.1
哥斯达黎加	4.8	51.1	94	77	50.0	10,400	71.7	14,910	3.7	2.7
科特迪瓦	22.7	322.5	71	54	32.2	1,420	73.9	3,260	9.2	6.5
克罗地亚	4.2	56.6	75	59	53.7	12,760	94.1	22,380	1.6	2.5
古巴	11.4	109.9	109	77	..	..b	..	..	4.4	4.3
库拉索岛	0.2	0.4	356	89	..	..d	..	..	..	..
塞浦路斯	1.2	9.3	126	67	21.9 g	25,810 g	26.6 g	31,430 g	1.7 g	2.3 g
捷克共和国	10.5	78.9	137	73	191.4	18,150	332.7	31,550	4.5	4.3
丹麦	5.7	42.9	134	88	342.6	60,270	287.9	50,660	1.6	0.9
吉布提	0.9	23.2	38	77	..	..h	..	..	6.5	5.1
多米尼加	0.1	0.8	97	70	0.5	6,800	0.8	10,500	-1.8	-2.2
多米尼加共和国	10.5	48.7	218	79	65.7	6,240	143.2	13,600	7.0	5.8
厄瓜多尔	16.1	256.4	65	64	97.4	6,030	182.0	11,270	0.2	-1.3
埃及	91.5	1,001.5	92	43	305.9	3,340	980.3	10,710	4.2	2.0
萨尔瓦多	6.1	21.0	296	67	24.1	3,940	50.5	8,240	2.5	2.1
赤道几内亚	0.8	28.1	30	40	10.8	12,820 i	23.0	27,200	-8.3	-10.9
厄立特里亚	5.2	117.6	52	23	..	..j	..	..	..	..
爱沙尼亚	1.3	45.2	31	68	24.1	18,320	37.3	28,390	1.4	1.4
埃塞俄比亚	99.4	1,104.3	99	19	58.9	590	161.2	1,620	9.6	6.9
法罗群岛	0.0 e	1.4	35	42	..	..d	..	..	..	..
斐济	0.9	18.3	49	54	4.3	4,830	7.9	8,850	5.6	4.9
芬兰	5.5	338.4	18	84	255.1	46,560	233.4	42,600	0.3	-0.1
法国	66.5	549.1	122	80	2,708.5	40,710	2,773.5	41,680	1.3	0.9
法属波利尼西亚	0.3	4.0	77	56	..	..d	..	..	..	..
加蓬	1.7	267.7	7	87	15.9	9,200	32.6	18,880	4.0	1.7
冈比亚	2.0	11.3	197	60	0.9	460	3.1	1,580	4.7	1.4
格鲁吉亚	3.7 k	69.7	65 k	54	15.3 k	4,120 k	34.7 k	9,340 k	2.8 k	3.0 k
德国	81.7	357.4	234	75	3,739.8	45,790	4,009.4	49,090	1.7	0.9
加纳	27.4	238.5	120	54	40.5	1,480	111.9	4,080	3.9	1.6
直布罗陀	0.0 e	0.0 f	3,222	100	..	..d	..	..	..	..
希腊	10.8	132.0	84	78	219.4	20,270	286.4	26,470	-0.2	0.4
格陵兰	0.1	410.5 l	0 m	86	..	..d	..	..	..	..
格林纳达	0.1	0.3	314	36	0.9	8,650	1.4	13,090	6.2	5.8
关岛	0.2	0.5	315	95	..	..d	..	..	0.4	-0.9
危地马拉	16.3	108.9	153	52	58.6	3,590	123.0	7,530	4.1	2.1
几内亚	12.6	245.9	51	37	6.0	470	14.2	1,120	0.1	-2.5
几内亚比绍	1.8	36.1	66	49	1.1	590	2.7	1,450	4.8	2.3
圭亚那	0.8	215.0	4	29	3.1	4,090	5.8 a	7,540 a	3.0	2.6
海地	10.7	27.8	389	59	8.7	810	18.8	1,760	1.2	-0.1
洪都拉斯	8.1	112.5	72	55	18.4	2,280	38.4	4,750	3.6	2.2
匈牙利	9.8	93.0	109	71	127.7	12,970	248.2	25,220	3.1	3.4
冰岛	0.3	103.0	3	94	16.6	50,110	15.6	47,160	4.2	3.1
印度	1,311.1	3,287.3	441	33	2,088.5	1,590	7,909.6	6,030	7.9	6.6
印度尼西亚	257.6	1,910.9	142	54	886.2	3,440	2,752.7	10,690	4.8	3.5
伊朗	79.1	1,745.2	49	73	511.8	6,550	1,361.8	17,430	4.3	3.0
伊拉克	36.4	435.1	84	69	211.9	5,820	558.9	15,340	3.0	-0.2
爱尔兰	4.6	70.3	67	63	244.0	52,550	253.6	54,610	26.3	25.6

世界概览

	人口	表面积	人口密度	城镇人口	国民总收入				国内生产总值	
					图谱法		十亿美元			
	百万 2015	平方千米 2015	人/平方千米 2015	占总人口百分比 2015	人均（美元）2015	购买力平价 2015	十亿美元 2015	人均（美元）2015	增长百分比 2014—2015	人均增长百分比 2014—2015
马恩岛	0.1	0.6	154	52	7.4	85,290	..	..	5.0	4.2
以色列	8.4	22.1	387	92	299.7	35,770	302.0	36,040	2.5	0.5
意大利	60.7	301.3	206	69	1,993.8	32,830	2,247.7	37,010	0.7	0.8
牙买加	2.8	11.0	258	55	13.8	4,930	24.2	8,680	1.0	0.6
日本	127.0	378.0	348	93	4,931.1	38,840	5,371.1	42,310	1.2	1.4
约旦	7.6	89.3	86	84	35.5	4,680	81.7	10,760	2.4	0.0
哈萨克斯坦	17.5	2,724.9	6	53	199.8	11,390	412.0	23,480	1.2	-0.3
肯尼亚	46.1	580.4	81	26	61.8	1,340	141.2	3,070	5.6	2.9
基里巴斯	0.1	0.8	139	44	0.4	3,390	0.5 ª	4,230 ª	3.5	1.7
朝鲜	25.2	120.5	209	61	..	.. ʲ	..	..	..	..
韩国	50.6	100.3	519	82	1,389.5	27,450	1,761.9	34,810	2.6	2.2
科索沃	1.8	10.9	166	..	7.1	3,960	17.8 ª	9,870 ª	3.9	5.1
科威特	3.9	17.8	218	98	164.0	42,150	328.3	84,360	1.8	-1.8
吉尔吉斯斯坦	6.0	199.9	31	36	7.0	1,170	19.7	3,310	3.5	1.4
老挝人民民主共和国	6.8	236.8	29	39	11.8	1,740	36.7	5,400	7.4	5.6
拉脱维亚	2.0	64.5	32	67	29.6	14,990	49.1	24,840	2.7	3.6
黎巴嫩	5.9	10.5	572	88	45.1	7,710	80.5 ª	13,750 ª	1.3	-2.8
莱索托	2.1	30.4	70	27	2.7	1,280	7.0	3,290	1.6	0.4
利比里亚	4.5	111.4	47	50	1.7	380	3.2	720	0.0	-2.4
利比亚	6.3	1,759.5	4	79	..	.. ᵇ	..	..	..	..
列支敦士登	0.0 ᵉ	0.2	235	14	..	.. ᵈ	..	..	..	..
立陶宛	2.9	65.3	46	67	43.8	15,080	80.7	27,770	1.8	2.7
卢森堡	0.6	2.6	220	90	44.1	77,480	41.1	72,080	3.5	1.1
马其顿	2.1	25.7	82	57	10.7	5,140	28.5	13,730	3.7	3.5
马达加斯加	24.2	587.3	42	35	10.1	420	34.1	1,410	3.1	0.2
马拉维	17.2	118.5	183	16	5.9	340	19.7	1,140	2.8	-0.3
马来西亚	30.3	330.8	92	75	320.6	10,570	794.5	26,190	5.0	3.5
马尔代夫	0.4	0.3	1,364	46	2.8	6,950	4.7	11,480	2.8	0.8
马里	17.6	1,240.2	14	40	13.4	760	34.6	1,970	6.0	2.9
马耳他	0.4	0.3	1,350	95	10.3	23,900	14.3	33,170	6.2	5.0
马绍尔群岛	0.1	0.2	294	73	0.3	4,770	0.3 ª	5,430 ª	0.6	0.5
毛里塔尼亚	4.1	1,030.7	4	60	5.4	1,370	14.7	3,710	4.2	1.7
毛里求斯	1.3	2.0	622	40	12.3	9,780	25.2	19,940	3.5	3.3
墨西哥	127.0	1,964.4	65	79	1,233.1	9,710	2,141.9	16,860	2.5	1.1
密克罗尼西亚联邦	0.1	0.7	149	22	0.4	3,560	0.4 ª	4,120 ª	3.8	3.4
摩尔多瓦	3.6 ⁿ	33.9	124 ⁿ	45	8.0 ⁿ	2,240 ⁿ	19.2 ⁿ	5,400 ⁿ	-0.5 ⁿ	-0.4 ⁿ
摩纳哥	0.0 ᵉ	0.0 ᶠ	18,866	100	..	.. ᵈ	..	..	..	..
蒙古	3.0	1,564.1	2	72	11.5	3,870	33.2	11,220	2.4	0.7
黑山共和国	0.6	13.8	46	64	4.5	7,220	10.2	16,460	3.2	3.1
摩洛哥	34.4	446.6	77	60	106.0 ᵒ	3,030 ᵒ	268.9 ᵒ	7,690 ᵒ	4.5 ᵒ	3.1 ᵒ
莫桑比克	28.0	799.4	36	32	16.4	590	32.9	1,170	6.6	3.7
缅甸	53.9	676.6	83	34	62.4	1,160	265.8	4,930	7.3	6.4
纳米比亚	2.5	824.3	3	47	12.8	5,190	25.5	10,380	5.3	2.9
瑙鲁	0.0 ᵉ	0.0 ᶠ	624	100	0.1	11,850	0.2	16,190	2.8	-2.3
尼泊尔	28.5	147.2	199	19	20.9	730	71.3	2,500	2.7	1.5
荷兰	16.9	41.5	503	90	827.6	48,850	837.0	49,410	2.0	1.5
新喀里多尼亚	0.3	18.6	15	70	..	.. ᵈ	..	..	..	..

世界概览

	人口	表面积	人口密度	城镇人口	国民总收入				国内生产总值	
					图谱法		十亿美元			
	百万 2015	平方千米 2015	人/平方千米 2015	占总人口百分比 2015	人均（美元）2015	购买力平价 2015	十亿美元 2015	人均（美元）2015	增长百分比 2014—2015	人均增长百分比 2014—2015
新西兰	4.6	267.7	17	86	183.9	40,020	166.1	36,150	3.4	1.5
尼加拉瓜	6.1	130.4	51	59	11.8	1,940	30.8	5,060	4.9	3.8
尼日尔	19.9	1,267.0	16	19	7.8	390	18.8	950	3.6	−0.5
尼日利亚	182.2	923.8	200	48	507.9	2,790	1,058.5	5,810	2.7	0.0
北马里亚纳群岛	0.1	0.5	120	89	..	..d	..	..	3.4	2.4
挪威	5.2	385.2	14	80	485.5	93,530	338.5	65,210	1.6	0.6
阿曼	4.5	309.5	15	78	75.9	16,910	173.5	38,650	5.7	−0.3
巴基斯坦	188.9	796.1	245	39	271.7	1,440	1,004.3	5,320	4.7	2.6
帕劳	0.0e	0.5	46	87	0.3	12,180	0.3a	14,730a	9.4	8.4
巴拿马	3.9	75.4	53	67	46.7	11,880	80.4	20,460	5.8	4.1
巴布亚新几内亚	7.6	462.8	17	13	16.7	2,240	20.9a	2,800a	8.5	6.3
巴拉圭	6.6	406.8	17	60	27.8	4,190	57.6	8,680	3.0	1.6
秘鲁	31.4	1,285.2	25	79	192.4	6,130	378.5	12,060	3.3	1.9
菲律宾	100.7	300.0	338	44	357.6	3,550	899.8	8,940	5.9	4.3
波兰	38.0	312.7	124	61	505.6	13,310	982.7	25,870	3.9	4.0
葡萄牙	10.4	92.2	113	63	212.1	20,470	300.5	29,010	1.6	2.0
波多黎各	3.5	8.9	392	94	69.4	19,320	86.3a	24,020a	−0.6	0.6
卡塔尔	2.2	11.6	193	99	187.8	83,990	309.5	138,480	3.6	0.6
罗马尼亚	19.8	238.4	86	55	188.4	9,510	428.2	21,610	3.7	4.2
俄罗斯联邦	144.1	17,098.3	9	74	1,676.0	11,450	3,480.3	23,770	−3.7	−3.9
卢旺达	11.6	26.3	471	29	8.1	700	20.0	1,720	6.9	4.4
萨摩亚	0.2	2.8	68	19	0.8	3,930	1.1a	5,740a	1.6	0.9
圣马力诺	0.0e	0.1	530	94	..	..d	..	..	..	..
圣多美与普林希比共和国	0.2	1.0	198	65	0.3	1,760	0.6	3,250	4.0	1.8
沙特阿拉伯	31.5	2,149.7 p	15	83	742.7	23,550	1,729.6	54,840	3.5	1.3
塞内加尔	15.1	196.7	79	44	14.9	980	36.0	2,380	6.5	3.3
塞尔维亚	7.1	88.4	81	56	39.3	5,540	95.2	13,420	0.8	1.3
塞舌尔	0.1	0.5	203	54	1.4	14,680	2.4	25,670	3.5	1.2
塞拉利昂	6.5	72.3	89	40	4.0	620	10.1	1,560	−20.6	−22.3
新加坡	5.5	0.7	7,807	100	288.3	52,090	450.3	81,360	2.0	0.8
荷属圣马丁	0.0e	0.0f	1,142	100	..	..d	..	..	..	..
斯洛伐克	5.4	49.0	113	54	95.3	17,570	159.7	29,440	3.8	3.7
斯洛文尼亚	2.1	20.3	102	50	45.9	22,250	64.5	31,260	2.3	2.2
所罗门群岛	0.6	28.9	21	22	1.1	1,920	1.3a	2,190a	3.7	1.7
索马里	10.8	637.7	17	40	..	..j	..	..	..	..
南非	55.0	1,219.1	45	65	334.2	6,080	707.8	12,870	1.3	−0.3
南苏丹	12.3	644.3	..	19	9.7	790	20.2a	1,630a	−6.3	−9.6
西班牙	46.4	505.9	93	80	1,317.9	28,380	1,611.7	34,700	3.2	3.3
斯里兰卡	21.0	65.6	334	18	79.6	3,800	241.1	11,500	4.8	3.8
圣基茨和尼维斯	0.1	0.3	214	32	0.8	15,060	1.4	24,370	3.8	2.6
圣卢西亚	0.2	0.6	303	19	1.4	7,350	2.0	10,780	2.4	1.6
圣马丁岛	0.0e	0.1	584	..	..	..d	..	..	..	..
圣文森特和格林纳丁斯	0.1	0.4	281	51	0.7	6,630	1.2	11,090	1.6	1.5
苏丹	40.2	1,879.4	22q	34	77.3	1,920	160.5	3,990	4.9	2.6
苏里南	0.5	163.8	3	66	5.1	9,360	9.0	16,610	−0.3	−1.2
斯威士兰	1.3	17.4	75	21	4.2	3,280	10.6	8,260	1.9	0.5
瑞典	9.8	447.4	24	86	567.3	57,900	477.3	48,700	4.1	3.0

世界概览

| | 人口 | 表面积 | 人口密度 | 城镇人口 | 国民总收入 | | | | 国内生产总值 | |
| | | | | | 图谱法 | | 十亿美元 | | | |
	百万 2015	平方千米 2015	人/平方千米 2015	占总人口百分比 2015	人均（美元）2015	购买力平价 2015	十亿美元 2015	人均（美元）2015	增长百分比 2014—2015	人均增长百分比 2014—2015
瑞士	8.3	41.3	210	74	700.2	84,550	529.9	63,990	0.8	-0.3
叙利亚	18.5	185.2	101	58	..	..ʰ	..	..	..	..
塔吉克斯坦	8.5	141.4	61	27	10.8	1,280	29.3	3,460	6.0	3.7
坦桑尼亚	53.5	947.3	60	32	47.7ʳ	920ʳ	136.4ʳ	2,630ʳ	7.0ʳ	3.7ʳ
泰国	68.0	513.1	133	50	388.5	5,720	1,054.7	15,520	2.8	2.5
东帝汶	1.2	14.9	80	33	2.7	2,290	5.4ᵃ	4,550ᵃ	4.3	2.5
多哥	7.3	56.8	134	40	4.0	540	9.7	1,330	5.4	2.6
汤加	0.1	0.8	147	24	0.5	4,280ˢ	0.6ᵃ	5,590ᵃ	3.7	3.1
特立尼达和多巴哥	1.4	5.1	265	8	24.0	17,640	43.8	32,180	-0.6	-1.0
突尼斯	11.3	163.6	72	67	44.2	3,930	124.9	11,100	1.0	-0.1
土耳其	78.7	785.4	102	73	782.8	9,950	1,553.1	19,740	4.0	2.5
土库曼斯坦	5.4	488.1	11	50	39.7	7,380	84.7ᵃ	15,760ᵃ	6.5	5.2
特克斯和凯科斯群岛	0.0ᵉ	1.0	36	92	..	..ᵈ	..	..	..	..
图瓦卢	0.0ᵉ	0.0ᶠ	331	60	0.1	6,230	0.1ᵃ	6,690ᵃ	2.6	2.4
乌干达	39.0	241.6	195	16	27.3	700	71.1	1,820	5.1	1.8
乌克兰	45.2	603.6	78	70	113.2	2,640	335.7	7,840	-9.9	-9.5
阿联酋	9.2	83.6	110	86	394.6	43,090	641.2	70,020	3.8	3.0
英国	65.1	243.6	269	83	2,846.3	43,700	2,685.0	41,230	2.2	1.4
美国	321.4	9,831.5	35	82	17,994.1	55,980	18,496.0	57,540	2.6	1.8
乌拉圭	3.4	176.2	20	95	53.9	15,720	70.0	20,400	1.0	0.6
乌兹别克斯坦	31.3	447.4	74	36	67.5	2,160	194.0ᵃ	6,200ᵃ	8.0	6.1
瓦努阿图	0.3	12.2	22	26	0.8	3,170	0.8ᵃ	3,050ᵃ	-0.8	-3.0
委内瑞拉	31.1	912.1	35	89	..	..ᵇ	..	..	-3.9	-5.2
越南	91.7	331.0	296	34	182.6	1,990	525.0	5,720	6.7	5.5
美属维尔京群岛	0.1	0.4	296	95	..	..ᵈ	..	..	0.2	0.8
约旦河西岸和加沙地带	4.4	6.0	735	75	13.3	3,090	21.8	5,080	12.4	9.2
也门	26.8	528.0	51	35	30.6	1,140	73.0	2,720	-28.1	-29.8
赞比亚	16.2	752.6	22	41	24.2	1,490	59.0	3,640	2.9	-0.2
津巴布韦	15.6	390.8	40	32	13.5	860	26.8	1,710	0.5	-1.8
全球	7,346.7s	134,325.1s	57w	54w	77,521.3t	10,552w	114,933.5t	15,644w	2.7w	1.5w
东亚及太平洋地区	2,279.1	24,825.2	93	57	22,306.7	9,787	36,653.5	16,082	4.1	3.4
欧亚和中亚地区	907.8	28,461.1	33	71	21,996.4	24,231	27,285.2	30,057	1.7	1.2
拉丁美洲和加勒比地区	633.0	20,425.5	32	80	5,671.9	8,960	9,540.1	15,071	-0.2	-1.2
中东和北非地区	424.2	11,370.6	38	64	3,491.8	8,231	7,994.6	18,846	3.1	1.2
北美地区	357.3	19,816.2	20	82	19,695.1	55,117	20,063.0	56,147	2.4	1.6
南亚地区	1,744.2	5,135.3	366	33	2,679.9	1,537	9,873.0	5,661	7.1	5.7
撒哈拉以南非洲地区	1,001.0	24,291.1	42	38	1,638.9	1,637	3,572.8	3,569	3.0	0.3
中、低收入地区	6,159.6	97,418.3	65	49	27,777.7	4,510	60,253.0	9,782	3.7	2.4
低收入地区	638.3	14,471.5	48	31	395.2	619	1,022.6	1,602	4.4	1.6
中低收入地区	2,927.5	21,949.4	135	39	5,949.0	2,032	18,762.9	6,409	5.3	3.8
中高收入地区	2,593.9	60,997.4	44	64	21,426.2	8,260	40,535.2	15,627	3.2	2.4
高收入地区	1,187.1	36,906.8	34	81	49,777.3	41,932	54,766.5	46,135	2.2	1.6

a.基于回归；其他数据由2011年国际对比项目基准估算值外推而来。b.预计为中高收入（4,036—12,475美元）。c.使用了一个替代性转换因子；更多信息，见"来源与方法"。d.预计为高收入（不少于12,476美元）。e.大于0小于50,000。f.大于0小于50。g.该地区数据由塞浦路斯政府掌控。h.预计为中低收入（1,026—4,035美元）。i.包含于基于更早数据中高收入经济体的总量之中。j.预计为低收入（不高于1,025美元）。k.排除了阿布哈兹与南奥塞梯地区。l.指无冰地区。m.大于0小于0.5。n.排除了德涅斯特河沿岸地区。o.包含前西属撒哈拉。p.临时估算。q.包含南苏丹。r.仅覆盖坦桑尼亚大陆。s.包含于基于更早数据中低收入经济体的总量之中。

世界概览

关于数据

人口、土地面积、收入（依据国民总收入GNI测算）以及出产（依据国内生产总值GDP测算）是经济体规模的基本衡量标准。它们同时能指明许多现有的与潜在的资源，因而在《世界发展指标》中广泛使用，以使其他指标标准化。

人口

人口估算主要根据全国人口普查进行。而人口普查前后，每年的人口估算则依靠人口统计学模型进行内推或外推。即便在高收入国家，也存在误差与漏记；而对于中低收入国家，由于运输、通讯以及其他方面的限制，无法进行完整的人口普查并对其进行分析，因而可能存在巨大误差。

官方人口统计数据的质量与可信度还受其他因素影响，如政府公信度、政府对于完整而准确人口普查的投入、对普查数据进行保密和保护以防止滥用，以及普查机构在多大程度上不受政治因素影响。此外，人口指标的可比性受到各国统计机关（或其他收集数据的机构）所使用概念、定义、收集程序以及估算方法等方面存在的差异所限制。

进行2010年这一轮（2005—2014）人口普查的国家比以往都多。截至2014年12月（2010年人口普查轮结束），世界估算人口约93%已登记在册。人口普查的时效性，以及通过调研或登记系统所收集补充数据的有效性，是决定人口统计数据质量的重要指标。参阅"来源与方法"，以了解最近的普查或调研年份，以及登记的完整度。

联合国人口司及其他机构，会向缺乏近期普查数据的中低收入国家提供其当前人口的估算数据，而对拥有普查数据的国家，则提供普查前后年份的估算数据。同龄组群人口组成法——一种估算人口的标准方法——需要人口出生率、死亡率以及净移民数据。而这些数据通常通过样本调研采集，覆盖范围可能会太小或受到限制。人口估算源于人口统计模型，因而易受模型与数据缺陷而产生的偏差与误差所影响。在联合国的估算过程中，由于使用5年作为同龄单元，并使用"5年周期"数据，因而由此内推所得的年度数据或是单个年龄结构，可能无法反映实际情况或年龄组成。

表面积

表面积包括内陆水体以及一些沿海水路，并因此有别于陆地面积（不包括水体）与总面积（可能包括领海）。了解一个经济体的农业生产力，了解人类活动对环境的影响，是尤其重要的。卫星测绘与计算机数据库的革新，使得陆地与水域面积的测量更为精确。

城市人口

如何划分城镇与农村，并没有一致的、普遍认可的标准。部分原因在于，不同国家之间，存在众多不同国情。大多数国家采用与面积或居住地特性相关的城镇分类标准；有部分国家根据特定的基础设施和服务来定义城镇区域；其他国家则根据行政安排划定城镇区域。由于表格中的估算值基于国家对城市或都市区域的定义得来，因此在进行跨国比较时，须特别谨慎。

经济规模

国民总收入测算居民国内外附加值的总额。国民总收入包含国内生产总值与来自非常住人口的初级收入之和（员工报酬与财产所得）。国内生产总值为该经济体内所有常住生产者附加的价值总和加上不包含于出产估价在内的一切产品税（减少的补贴）。国民总收入计算时并未扣除组装资产的贬值与自然资源的消耗与降级。增值为全部出产相加，并扣除中间投入后的企业净出产。世界银行使用美元计算人均国民总收入，将不同国家分级，以方便进行分析并确定借贷资质。《世界发展指标》的收入群体定义，请查阅"用户指南"。

在将使用本国货币进行报告的国民总收入换算成美元时，世界银行采用了"世界银行图谱"转换法，使用三年平均汇率以减少汇率暂时性波动带来的影响（更多关于"世界银行图谱法"，见"来源与方法"）。

由于汇率并不能始终反映不同国家之间价格

世界概览

水平的差异，因而表格还使用购买力平价（PPP）汇率，将国民总收入以及人均国民总收入转换为国际元。购买力平价汇率提供了一种标准的尺度，能够比较不同国家支出的真实水平；传统的价格指数能够比较不同时间的真实价值。

购买力平价计算时，需同时比较众多国家之中相似商品与服务的价格。最近一轮由"国际对比项目"（ICP）进行的价格调研（2011年），有177个国家和地区完全参与，22个国家和地区部分参与。47个高收入以及中高收入国家的购买力平价汇率来自欧盟统计局以及经济合作与发展组织；购买力平价估算包含了自2011年起收集的最新价格数据。其余2011轮ICP的国家，购买力平价汇率通过2011轮ICP的基准比较结果推断而来，这些结果可以表示每一经济体与美国之间相对价格的变化。对于没有参加2011轮ICP的国家，购买力平价汇率通过使用统计模型估得出。更多有关2011轮ICP结果的信息，请访问 http://icp.worldbank.org。

国内生产总值与人均国内生产总值增长率使用当地货币的恒定物价数据进行计算。恒定物价美元序列用于计算地区性以及收入群体增长率。表格中的增长率为年平均值（见"来源与方法"）。

定义

"**人口**"基于人口的实际定义，包含所有居民，无论其法律地位或公民身份。"**表面积**"指一个国家的总面积，包括内陆水体与部分海岸水道之下地表面积。"**人口密度**"指年中人口除以地表面积。"**城镇人口**"指每个国家自行定义的城镇之中所居住人口数量，且该数据已由联合国人口司获取。"**国内生产总值，图谱法**"指所有常住生产者附加的价值加上不包含于出产估价内的一切产品税（减少的补贴）再加上来自国外的初级收入（员工报酬与财产所得）后，所得纯收入。数据使用"世界银行图谱法"（见"来源与方法"）转化成为现流通之美元。"**国民总收入，购买力平价**"指使用购买力平价汇率将国民总收入转换为国际元。国民总收入中，一国际元的购买力等同于一美元在美国的购买力。"**人均国民总收入**"为国民总收入除以年中人口数。"**国内生产总值**"为该经济体内所有常住生产者附加的价值总和加上不包含于出产估价内的一切产品税（减少的补贴）。增长率通过使用当地货币的恒定物价数据进行计算。"**人均国内生产总值**"为国内生产总值除以年中人口数。

数据来源

世界银行的人口估算，由其发展数据组咨询"健康、营业与人口全球实务组"、业务人员以及各国办事处后，进行收集与计算。联合国人口司（2015）提供了半数以上国家的人口数据，其中多数为低收入或中等收入国家。其他重要来源包括人口普查报告、各国统计局的其他统计类出版物、欧盟统计局人口数据库（http:// ec.europa.eu/eurostat/）、联合国统计司《人口与重要统计报告》以及美国人口普查局国际数据库（www.census.gov/population/international/data/idb/informationGateway.php）。表面积与陆地面积数据来自联合国粮食农业组织，其根据国家机关年度问卷并分析国家农业普查结果来收集数据。城镇人口占比数据来自联合国人口司（2014）。世界银行工作人员，根据经济任务期间收集的或是各国统计局向其他国际组织（如经济合作与发展组织）报告的数据，来估算国民总收入、人均国民总收入、国内生产总值增长率、人均国内生产总值增长率。购买力平价折合因素由欧盟统计局/经济合作与发展组织以及世界银行工作人员根据ICP（国际对比项目）收集的数据估算而来。

参考文献

United Nations Population Division. 2014. World Urban/zat/on Prospects: The 2014 Rev/s/on.[http://esa.un.org/unpd/wup/]. New York.

——. 2015. World Populat/on Prospects: The 2015 Rev/s/on.[http:// esa.un.org/unpd/wpp/]. New York.

United Nations Statistics Division. Various years. Populat/on and V/tal Stat/st/cs Report.New York.

世界概览

在线表格与指标

获取《世界发展指标》在线表格，请访问 http://wdi.worldbank.org/tables 并键入表格编号（例入，键入http://wdi_worldbank.org/table/WV_1）。直接获取特定《世界发展指标》的指标，使用链接 http://data.worldbank.org/indicator/加指标编号（例如，键入http://data.worldbank.org/ indicator/SP.POP.TOTL）。

WV.1 Size of the economy 世界概览1.经济规模

人口 ♀♂	SP.POP.TOTL
表面积	AG.SRF.TOTL.K2
人口密度	EN.POP.DNST
国民总收入，图谱法	NY.GNP.ATLS.CD
人均国民总收入，按图谱法	NY.GNP.PCAP.CD
国民总收入，按购买力平价	NY.GNP.MKTP.PP.CD
人均国民总收入，按购买力平价	NY.GNP.PCAP.PP.CD
国内生产总值	NY.GDP.MKTP.KD.ZG
人均国内生产总值	NY.GDP.PCAP.KD.ZG

WV.2 全球目标：消除贫困、改善民生

最贫困五分之一人口的国民消费或收入占比	SI.DST.FRST.20
发育不良发生率 ♀♂	SH.STA.STNT.ZS
产妇死亡率，模拟估算	SH.STA.MMRT
5岁以下死亡率 ♀♂	SH.DYN.MORT
HIV发生率	SH.HIV.INCD.ZS
肺结核发生率	SH.TBS.INCD
由道路交通伤害引起的死亡	SH.STA.TRAF.P5
初等教育完成率 ♀♂	SE.PRM.CMPT.ZS
有收入的家庭工作者，男性 ♀♂	SL.FAM.WORK.MA.ZS
有收入的家庭工作者，女性 ♀♂	SL.FAM.WORK.FE.ZS
受雇人员人均国内生产总值，增长百分比	..a

WV.3 全球目标：促进可持续发展

使用改善后水源	SH.H2O.SAFE.ZS
使用改善后卫生设施	SH.STA.ACSN
用电	EG.ELC.ACCS.ZS
可再生能源消耗	EG.FEC.RNEW.ZS
研究与开发支出	GB.XPD.RSDV.GD.ZS
城镇人口贫民窟中人数	EN.POP.SLUM.UR.ZS
周围环境PM$_{2.5}$空气污染	EN.ATM.PM25.MC.M3
调整后净储蓄额	NY.ADJ.SVNG.GN.ZS
人均二氧化碳排放量	EN.ATM.CO$_2$.E.PC
国家保护陆地与海洋区域	ER.PTD.TOTL.ZS
故意杀人(每100,000人)	VC.IHR.PSRC.P5
互联网用户	IT.NET.USER.ZS

WV.4 全球目标：加强伙伴关系

本表格展示捐助者之净官方发展援助、最不发达国家进入高收入市场途径以及负债严重贫困国度之债务计划。   ..b

WV.5 发展之女性

出生时预期寿命，男性 ♀♂	SP.DYN.LE00.MA.IN
出生时预期寿命，女性 ♀♂	SP.DYN.LE00.FE.IN
20—24岁女性中首次结婚早于18岁的	SP.M18.2024.FE.ZS
金融机构账户，男性 ♀♂	WP_time_01.2
金融机构账户，女性 ♀♂	WP_time_01.3
工资与付薪工作者，男性 ♀♂	SL.EMP.WORK.MA.ZS
工资与付薪工作者，女性 ♀♂	SL.EMP.WORK.FE.ZS
女性参与股权的公司	IC.FRM.FEMO.ZS
参与高层与中层管理的女性员工	SL.EMP.SMGT.FE.ZS
议会中的女性	SG.GEN.PARL.ZS
宪法中提及性别的非歧视条款	SG.NOD.CONS

♀♂表示按性别分列的数据可于《世界发展指标》数据库中获取。
a.源自《世界发展指标》数据库中他处数据。
b.在线提供的，只作为表格的一部分，而非独立指标。

 环境   经济   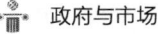 政府与市场   全球联系   后缀   2017年世界发展指标   17

贫困与共同富裕

"贫困与共同富裕"板块呈现的指标测算了世界银行两大目标（2030年之前消除极端贫困和以可持续发展方式促进各国内部的共同富裕）的进程。这两大目标同"可持续发展目标"的关键主题紧密相连：目标1旨在消除任何地方、任何形式的贫困；目标10则重点关注减少国内以及国家之间的不均等。

世界银行的首要目标，是要在2030年前将生活于国际贫困线（目前为按照2011年购买力平价，每人每天1.9美元）以下的世界人口比例降至3%以下。相关的"可持续发展目标"（子项1.1）甚至更为远大：要在上述贫困线标准上，实现所有国家、地区以及国内群体的0贫困。

世界银行共同富裕目标试图增加每个国家之中最贫困的40%人口（底层40%）的消费与收入。相关的"可持续发展目标"（子项10.1）旨在于2030年之前，逐步实现并保持底层40%的收入增速高于全国平均水平。目标使用了共同富裕溢价这一概念——底层40%的消费与收入增长同消费与收入的平均增长之间的差异——来测算进程（世界银行2016）。

测算世界银行与"可持续发展目标"的基本原则相同：通过对159个国家超过1,000份的户口调研（可在PovalNet找到，该网站为世界银行监测全球贫困的在线工具，网址http://iresearch.worldbank.org/ PovcalNet/），对家庭消费与收入进行估算。为保证不同国家之间的可比性，进行指标测算时，使用来自"国际对比项目"的购买力平价汇率，以调整不同国家之间价格的差异。

国际贫困线提供了可供使用的全球基准，但许多政府使用更贴近国情的贫困标准。很多国家使用消费或收入来定义货币贫困线；国家贫困线通常反映一个临界值，低于该临界值时，国人所需的饮食、穿衣以及住宿的最低需求无法满足，而这同一国的经济、社会状况相一致。

除本国规定的临界值外，各国还可使用配套措施以了解贫困的深度与严重程度。同样，底层40%的消费或收入占比也是一国之内收入分配众多衡量标准的一种。其他不均等标准，如基尼系数或消费收入五分分配，分别侧重收入分配的不同方面。世界发展指标数据库以及在线表格中的指标，包含了数种与贫困和不均等相关的指标。

贫困总人数比——又称为极端贫困率——指按照2011年购买力平价，为生活水平低于1.9美元/天的人口比例。1.9美元/天的贫困线反映了世界上最贫困的部分国家的贫困线值，用于计算的消费与收入数据通过户口调研收集。如下地图显示了所用国家级贫困估算值，用以计算2013年地区性以及全球性贫困估值。所用估值数据来自随机抽取的200万户样本家庭，覆盖138个中低收入国家、有资质从世界银行贷款的国家（如智利）以及最近被纳入分级的国家（如爱沙尼亚）中87%的人口。

贫困
2013年生活水平低于1.9美元/天的人口百分比（按2011年购买力平价计算）

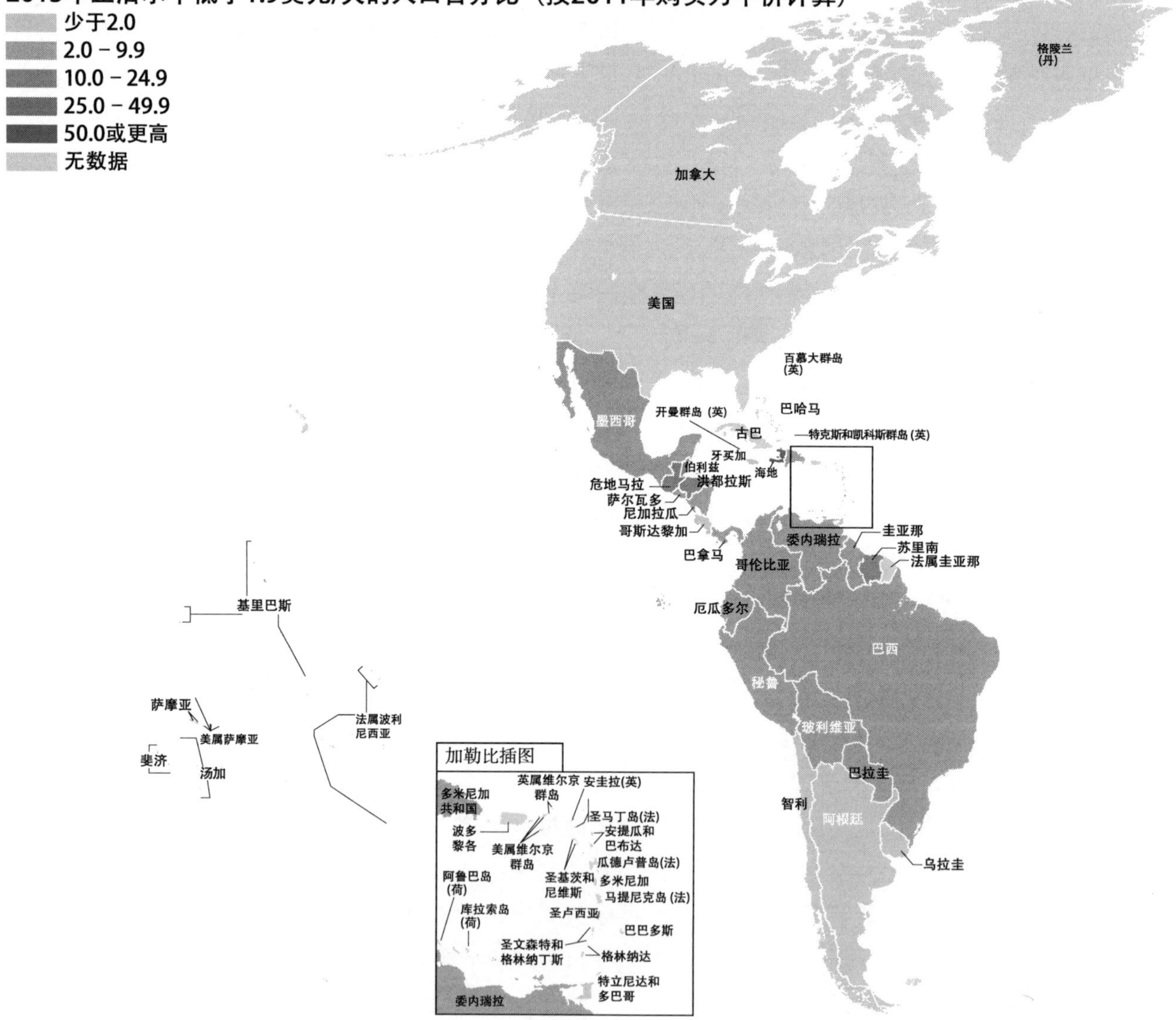

- 少于2.0
- 2.0 – 9.9
- 10.0 – 24.9
- 25.0 – 49.9
- 50.0或更高
- 无数据

全球生活水平低于1.9美元/天的人口比例由1990年的34.8%降至2013年的10.7%。

1990年至2013年间，全球生活水平低于1.9美元/天的人口减少一半以上，由18亿人减至7.66亿人。

全球生活水平低于1.9美元/天的人口，有半数（即3.89亿人）人口居住在撒哈拉以南非洲地区。

在东亚与太平洋地区，生活水平低于1.9美元/天的人口数由1990年的9.66亿人降至2013年的0.71亿人。

1 贫困与共同富裕

	按本国货币的 国际贫困线		国际贫困线以下人口									
	1.90美元/天	3.10美元/天	参考年[b]	1.90美元/ 天以下人口	1.90美元/ 天贫困差距	3.10美元/ 天以下人口	3.10美元/ 天贫困差距	参考年[b]	1.90美元/ 天以下人口	1.90美元/ 天贫困差距	3.10美元/ 天以下人口	3.10美元/ 天贫困差距
	2011	2011		%	%	%	%		%	%	%	%
阿尔巴尼亚	110.5	180.3	2008	<2.0	<0.5	6.1	0.9	2012	<2.0	<0.5	6.8	1.4
安哥拉	140.3	228.9	2000 [c]	32.3	14.7	54.3	26.0	2008	30.1	9.6	54.5	22.5
阿根廷	5.3 [d]	8.6 [d]	2013 [c,e]	<2.0	1.0	3.6	1.6	2014 [c,e]	<2.0	1.0	4.3	1.7
亚美尼亚	349.2	569.7	2013	2.4	0.6	17.0	3.7	2014	2.3	<0.5	14.6	3.1
阿塞拜疆	0.6	1.0	2005	<2.0	<0.5	<2.0	<0.5	2008	<2.0	<0.5	2.5	0.6
孟加拉国	47.2	77.0	2005	24.5	4.7	63.0	20.6	2010	18.5	3.3	56.8	17.0
白罗斯	3,481.6	5,680.5	2013	<2.0	<0.5	<2.0	<0.5	2014	<2.0	<0.5	<2.0	<0.5
伯利兹城	2.2	3.7	1998 [e]	14.9	6.0	32.6	12.9	1999 [e]	13.9	6.2	27.2	11.6
贝宁	427.3	697.2	2003	48.9	16.3	77.2	35.3	2011	53.1	19.0	75.6	37.2
不丹	32.2	52.6	2007	8.0	1.6	28.9	8.0	2012	2.2	<0.5	13.3	3.0
玻利维亚	5.5	9.0	2013 [e]	7.7	3.8	13.4	6.4	2014 [e]	6.8	3.2	12.7	5.8
波斯尼亚和黑塞哥维那	1.6	2.7	2007	<2.0	<0.5	<2.0	<0.5	2011	<2.0	<0.5	<2.0	<0.5
博茨瓦纳	8.4	13.8	2002	29.8	11.4	49.0	22.6	2009	18.2	5.8	35.7	14.0
巴西	3.2	5.1	2013 [e]	4.9	2.8	9.1	4.3	2014 [e]	3.7	1.7	7.6	3.1
保加利亚	1.5	2.4	2011 [e]	2.2	0.9	4.7	1.9	2012 [e]	2.0	0.8	4.7	1.7
布基纳法索	422.3	689.0	2009	55.3	19.9	80.5	39.3	2014	43.7	11.1	74.7	30.8
布隆迪	925.9	1,510.7	1998	84.1	44.8	95.0	62.8	2006	77.7	32.9	92.2	53.6
佛得角	90.4	147.5	2001	16.0	4.5	35.9	12.9	2007	8.1	1.9	25.1	7.5
柬埔寨	2,902.4	4,735.4	2011	3.4	0.6	25.6	5.3	2012	2.2	<0.5	21.6	4.1
喀麦隆	437.7	714.2	2007	29.3	8.3	54.3	21.7	2014	24.0	7.7	43.5	18.0
中非共和国	509.0	830.4	2003	64.8	30.3	84.2	48.0	2008	66.3	33.1	82.3	49.5
乍得	477.5	779.0	2003	62.9	26.7	84.6	45.7	2011	38.4	15.3	64.8	29.7
智利	744.1	1,214.1	2011 [e]	<2.0	0.5	2.9	1.1	2013 [e]	<2.0	0.5	2.1	0.8
中国	7.0	11.5	2012 [g]	6.5	1.4	19.1	5.7	2013 [g]	<2.0	<0.5	11.1	2.5
哥伦比亚	2,274.2	3,710.5	2013 [e]	6.1	2.5	13.8	5.3	2014 [e]	5.7	2.3	13.2	5.0
科摩罗	419.1	683.8		..	..	..	..	2004	13.5	3.7	32.3	11.1
刚果民主共和国	1,021.7	1,667.0	2004	94.1	63.6	98.4	76.4	2012	77.1	39.0	90.7	57.0
刚果共和国	563.4	919.2	2005	50.2	19.9	71.8	36.4	2011	37.0	14.9	59.6	28.1
刚果共和国	653.2	1,065.7	2013 [e]	<2.0	0.6	4.0	1.4	2014 [e]	<2.0	0.7	3.9	1.4
科特迪瓦	447.8	730.6	2002	23.0	7.1	54.8	19.5	2008	29.0	10.3	55.1	23.2
克罗地亚	8.3	13.5	2011 [e]	<2.0	0.5	2.0	0.8	2012 [e]	<2.0	0.6	2.2	0.9
捷克共和国	28.3	46.2	2011 [e]	<2.0	<0.5	<2.0	<0.5	2012 [e]	<2.0	<0.5	<2.0	<0.5
吉布提	192.8	314.6	2012	18.3	7.9	37.0	15.5	2013	22.5	7.5	43.1	17.2
多米尼加共和国	39.4	64.3	2012 [e]	2.6	0.7	10.2	2.8	2013 [e]	2.3	0.6	9.1	2.4
厄瓜多尔	1.0	1.7	2013 [e]	4.4	1.7	11.6	4.0	2014 [e]	3.8	1.4	10.2	3.5
萨尔瓦多	1.0	1.6	2013 [e]	3.3	0.7	11.5	3.2	2014 [e]	3.0	0.6	11.3	3.0
爱沙尼亚	1.2	1.9	2011 [e]	<2.0	1.2	<2.0	1.3	2012 [e]	<2.0	1.2	<2.0	1.2
埃塞俄比亚	10.3	16.9	2004	36.3	8.3	76.2	27.5	2010	33.5	9.0	71.3	26.5
斐济	2.3	3.8	2002	5.5	1.1	21.9	5.9	2008	4.1	0.8	18.5	4.6
加蓬	682.5	1,113.6		..	..	..	..	2005	8.0	1.9	24.4	7.2
冈比亚	20.6	33.6	1998	70.5	36.0	85.9	52.9	2003	45.3	17.7	68.0	33.4
格鲁吉亚	1.6	2.6	2013	11.5	3.4	28.6	9.8	2014	9.8	2.9	25.3	8.5
加纳	1.5	2.4	1998	33.9	11.3	60.5	25.5	2005	25.2	8.4	49.0	19.6
危地马拉	7.4	12.0	2011 [e]	11.5	4.0	26.5	9.8	2014 [e]	9.3	2.7	24.1	8.1
几内亚	4,887.4	7,974.3	2007	59.7	23.7	81.2	42.4	2012	35.3	10.3	68.7	27.1
几内亚比绍	471.6	769.5	2002	53.9	18.6	80.9	38.3	2010	67.1	30.5	83.6	48.5
圭亚那	253.2 [d]	413.1 [d]	1992 [h]	33.2	12.5	58.6	25.7	1998 [h]	14.0	5.0	28.3	11.2

贫困与共同富裕 1

	按本国货币的国际贫困线		国际贫困线以下人口								
	1.90美元/天 2011	3.10美元/天 2011	参考年[b]	1.90美元/天以下人口 %	1.90美元/天贫困差距 %	3.10美元/天以下人口 %	3.10美元/天贫困差距 %	参考年[b]	1.90美元/天以下人口 %	1.90美元/天贫困差距 %	3.10美元/天以下人口 %	3.10美元/天贫困差距 %
海地	39.3	64.2	2001[e]	55.6	28.0	73.4	42.5	2012[e]	53.9	28.9	71.0	42.2
洪都拉斯	19.2	31.2	2013[e]	18.9	7.7	34.6	15.2	2014[e]	16.0	6.0	31.2	13.0
匈牙利	262.0	427.4	2011[e]	<2.0	<0.5	<2.0	<0.5	2012[e]	<2.0	<0.5	<2.0	<0.5
印度	28.5	46.4	2009	31.1	7.0	68.0	24.4	2011	21.2	4.3	58.0	18.5
印度尼西亚	7,774.7	12,685.0	2013	9.8	1.5	39.4	10.7	2014	8.3	1.3	36.4	9.6
伊朗	9,502.6	15,504.2	2009[g]	<2.0	<0.5	3.1	0.5	2013[g]	<2.0	<0.5	<2.0	<0.5
牙买加	120.4	196.4	2002	2.7	0.7	10.5	2.9	2004	<2.0	<0.5	8.2	2.0
哈萨克斯坦	158.9	259.2	2012	<2.0	<0.5	<2.0	<0.5	2013	<2.0	<0.5	<2.0	<0.5
肯尼亚	67.3	109.8	1997	21.5	5.6	45.9	16.6	2005	33.6	11.7	58.9	25.5
基里巴斯	2.0	3.3		..	..	..	..	2006	14.1	4.6	34.7	12.2
科索沃	0.7[d]	1.1[d]	2012	<2.0	<0.5	5.0	1.0	2013	<2.0	<0.5	3.5	0.8
吉尔吉斯斯坦	33.3	54.4	2013	3.3	0.5	24.0	5.0	2014	<2.0	<0.5	17.5	3.0
老挝	5,538.2	9,036.0	2007	19.6	4.6	54.7	17.7	2012	16.7	3.6	46.9	14.7
拉脱维亚	0.8	1.2	2011[e]	<2.0	1.0	2.9	1.4	2012[e]	<2.0	1.0	2.6	1.3
莱索托	7.3	12.0	2002	61.3	32.0	78.9	47.1	2010	59.7	31.8	77.3	46.6
利比里亚	1.1	1.8		..	..	..	..	2007	68.6	28.1	89.6	48.6
立陶宛	3.4	5.5	2011[e]	<2.0	0.8	<2.0	1.0	2012[e]	<2.0	0.8	<2.0	1.0
马其顿	43.6	71.1	2006	2.7	0.6	8.3	2.4	2008	<2.0	<0.5	8.7	2.0
马达加斯加	1,339.3	2,185.2	2010	81.8	40.3	92.9	59.0	2012	77.8	39.2	90.5	57.1
马拉维	148.2	241.9	2004	73.6	31.7	90.1	51.7	2010	70.9	33.3	87.6	51.8
马来西亚	3.0	4.9	2007[e]	<2.0	<0.5	3.1	0.7	2009[e]	<2.0	<0.5	2.7	0.5
马尔代夫	20.3	33.1	2002	10.0	2.6	36.5	10.3	2009	7.3	1.5	23.3	6.7
马里	421.5	687.8	2006	50.6	17.5	76.1	36.0	2009	49.3	15.2	77.7	34.6
毛里塔尼亚	214.3	349.7	2008	10.8	2.7	32.5	10.0	2014	5.9	1.4	22.1	6.0
毛里求斯	34.7	56.7	2006	<2.0	<0.5	3.0	0.6	2012	<2.0	<0.5	3.0	0.7
墨西哥	17.0	27.7	2012	2.7	0.7	10.3	2.7	2014	3.0	1.0	11.0	3.0
密克罗尼西亚联邦	1.9	3.1	2005	11.4	2.7	28.5	9.4	2013	17.4	6.4	39.4	14.8
摩尔多瓦	10.4	16.9	2013	<2.0	<0.5	2.0	<0.5	2014	<2.0	<0.5	<2.0	<0.5
蒙古	1,121.6	1,830.0	2012	<2.0	<0.5	4.0	0.7	2014	<2.0	<0.5	2.7	0.5
黑山共和国	0.9	1.4	2013	<2.0	<0.5	2.5	0.8	2014	<2.0	<0.5	<2.0	<0.5
摩洛哥	8.0	13.0	2000	6.3	1.3	25.7	6.8	2006	3.1	0.6	15.5	3.7
莫桑比克	29.5	48.1	2002	80.4	41.5	92.0	59.3	2008	68.7	31.4	87.5	50.2
纳米比亚	9.7	15.9	2003	31.5	10.2	54.7	23.4	2009	22.6	6.7	45.7	17.7
尼泊尔	48.9	79.9	2003	46.1	14.5	73.8	32.7	2010	15.0	3.1	48.4	14.7
尼加拉瓜	17.4	28.4	2009[e]	10.8	3.6	25.2	9.1	2014[e]	6.2	1.6	17.1	5.3
尼日尔	434.6	709.1	2011	50.3	13.9	81.8	35.2	2014	45.7	13.7	75.5	32.6
尼日利亚	151.1	246.5	2003	53.5	21.9	78.5	39.5	2009	53.5	21.8	76.5	39.1
巴基斯坦	48.3	78.8	2011	7.9	1.1	43.6	10.3	2013	6.1	0.9	36.9	8.6
巴拿马	1.1	1.7	2013[e]	2.9	0.8	8.0	2.6	2014[e]	3.8	1.2	8.4	3.1
巴布亚新几内亚	4.1	6.6	1996	53.2	28.1	70.2	41.4	2009	39.3	15.9	64.7	30.4
巴拉圭	4,387.9	7,159.2	2013[e]	2.2	0.9	6.3	2.2	2014[e]	2.8	0.9	7.0	2.3
秘鲁	3.0	4.9	2013[e]	3.7	0.9	9.7	3.1	2014[e]	3.1	0.8	9.0	2.8
菲律宾	35.9	58.5	2009	12.0	2.4	36.5	11.0	2012	13.1	2.7	37.6	11.7
波兰	3.7	6.0	2013	<2.0	<0.5	<2.0	<0.5	2014	<2.0	<0.5	<2.0	<0.5
罗马尼亚	3.8	6.2	2012[e]	6.1	2.6	11.6	4.9	2013	<2.0	<0.5	4.1	0.7
俄罗斯联邦	31.9	52.0	2011	<2.0	<0.5	<2.0	<0.5	2012	<2.0	<0.5	<2.0	<0.5
卢旺达	469.0	765.2	2010	60.3	23.7	80.7	42.6	2013	60.4	23.7	80.6	42.5

1 贫困与共同富裕

	按本国货币的 国际贫困线		国际贫困线以下人口								
	1.90美元/天 2011	3.10美元/天 2011	参考年[b]	1.90美元/ 天以下人口 %	1.90美元/ 天贫困差距 %	3.10美元/ 天以下人口 %	3.10美元/ 天贫困差距 %	参考年[b]	1.90美元/ 天以下人口 %	1.90美元/ 天贫困差距 %	3.10美元/ 天以下人口 %	3.10美元/ 天贫困差距 %
萨摩亚	3.6	5.9	..	..	..	..	..	2008	<2.0	<0.5	8.4	1.7
圣多美和普林西比	19,370.1	31,603.9	2000	29.8	7.8	62.3	23.1	2010	32.3	8.6	68.1	25.5
塞内加尔	467.6	762.9	2005	38.4	12.8	66.4	28.7	2011	38.0	12.8	66.3	28.4
塞尔维亚	86.2	140.6	2010	<2.0	<0.5	<2.0	<0.5	2013	<2.0	<0.5	<2.0	<0.5
塞舌尔	15.0	24.5	2006	<2.0	<0.5	<2.0	<0.5	2013[e]	<2.0	<0.5	2.5	0.9
塞拉利昂	3,357.7	5,478.3	2003	58.5	21.7	80.9	41.1	2011	52.3	16.7	80.0	36.7
斯洛伐克共和国	1.1	1.8	2011[e]	<2.0	<0.5	<2.0	<0.5	2012[e]	<2.0	<0.5	<2.0	<0.5
斯洛文尼亚	1.3	2.1	2011[e]	<2.0	<0.5	<2.0	<0.5	2012[e]	<2.0	<0.5	<2.0	<0.5
所罗门群岛	13.5	22.1	..	..	..	..	..	2005	45.6	17.4	69.3	33.6
南非	9.6	15.7	2008	16.9	4.8	35.8	13.3	2011	16.6	4.9	34.7	13.1
南苏丹	2.9[d]	4.8[d]	..	..	..	..	..	2009	42.7	18.9	63.5	32.3
斯里兰卡	80.2	130.9	2009	2.4	<0.5	16.7	3.4	2012	<2.0	<0.5	14.6	3.0
圣卢西亚	4.1	6.6	..	..	..	..	..	1995[h]	35.8	13.2	61.8	27.3
苏丹	2.8	4.6	..	..	..	..	..	2009	14.9	4.0	38.9	12.8
苏里南	3.6	5.8	..	..	..	..	..	1999[e]	23.4	16.6	40.8	23.1
斯威士兰	7.7	12.6	2000	48.4	17.5	70.3	34.2	2009	42.0	16.6	63.1	31.1
塔吉克斯坦	3.6	5.8	2013	22.6	4.9	60.8	19.5	2014	19.5	4.1	56.7	17.4
坦桑尼亚	1,112.5	1,815.1	2007	52.7	19.0	77.9	37.6	2011	46.6	14.4	76.1	33.6
泰国	24.4	39.8	2012	<2.0	<0.5	<2.0	<0.5	2013	<2.0	<0.5	<2.0	<0.5
东帝汶	1.1[d]	1.7[d]	2001	44.2	13.5	72.8	31.4	2007	46.8	12.1	80.0	32.9
多哥	441.2	719.9	2006	55.6	21.1	76.7	39.1	2011	54.2	23.2	74.5	39.5
汤加	3.1	5.1	2001	2.8	0.7	7.6	2.4	2009	<2.0	<0.5	8.2	1.8
特立尼达和多巴哥	8.8	14.3	1988[h]	<2.0	<0.5	7.7	1.6	1992[h]	3.4	0.9	12.2	3.4
突尼斯	1.3	2.2	2005	3.1	0.7	13.3	3.4	2010	2.0	<0.5	8.4	2.1
土耳其	2.2	3.6	2012	<2.0	<0.5	3.1	0.6	2013	<2.0	<0.5	2.6	0.5
土库曼斯坦	2.9[d]	4.7[d]	1988[h]	39.4	9.0	76.2	28.9	1998[g]	42.3	14.5	69.1	31.0
图瓦卢	2.2	3.6	..	..	..	..	..	2010	2.7	0.6	16.3	3.7
乌干达	1,799.1	2,935.4	2009	41.5	13.2	69.4	30.2	2012	34.6	10.3	65.0	26.2
乌克兰	6.3	10.3	2013	<2.0	<0.5	<2.0	<0.5	2014	<2.0	<0.5	<2.0	<0.5
乌拉圭	31.2	50.9	2013[e]	<2.0	<0.5	<2.0	<0.5	2014[e]	<2.0	<0.5	<2.0	<0.5
乌兹别克斯坦	1,207.8[d]	1,970.7[d]	2002	65.6	22.4	88.0	44.4	2003	66.8	25.3	87.8	46.4
瓦努阿图	220.1	359.1	..	..	..	..	..	2010	15.4	3.7	38.8	12.8
委内瑞拉	5.5	9.0	2005[e]	17.0	12.5	24.0	15.5	2006[e]	9.2	6.8	14.9	8.8
越南	14,487.4	23,637.4	2012	3.2	0.6	13.9	3.5	2014	3.1	0.6	12.0	3.1
约旦河西岸和加沙地带	3.8	6.2	2007	<2.0	<0.5	3.9	1.0	2009	<2.0	<0.5	<2.0	<0.5
赞比亚	4,760.1	7,766.6	2006	60.5	30.1	76.9	45.4	2010	64.4	31.6	78.9	47.5
津巴布韦	1.0	1.7	..	..	..	..	..	2011[g]	21.4	5.2	45.5	16.3

a.如无另外注释,基于单元记录的户口调研数据,经过参数估算而来的账面人均消费与分配。b.指调研参考时期。若调研时期跨越数年,则为第一年。c.仅覆盖城镇区域。d.基于利用回归进行估算的购买力平价美元值。e.基于单元记录的户口调研数据,经由账面人均收入分配进行的非参数估算而来。f.国内分配基于通过原始城乡分配整合而来的劳伦茨曲线。g.基于分组户口调研数据,经由账面人均收入分配进行的非参数估算而来。h.基于分组户口调研,经过参数估算而来的账面人均消费与分配。

贫困与共同富裕 1

按2011年购买力平价1.90美元/天贫困线下，全球及地区走势

地区	1990	1993	1996	1999	2002	2005	2008	2011	2013	走势, 1990 - 2013
贫困率（人口百分比）										
东亚和太平洋	60.2	52.4	39.4	37.2	29.0	18.4	14.9	8.4	3.5	
欧洲和中亚地区	1.9	5.5	7.3	8.0	6.3	5.0	3.1	2.6	2.2	
拉丁美洲及加勒比地区	15.8	14.2	14.2	13.9	13.0	10.8	7.1	6.0	5.4	
中东与北非	6.0	5.6	4.8	3.8	a	3.0	2.1	a	a	
南亚	44.6	44.8	40.3	a	38.5	33.6	29.4	19.9	15.1	
撒哈拉以南非洲地区	54.3	58.4	57.7	57.1	55.6	50.0	47.0	44.1	41.0	
全球	34.8	33.4	28.7	28.0	25.3	20.5	17.8	13.5	10.7	
贫困人口数量（百万）										
东亚和太平洋	966	877	684	669	535	349	288	167	71	
欧洲和中亚地区	9	25	34	37	29	23	15	13	10	
拉丁美洲及加勒比海	71	68	71	72	71	61	42	36	34	
中东与北非	14	14	12	10	a	9	7	a	a	
南亚	505	541	517	a	552	508	465	328	256	
撒哈拉以南非洲地区	276	323	346	371	391	382	389	396	389	
全球	1,840	1,849	1,664	1,692	1,588	1,332	1,205	946	766	
各地区贫困人口占比（仅中、低收入国家，百分比）										
东亚及太平洋地区	52.5	47.4	41.1	39.5	33.7	26.2	23.9	17.7	9.3	
欧洲和中亚	0.5	1.4	2.0	2.2	1.8	1.7	1.2	1.4	1.3	
拉丁美洲及加勒比海	3.9	3.7	4.3	4.3	4.5	4.6	3.5	3.8	4.4	
中东与北非	0.8	0.8	0.7	0.6	a	0.7	0.6	a	a	
南亚	27.4	29.3	31.1	a	34.8	38.1	38.6	34.7	33.4	
撒哈拉以南非洲地区	15.0	17.5	20.8	21.9	24.6	28.7	32.3	41.9	50.8	
调研覆盖率（参考年5年之内所进行，指调研代表的全部人口百分比）										
东亚和太平洋	94.4	95.2	95.6	95.4	95.4	95.1	95.7	95.6	93.8	
欧洲和中亚地区	81.5	87.2	97.0	93.9	96.7	97.2	93.2	90.4	90.3	
拉丁美洲及加勒比海	93.9	90.8	95.0	96.8	96.6	95.1	94.7	91.6	91.7	
中东与北非	77.2	65.6	82.1	70.2	22.6	85.6	47.8	39.6	33.5	
南亚	97.2	98.7	98.6	19.4	98.5	98.4	98.3	98.3	96.5	
撒哈拉以南非洲地区	45.9	68.8	70.2	53.3	69.1	76.8	77.7	80.8	42.9	

注：每一地理区域的数据，包含有资质从世界银行获取贷款的中、低收入国家与高收入国家，以及最近被纳入分级的国家；详细信息见：
http://iresearch.worldbank.org/PovcalNet/data.aspx 与世界银行（2016）。

a. 因可用调研数据人口覆盖率过低而未展示。

来源：世界银行PovcalNet数据库（ http://iresearch.worldbank.org/PovcalNet/ ）。

1 贫困与共同富裕

关于数据

世界银行于《世界发展报告1990：贫困》（世界银行1990）中首次进行全球贫困测算，使用了22个国家的户口调研数据（Ravallion，Datt与van de Walle，1991）。自此，参与家庭收入与支出调研的国家大大增加。

世界银行发展研究组维护的PovcalNet网站（http://iresearch.worldbank.org/PovcalNet），是选定参考年中地区性与全球性估算数据的交互计算工具。2016年的更新包括1981年至2013年的贫困估算数据。为消除不同国家之间的价格差异，贫困估算在计算来自2011年国际对比项目家庭消费数据时，使用了购买力平价（PPP）汇率。PovcalNet用户可以获取不同国家、地区以及国家既定惯例分组的贫困估算以及不同贫困线下的贫困估算。潜在调研数据汇编由"全球贫困工作组"进行调整，该工作组拥有来自"世界银行全球贫困实务"的国家级与地区级贫困经济学家。"贫困与公平数据"网站（http://povertydata.worldbank.org）还提供数据以及易于操作的、带图表与交互地图的操作界面，将地区与国家的关键性贫困指标与不均等指标的走向可视化。在PovcalNet制作的表格（罗列国际对比估算值）旁，国家界面展示基于国定贫困线（见在线表格1.1）下贫困估算的走向。

数据可用性

PovcalNet从138个低收入国家和中等收入国家、有资质从世界银行贷款的国家（如智利）、最近被纳入分级的国家（如爱沙尼亚）以及21个其他高收入国家（工业化经济体）超过1,000份户口调研中抽取收入或详细消费数据。虽然所有国家的收入分配数据都可用，但1.9美元/天与3.1美元/天贫困线以下的贫困估算只公布了低收入国家和中等收入国家、有资质从世界银行贷款的国家以及最近被纳入分级的国家。更多信息见http://iresearch.worldbank.org/PovcalNet/data.aspx。2013年的估算基于随机抽取的200万户样本家庭，覆盖138个中低收入国家、有资质从世界银行贷款的国家以及最近被纳入分级的国家中87%的人口。衡量贫困依然面临挑战。户口调研的及时性、频率、可用性、质量和可比性都需要大幅提升，在最为贫困的国家之中尤为如此。在小国家、动荡的国家、低收入国家甚至某些中等收入国家，贫困监测数据的可用性与质量依然很低。

一些国家缺乏高频的、及时的、可比的可用数据，给确定贫困减缓的范围带来了不确定性。表中贫困指标趋势报告了由参考年或前后两年（换句话说，就是以参考年为中心的五年时间内）进行的户口调研样本所体现的地区与全球人口百分比。撒哈拉以南非洲地区以及中东与北非地区的数据覆盖率依然保持低位且不稳定，完善户口调研项目以监测贫困情况显然迫在眉睫。但制度、政治以及财政方面的阻碍仍继续限制着数据的收集、分析以及向公众开放。

数据质量

在衡量家庭生活水平时，还出现了其他的数据质量问题。调研发现具体的问题包括收入来源以及消费方式，而这些需要受过训练的专门人员进行仔细记录。收入难以精确测算，消费与生活水平的概念更贴近一些。此外，即便生活水平不变，收入也会随时间推移而变化。但消费数据并非随时可用：此报告中的最新估算只使用了大约2/3国家的消费数据。

类似的调研可能会因为时机、样本结构，或是普查员的水准与所受训练的不同而无法进行精确的比较。不同发展水平国家之间的比较也会因非市场商品相关重要性的不同而产生问题。所有实物消费的当地市场价值（包括自给性生产，这在贫困乡村经济中非常重要）应当包含于总消费支出，但在实际操作中并未如此。如今，大多调研数据都包含对消费或收入中自给性生产的估价，但估价方式不尽相同。

此报告中统计信息基于消费数据，无法获取消费数据时，使用收入数据。大约20个国家的调研同时获取了消费数据和收入数据，对其分析后发现，收入数据比消费数据得到的平均值高，但同时不均等也更为明显。当使用两种数据进行贫困测算时，两种结果相互抵消：并无显著的统计差异。

不可避免的，部分抽样的家庭并未参与调研，可能是因为他们拒绝参与，也可能是在受访时家中

贫困与共同富裕 1

无人。这种情况被称为"单元无反馈",这不同于"条目无反馈":抽样回答者进行参与但拒绝回答诸如涉及消费或支出的某些问题。鉴于调研无反馈随机出现,因此无需担心以调研为基础的推论会出现偏差;样本依然可以代表全部人口。但是,不同收入的家庭回答的可能性或许不同。更为富裕的家庭,因为其时间的高机会成本,或是出于隐私考虑,而不太愿意参与。也可想象,最穷的人群也会因为其他一些原因而未被充分代表;有的人无家可归,有的人居无定所,因而在标准户口调研计划中难觅其踪;还有人因身体或是社交的不便而不愿接受采访。如不加以修正,这将给贫困测算以及不均等测算带来偏差(Korinek、Mistiaen 与 Ravallion,2007)。更多数据质量与可比性信息,见"世界银行"(2015,2017)。

国际贫困线

贫困估算的国际比较会导致概念上与实务中的困难。各国对贫困有不同的定义,因而各国之间无矛盾的对比将会十分困难。富裕国家的国定贫困线,比起贫穷国家来说,倾向于拥有更强的购买力,因而会采用更宽松的标准。基于国际贫困线进行的贫困测算试图将各国之间贫困线的真实价值保持恒定,比较不同时间的数据时亦是如此。从《世界发展报告1990》开始,世界银行便致力于采用一种通用的标准来衡量极端贫困,即世界最贫困国家中"贫困"的含义。生活在不同国家的人,其福利可以通过调整货币之间购买力不同所得通用标准来衡量。通常使用的1美元/天的标准(测算1985年国际价格并使用购买力平价换算成本国货币),被选为《世界发展报告1990》所用标准,因为该标准是当时低收入国家普遍的贫困线标准。

《世界发展指标》早期版本使用的购买力平价来自佩恩表(Penn World Tables),用以将本国货币价值转换为具有相同购买力的美元价值。后来的版本使用世界银行所制"1993年消费购买力平价估算值"。2005年与2011年"国际对比项目"汇编并发布购买力平价后,国际贫困线亦做出相应调整;

同时发布的还有更大规模的家庭收入与消费调研数据。现今极端贫困线按照2011年购买力平价设置为1.9美元/天,相当于2005年的1.25美元/天(按照2005年购买力平价,由相同的15个国家的贫困线取平均值确定)。因此,1.9美元/天的贫困线反映出,极端贫困(世界上部分最贫困国家典型的贫困线)在使用低收入国家和中等收入国家生活花费的最新信息进行更新后的统一标准(Ferreira等,2016)。

由于购买力平价汇率可将不同国家之间商品及服务的价格差异列入考虑,因此被用于估算全球贫困。但购买力平价汇率设计之初是为了比较国民收入的总量,而非进行国际贫困对比。因此,不能确定国际贫困线能表示不同国家之间相同程度的需求或匮乏。

定义

"本国货币的国际贫困线"指按照2011年物价,将国际贫困线1.9美元/天与3.1美元/天,按照由国际对比项目估算出的购买力平价转换因子,换算成本国货币值。**"参考年"**指调研中作为参考的时期。如用作参考的时期跨越两年或以上,则为第一年。**"低于1.9美元/天人口"**与**"低于3.1美元/天人口"**指按照2011年国际物价,生活水平低于1.9美元/天以及低于3.1美元/天的人口占比。PovcalNet(http://iresearch.worldbank.org/PovcalNet)包含可进行比较国家数据最新的、完整的时间序列。**"贫困差距"**指距离贫困线的平均差额(将贫困线以上的算作0差额),用贫困线的百分比表示。这项标准反映贫困的程度以及发生率。

数据来源

贫困测算由世界银行发展研究组进行,全球贫困工作组提供意见。国际贫困率基于全国范围内代表性初级户口调研;调研由各国统计局或政府监督下的私人机构或国际机构进行,其数据由政府统计局与世界银行集团国家部门获得。获取世界银行最新估算数据来源与方法的详细信息,请见http://iresearch.worldbank.org/povcalnet。

1 贫困与共同富裕

参考文献

Ferreira, F.H., S. Chen, A. Dabalen, and others. 2016. "A Global Count of the Extreme Poor in 2012: Data Issues, Methodology and Initial Results." *Journal of Economic Inequality* 14(2): 141–72.

Korinek, A., J.A. Mistiaen, and M. Ravallion. 2007. "An Econometric Method of Correcting for Unit Nonresponse Bias in Surveys." *Journal of Econometrics* 136: 213–35.

Ravallion, M., G. Datt, and D. van de Walle. 1991. "Quantifying Absolute Poverty in the Developing World." *Review of Income and Wealth* 37(4): 345–61.

World Bank. 1990. *World Development Report 1990: Poverty.* Washington, DC.

——. 2015. *A Measured Approach to Ending Poverty and Boosting Shared Prosperity: Concepts, Data, and the Twin Goals.* Policy Research Report. Washington, DC.

——. 2016. *Poverty and Shared Prosperity 2016: Taking on Inequality.* Washington, DC.

——. 2017. *Monitoring Global Poverty: Report of the Commission on Global Poverty.* Washington, DC.

贫困与共同富裕 1

	时期		人均消费或收入年化增长		人均消费或收入			
			百分比		按照2011年购买力平价，美元/天			
			底层40%人口	全部人口	底层40%人口		全部人口	
	基准年	最近年份			基准年	最近年份	基准年	最近年份
阿尔巴尼亚	2008	2012	-1.2	-1.3	4.3	4.1	7.8	7.4
阿根廷	2009	2014	1.5	-0.4	6.5	7.0	19.7	19.3
亚美尼亚	2009	2014	0.7	1.6	3.2	3.3	5.8	6.3
奥地利	2007	2012	0.4	0.4	27.8	28.3	52.7	53.7
白罗斯	2009	2014	8.5	8.2	7.5	11.3	13.2	19.5
比利时	2007	2012	1.1	0.4	25.8	27.3	46.9	47.9
不丹	2007	2012	6.5	6.5	2.6	3.5	5.9	8.1
玻利维亚	2009	2014	6.3	4.8	3.1	4.2	10.8	13.7
巴西	2009	2014	6.1	4.1	4.0	5.3	15.2	18.5
保加利亚	2007	2012	1.3	1.4	6.8	7.2	14.7	15.7
柬埔寨	2008	2012	6.5	3.9	2.4	3.1	4.6	5.4
喀麦隆	2007	2014	1.3	3.7	1.6	1.7	4.1	5.3
智利	2009	2013	5.6	4.1	6.2	7.7	20.1	23.7
中国	2008	2012	8.9	8.2	..	..	..	..
哥伦比亚	2009	2014	5.8	4.0	3.0	4.0	12.2	14.8
刚果民主共和国	2004	2012	9.6	9.6	0.3	0.6	0.8	1.5
刚果共和国	2005	2011	3.1	4.5	1.0	1.2	3.0	3.9
哥斯达黎加	2010	2014	1.2	2.2	6.6	7.0	20.3	22.2
克罗地亚	2009	2012	-5.4	-5.3	10.0	8.4	20.3	17.2
塞浦路斯	2007	2012	-2.8	-1.6	27.1	23.6	50.8	46.9
捷克共和国	2007	2012	0.2	0.4	15.7	15.8	25.8	26.3
丹麦	2007	2012	-0.8	0.3	28.7	27.6	48.3	49.1
多米尼加共和国	2009	2013	1.4	-0.2	4.0	4.3	12.5	12.4
厄瓜多尔	2009	2014	7.2	4.4	3.0	4.2	9.6	11.9
萨尔瓦多	2009	2014	3.7	1.3	3.3	3.9	9.3	10.0
爱沙尼亚	2007	2012	-2.1	-1.2	12.8	11.6	24.6	23.1
芬兰	2007	2012	1.6	1.1	26.7	28.9	46.8	49.4
法国	2007	2012	0.2	0.4	26.6	26.8	51.5	52.5
格鲁吉亚	2009	2014	4.6	4.0	2.1	2.6	5.4	6.6
德国	2006	2011	1.4	0.1	26.5	28.4	52.4	52.8
希腊	2007	2012	-10.0	-8.4	16.3	9.6	34.7	22.4
洪都拉斯	2009	2014	-2.5	-3.1	2.5	2.2	9.1	7.8
匈牙利	2007	2012	-1.9	-0.7	10.9	9.9	19.3	18.7
冰岛	2007	2012	-3.9	-4.6	33.1	27.2	58.7	46.5
印度	2004	2011	3.2	3.7	1.5	1.8	2.8	3.6
印度尼西亚	2011	2014	3.8	3.4	2.1	2.4	4.8	5.3
伊朗	2009	2013	3.1	-1.2	6.6	7.4	17.4	16.6
伊拉克	2007	2012	0.5	1.1	..	..	..	..
爱尔兰	2007	2012	-4.4	-3.9	26.2	20.9	50.0	41.1
意大利	2007	2012	-2.9	-1.8	21.2	18.4	43.5	39.7
哈萨克斯坦	2008	2013	6.7	5.6	5.2	7.1	9.1	12.0
吉尔吉斯斯坦共和国	2009	2014	0.4	-1.1	3.1	3.1	5.6	5.3
老挝人民民主共和国	2007	2012	1.5	2.2	1.9	2.1	3.8	4.3
拉脱维亚	2007	2012	-3.0	-4.3	9.7	8.3	22.4	17.9
立陶宛	2007	2012	-1.8	-1.2	10.1	9.3	21.0	19.8
卢森堡	2007	2012	-2.7	-0.5	38.3	33.4	72.8	70.9
马其顿	2009	2013	5.0	0.7	3.4	4.1	9.5	9.7

1 贫困与共同富裕

	时期		人均消费或收入年化增长		人均消费或收入			
			百分比		按照2011年购买力平价，美元/天			
					底层40%人口		全部人口	
	基准年	最近年份	底层40%人口	全部人口	基准年	最近年份	基准年	最近年份
毛里求斯	2006	2012	0.8	0.9	5.3	5.5	11.0	11.6
墨西哥	2010	2014	0.7	1.0	3.4	3.5	10.3	10.7
摩尔多瓦	2009	2014	4.8	1.3	4.3	5.5	8.8	9.4
蒙古	2010	2014	8.0	7.1	4.0	5.5	8.1	10.6
黑山共和国	2009	2014	-2.7	-2.3	8.6	7.5	16.3	14.5
荷兰	2007	2012	0.0	-1.0	28.1	28.1	51.7	49.2
尼加拉瓜	2009	2014	4.7	4.7	2.6	3.3	7.5	9.5
挪威	2007	2012	3.2	2.4	33.4	39.0	58.5	65.8
巴基斯坦	2007	2013	2.8	2.5	2.1	2.4	3.8	4.4
巴拿马	2009	2014	4.1	3.6	4.8	5.9	17.4	20.7
巴拉圭	2009	2014	8.0	8.2	3.8	5.6	12.7	18.8
秘鲁	2009	2014	5.8	3.1	3.7	4.9	12.0	13.9
菲律宾	2006	2012	1.7	1.2	2.2	2.4	6.4	6.9
波兰	2007	2012	2.6	2.3	9.7	11.0	20.0	22.3
葡萄牙	2007	2012	-2.0	-2.1	12.9	11.7	28.0	25.1
罗马尼亚	2007	2012	2.6	1.6	3.7	4.2	8.8	9.5
俄罗斯联邦	2007	2012	5.9	5.3	7.6	10.1	19.4	25.1
卢旺达	2010	2013	0.0	-0.6	0.9	0.9	2.8	2.7
塞内加尔	2005	2011	0.0	0.5	1.3	1.3	3.1	3.2
塞尔维亚	2008	2013	-1.7	-1.1	7.6	7.0	13.4	12.7
斯洛伐克共和国	2007	2012	5.5	6.7	12.5	16.3	20.3	28.0
斯洛文尼亚	2007	2012	-0.8	-0.3	20.6	19.8	33.4	33.0
西班牙	2007	2012	-1.3	0.0	17.1	16.0	36.3	36.3
斯里兰卡	2006	2012	2.2	1.7	3.0	3.4	6.8	7.5
瑞典	2007	2012	2.0	2.3	26.2	29.0	45.1	50.5
瑞士	2007	2012	2.4	0.9	30.5	34.4	63.2	66.2
坦桑尼亚	2007	2011	3.4	1.4	1.1	1.2	2.5	2.7
泰国	2008	2013	4.9	3.5	5.2	6.5	12.5	14.8
多哥	2011	2015	2.8	0.8	0.9	1.0	2.6	2.7
土耳其	2008	2013	3.2	3.5	5.9	6.9	14.3	17.0
乌干达	2009	2012	3.6	1.4	1.3	1.4	3.3	3.4
乌克兰	2009	2014	3.9	3.3	6.5	7.9	10.7	12.6
英国	2007	2012	-1.7	-2.8	23.9	22.0	51.1	44.4
美国	2007	2013	-0.2	-0.4	..	..	..	..
乌拉圭	2009	2014	5.5	3.0	7.3	9.6	21.7	25.1
越南	2010	2014	4.5	2.0	3.3	3.9	7.6	8.2

a.一些国家因资料分类或保密未报告平均值。b.仅覆盖城镇区域。c.事前估算显示，所列调研不具可比性，但世界银行贫困评估（世界银行2015b）通过方法性微调，建立起福利总量的可比性与统一性。

贫困与共同富裕 1

关于数据

在宣布新的双重任务（消除极端贫困，促进全球共同富裕）后，世界银行集团于2014年10月引进了"共同富裕全球数据库"（www.worldbank.org/en/topic/poverty/brief/global-data-base-of-shared-prosperity）。该数据库于2016年10月更新并拓展，现涵盖83个国家的估算，包括高收入国家；受评估的增长时期由大约2007—2012年更新为大约2008—2013年。

促进共同富裕被定义为：增加各个国家福利分配中，底层40%人口的收入；并且共同富裕将通过计算底层40%人均真实消费或收入的年化增长来衡量。选择人口中的底层40%为目标群体是一种实际操作中的折中。根据福利分配情况，各个国家的底层40%不尽相同，即便一国之内，也会随着时间推移而变化。由于推动共同富裕是一项依据国家特定国情的目标，因此没有全球性数量目标。在国家层面，共同富裕目标不受限制（世界银行2015a）。

更接近共同富裕需要经济增长以及对均等的考量。共同富裕明确表示，虽然经济增长对提高社会福利不可或缺，但进程仍依靠所获得的增长如何分配给最贫穷的国民来衡量。此外，在包容性社会中，仅仅将每个人提升至绝对最低生活水平是不够的；经济增长必须随着时间推移提高穷人的富裕程度。

根据消费或收入衡量共同富裕的决定并非要忽视福利的其他许多方面。易于理解、交流并衡量的指标，才是这样做的初衷——当然，衡量依然面对着挑战。共同富裕包含不太富裕人群康乐的多个维度，在一个国家的国情下分析共同富裕时，考虑大量的福利指标至关重要。

为了使共同富裕的衡量结果可在不同国家之间进行合理的比较，世界银行集团采用了一套标准化的方法来选择时段、数据源以及其他相关参数。"共同富裕全球数据库"就是这些努力的成果，其目的是将跨国对比与确定基准点列入考虑，但由于跨国对比并非首要考虑因素，因此用户应当考虑调研与时段的备选方案。

《世界发展指标》包含下列"共同富裕"指标：底层40%调研人均真实消费或收入，全部人口调研人均真实消费或收入，底层40%调研人均真实消费或收入年化增长，以及全部人口调研人均真实消费或收入年化增长。相关信息，如定义增长时期的调研年份或用以计算增长率的福利总量类型，于脚注中提供。

世界银行集团致力于每年更新共同富裕指标。鉴于多数国家不可能每年进行新的户口调研，每年只会报告一部分国家的估算更新。

增长率计算

增长率按照大约五年为一时期的年化平均增长率计算。由于许多国家的调研并非按照精准的五年计划，下列规则对2016年计算增长率所用调研年份的选择进行指导：增长时期（T1）的最终年为调研的最近年份，但不得早于2011年，初始年（T0）尽可能靠近T1-5，范围为两年之内。这样一来，初始年与最终年之间的间隔为3—7年。如果T1-5中两次调研等距而其他条件相当，则选更晚的调研年份为T0。每个国家选定为T0与T1年份的福利总量（消费或收入）的可比性，将得到评估。如若两次调研之间的可比性为主要问题，则重新应用选择标准来选择仅次于最好的调研年份。

一旦一国选定了两次调研，将首先估算T0与T1年份福利分配底层40%人均真实消费或收入，然后使用复合增长公式来计算上述年份之间的年化平均增长率，以进行人均真实消费或收入年化增长率计算。全部人口人均真实消费或收入，使用全部人口的数据按照相同方法计算。

数据可用性

本版《世界发展指标》包含63个中低收入国家以及20个高收入国家的"共同富裕"估算。虽然鼓励所有国家对底层40%人均真实消费或收入年化增长进行估算，但"共同富裕全球数据库"仅有一小部分国家符合特定标准。重要考量之一为不同时间、不同国家之间的可比性。多数国家的户口调研频率不高，且在时间上各国并不统一。因此，在

1 贫困与共同富裕

进行国家之间或不同时间的对比时，应格外谨慎。

缺乏户口调研数据带给监测共同富裕的问题，比带给监测贫困的更大。为监测共同富裕，两次调研必须在选定时期的五年左右的范围内进行——这里为大约2008—2013年。它们须能在调研设计与福利总量构成两方面进行合理比较。因此，并非所有能形成贫困估算的调研都能形成共同富裕估算。

重要考量之二为国家的覆盖率，且数据越新越好。由于共同富裕须在国家层面进行估算与使用，因而有充分理由尽可能多地覆盖更多国家，不论其人口规模大小。此外，出于政策目的，获取各国尽可能邻近周期的指标至关重要。对调研年份、国家的选择须一致且明了，以在各地区与收入水平之间使所有国家之间尽可能邻近地匹配时间周期时达到平衡、涵盖最新数据并确保国家覆盖率尽可能高。在实际操作中，这意味着不同国家的时间周期并不会完美契合。这是一种折中：虽然会造成一定的不可比性，但却可以建立起包含更多国家的数据库。

数据质量

同贫困率一样，底层人均真实消费或收入年化增长估算基于户口调研收集而来的消费或收入数据，因此存在同样的质量问题。详见"贫困率"版块讨论。

定义

"**时期**"指调研中作为参考的时期。调研中参考时期为一年以上的，取第一年。"**人均消费或收入年化增长**"指大约五年时期中，数次户口调研之间人均消费或收入年化增长。分别计算了一国底层40%人口与一国全部人口的增长。"**人均消费或收入**"指用于计算福利增长率的户口调研中人均消费或收入，按照2011年物价，以平均购买力换算成美元/天。分别计算了一国底层40%人口与一国全部人口的平均值。

数据来源

"共同富裕全球数据库"（www.worldbank.org/en/topic/poverty/brief/global-database-of-shared-prosperity）由全球贫困工作组（拥有世界银行不同部门的贫困测算专家）进行。该数据库的主要数据来源为世界银行集团的PovcalNet网站（http://iresearch.worldbank.org/PovcalNet/）；该网站为交互计算工具，提供世界银行集团按照国际贫困线（人均1.9美元/天或人均3.1美元/天）测算的官方贫困估算数据。PovcalNet所包含的数据集由全球贫困工作组进行汇总并检查。PovcalNet中，用来衡量一国共同富裕情况所选用的消费或收入，同用来估算极端贫困率的福利总量一致。（除非有有力的证据表明需使用其他福利总量）世界银行集团估算全球及地区贫困率的实际操作中，原则上使用人均消费开支作为福利衡量标准（只要数据可用）并在消费数据不可用之时使用收入作为福利衡量标准。然而某些情况下，消费数据可能可用但已过时，或是最近调研年份的消费数据并未共享给世界银行集团。在这样的情况下，如果收入数据可用，则使用该数据估算共同富裕情况。

参考文献

World Bank. 2015a. *A Measured Approach to Ending Poverty and Boosting Shared Prosperity: Concepts, Data, and the Twin Goals.* Policy Research Report. Washington, DC.

———. 2015b. *Tanzania Mainland Poverty Assessment.* [http://documents.worldbank.org/curated/en/530601468179976437/Mainreport]. Washington, DC.

贫困与共同富裕 1

在线表格与指标

获取"世界发展指标"在线表格，请访问 http://wdi.worldbank.org/tables，并键入表格编号（例如，键入 http://wdi_worldbank.org/table/1.1）。直接获取特定"世界发展指标"指标，使用链接 http://data.worldbank.org/indicator/加指标编号（例如，键入 http://data.worldbank.org/ indicator/ SI.POV.RUHC）。

1.1 各国贫困线上贫困率
贫困人数比例，农村	SI.POV.RUHC
贫困人数比例，城市	SI.POV.URHC
贫困人数比例，全国	SI.POV.NAHC
贫困差距，农村	SI.POV.RUGP
贫困差距，城市	SI.POV.URGP
贫困差距，全国	SI.POV.NAGP

1.2 国际贫困线上贫困率
生活水平低于1.9美元/天的人口	SI.POV.DDAY
按照2011年购买力平价，生活水平低于3.1美元/天的人口	SI.POV.2DAY
按照2011年购买力平价1.9美元/天标准的贫困差距	SI.POV.GAPS
按照2011年购买力平价3.1美元/天标准的贫困差距	SI.POV.GAP2

1.3 收入或消费分布
基尼系数	SI.POV.GINI
底层10%人口消费或收入占比	SI.DST.FRST.10
底层20%人口消费或收入占比	SI.DST.FRST.20
次低20%人口消费或收入占比	SI.DST.02ND.20
第三低20%人口消费或收入占比	SI.DST.03RD.20
第四低20%人口消费或收入占比	SI.DST.04TH.20
最高20%人口消费或收入占比	SI.DST.05TH.20
最高10%人口消费或收入占比	SI.DST.10TH.10

1.4 共同富裕
底层40%人均消费或收入年化增长	SI.SPR.PC40.ZG
全部人口人均消费或收入年化增长	SI.SPR.PCAP.ZG
底层40%人均消费或收入	SI.SPR.PC40
全部人口人均消费或收入	SI.SPR.PCAP

인구

"人口"展示了教育、健康、就业、社会保障以及性别方面的指标。这五个主题占据了"可持续发展目标日程"的很大一部分——特别是，目标1消除贫困、目标3健康、目标4受教育机会、目标5男女平等、目标6水与卫生以及目标8体面的工作与经济增长。

"人口"中指标的数据由各国政府以及国际发展机构（包括世界银行）收集汇编。这些机构的主体与统计专家通力合作，确保了数据的说服力、可靠性与时效性。例如，不同数据来源和方法给全球儿童死亡率监测造成困难，对此引发的担忧，联合国跨机构儿童死亡率工作组开始汇编所有可用数据、评估数据质量、形成模拟估算，使得可信度、透明度以及新生儿、婴儿和五岁以下儿童死亡率的可比性得到加强。

"人口"包含了数种新指标；加入的主要目的是为了提高"可持续发展目标"的覆盖率。新的健康指标帮助衡量目标3下的子项：疟疾的发生率与人类免疫缺陷病毒（HIV，子项3.3）的发生率、非传染性疾病致死率与自杀死亡率（子项3.4）以及酒精消耗（子项3.5）。使用水与卫生的指标（衡量目标6下的子项6.1与6.2），现在按照财富五分位数进行分解。一项新的指标反映25岁以上人群的受教育程度，提供了一国成年人口技能与资质的信息（子项4.4）。两个新指标——遭受身体或性暴力的女性比例与女性在决策中的参与度——使得男女平等问题更为直观，与目标5息息相关（子项5.2与5.5）。

全国平均水平可能掩盖人口中亚群之间的差异，因此"可持续发展目标"呼吁将许多指标分解。"人"中的许多指标通过性别、年龄、财富五分位数以及城乡位置进行分解。亚国家层面不同时段的营养不良、贫困以及人口估算数据已经上线。世界银行同时带领各方协同努力，对金融包容、雇佣法以及商业条例的按性别分列的数据进行汇编。

2015年，每天有大约830名女性于妊娠期间或妊娠终止42天内，因妊娠相关原因死亡。全球范围内，反映女性怀孕生殖卫生保健水平的产妇死亡率，在1990—2015年期间大幅下降，从每十万新生儿生产中385例产妇死亡降至216例。但在低收入国家，该比例仍很高，为每十万新生儿496例。中等偏下收入国家，中等偏上收入国家以及高收入国家中，该比例较低，分别为每十万新生儿251例、54例与10例。具备产妇卫生保健，包括产前保健服务与生产时有经验的护理人员在身边，都是防止产妇死亡、保护新生儿所必需的。然而，低收入国家将近半数的妇女在生产时都没有专业护理人员的帮助。

产妇死亡
2015年产妇死亡率模拟估算（每10万新生儿）

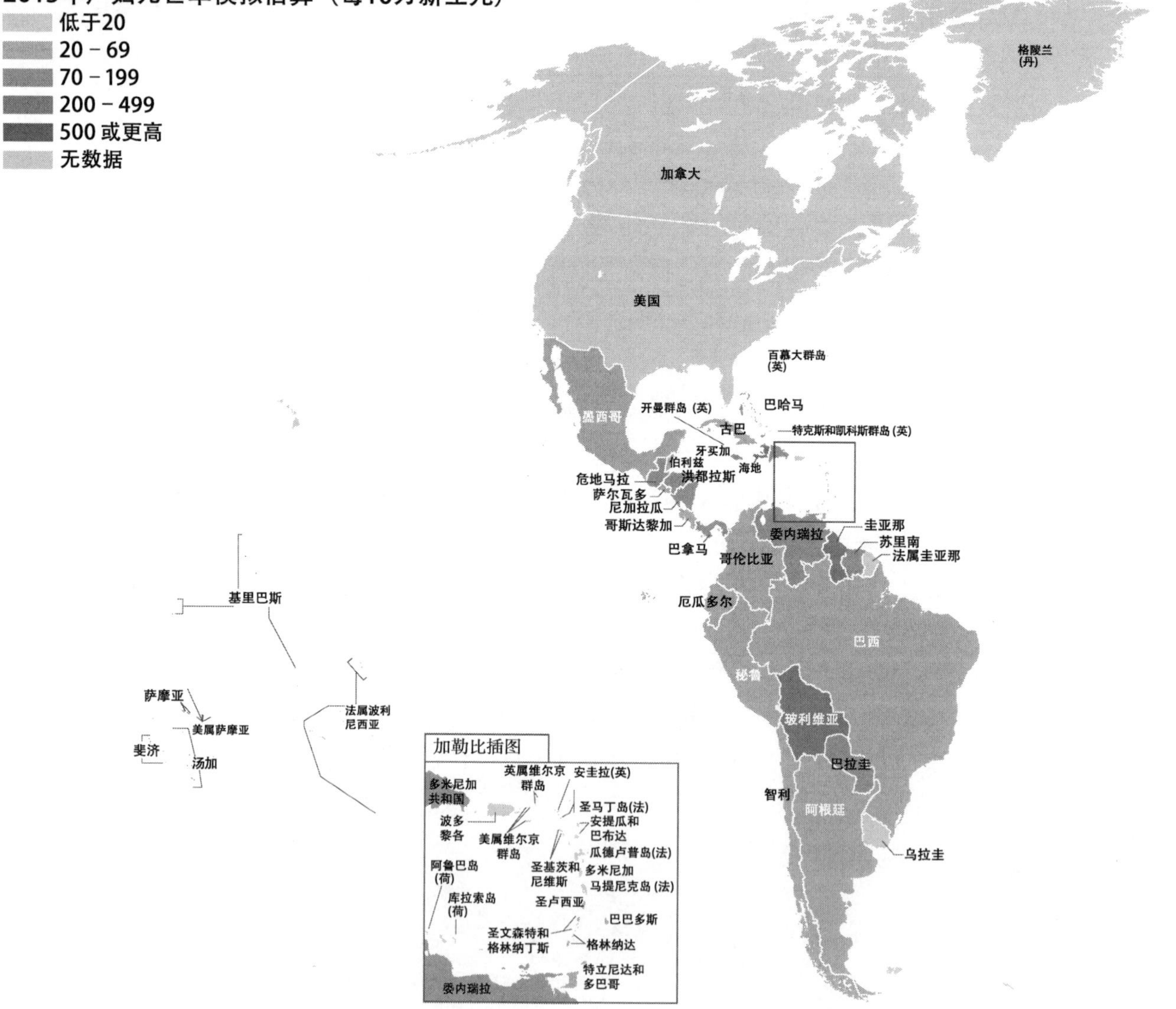

- 低于20
- 20 – 69
- 70 – 199
- 200 – 499
- 500 或更高
- 无数据

2015年产妇死亡率最高的十个国家都在撒哈拉以南非洲：塞拉利昂、中非共和国、乍得、尼日利亚、南苏丹、索马里、利比里亚、布隆迪、冈比亚以及刚果民主共和国。

为在2030年之前达到"可持续发展目标"子项3.1，撒哈拉以南非洲地区须在其后十五年内将产妇死亡率降低至2015年水平的将近1/10，而南亚则要降低至近1/3。

1990—2015年，南亚、欧洲与北非以及东亚与太平洋地区，产妇死亡率都降低了60%以上。

塞拉利昂的产妇死亡风险最高：每17名女性就有1人死于生产原因。相反，希腊的风险最低，23,700名女性才有1人死于生产原因。

2 人口

	儿童营养不良发生率，发育迟缓	五岁以下儿童死亡率	产妇死亡率	青春期生育率	HIV感染率	初等教育完成率	青年识字率	劳动参与率	弱势就业	失业率
	5岁以下儿童，百分比 2008—2015[a]	每1,000例存活新生儿 2015	每100,000例存活新生儿模拟估算 2015	1,000名15—19岁女性中新生儿数 2015	15—49岁未感人群中百分比 2015	相关年龄群组百分比 2011—2016[a]	15—24岁人群百分比 2005—2015[a]	15岁以上人口模拟ILO估算百分比 2015	总就业百分比 2012—2016[a]	总劳动力模拟ILO估算百分比 2016
阿富汗	..	91	396	71	0.01	..	58	53	..	9
阿尔巴尼亚	23.1	14	29	22	..	106	99	50	57	16
阿尔及利亚	11.7	26	140	10	0.01	106	97	44	25	11
美属萨摩亚	..	..	..	..	..	..	..	..	..	..
安道尔	..	3	..	..	..	..	..	..	..	..
安哥拉	..	157	477	162	0.19	50	73	68	..	7
安提瓜和巴布达	..	8	..	44	..	85	..	..	..	..
阿根廷	..	13	52	64	0.02	102	99	61	21	7
亚美尼亚	20.8	14	25	22	0.03	99	100	63	42	17
阿鲁巴岛	..	16	..	21	..	101	99	..	..	..
澳大利亚	..	4	6	14	0.01	..	..	65	11	6
奥地利	..	4	4	7	..	101	..	60	8	6
阿塞拜疆	18.0	32	25	61	0.02	103	100	65	55	5
巴哈马	..	12	80	29	0.23	..	..	74	..	15
巴林	..	6	15	13	..	..	100	69	..	1
孟加拉国	36.4	38	176	83	0.01	98	83	62	..	4
巴巴多斯	7.7	13	27	39	0.12	96	..	66	..	11
白俄罗斯	..	5	4	18	0.10	97	100	61	..	1
比利时	..	4	7	8	..	88	..	54	11	8
伯利兹	19.3	17	28	65	0.08	104	89	70	..	11
贝宁	34.0	100	405	82	0.07	78	53	72	..	1
百慕大群岛	..	..	..	..	..	81	..	..	8	..
不丹	33.6	33	148	20	..	97	92	66	73	2
玻利维亚	27.2	38	206	70	0.02	90	99	73	55	4
波斯尼亚和黑塞哥维那	8.9	5	11	8	..	..	100	46	18	26
博茨瓦纳	..	44	129	31	0.94	100	98	77	13	18
巴西	..	16	44	67	0.04	..	99	67	24	11
英属维尔京群岛	..	..	..	..	..	88	..	..	..	..
文莱达鲁萨兰国	19.7	10	23	21	..	103	100	64	..	2
保加利亚	..	10	11	37	..	98	98	54	8	8
布基纳法索	35.1	89	371	107	0.05	62	53	83	..	3
布隆迪	57.5	82	712	28	0.02	62	88	84	..	2
佛得角	..	25	42	73	0.06	102	98	68	..	11
柬埔寨	33.5	29	161	52	0.01	95	92	81	55	0
喀麦隆	31.7	88	596	102	0.36	74	84	76	..	5
加拿大	..	5	7	9	..	..	..	66	11	7
开曼群岛	..	..	..	..	..	..	99	..	6	..
中非共和国	40.7	130	882	91	0.24	44	36	78	..	7
乍得	39.9	139	856	130	0.10	38	53	72	..	6
海峡群岛	..	9	..	7	..	..	..	58	..	9
智利	1.8	8	22	48	0.02	95	99	62	22	7
中国	9.4	11	27	7	..	92	100	71	..	5
中国香港	..	2	..	3	..	..	..	60	6	3
中国澳门	..	4	..	3	..	91	100	71	3	3
哥伦比亚	12.7	16	64	49	0.04	100	99	69	47	10
科摩罗	32.1	74	335	67	..	76	87	57	..	20
刚果民主共和国	42.6	98	693	122	0.03	67	86	71	..	4

人 口 2

	儿童营养不良发生率，发育迟缓	五岁以下儿童死亡率	产妇死亡率	青春期生育率	HIV感染率	初等教育完成率	青年识字率	劳动参与率	弱势就业	失业率
	5岁以下儿童，百分比	每1,000例存活新生儿	每100,000例存活新生儿模拟估算	1,000名15—19岁女性中新生儿数	15—49岁未感人群中百分比	相关年龄群组百分比	15—24岁人群百分比	15岁以上人口模拟ILO估算百分比	总就业百分比	总劳动力模拟ILO估算百分比
	2008—2015a	2015	2015	2015	2015	2011—2016a	2005—2015a	2015	2012—2016a	2016
刚果共和国	21.2	45	442	116	..	74	81	70	..	11
哥斯达黎加	5.6	10	25	56	0.02	99	99	62	14	9
科特迪瓦	29.6	93	645	136	0.19	63	50	67	79	9
克罗地亚	..	4	8	9	..	96	100	52	10	13
古巴	..	6	39	45	0.05	96	100	56	..	3
库拉索岛	..	11	..	34	..	..	..	..	..	..
塞浦路斯	..	3	7	5	..	97	100	64	13	12
捷克共和国	..	3	4	10	..	98	..	59	14	4
丹麦	..	4	6	4	..	99	..	62	6	6
吉布提	33.5	65	229	21	0.11	64	..	52	..	7
多米尼加	..	21	..	..	..	111	..	..	..	..
多米尼加共和国	7.1	31	92	97	0.04	94	98	65	41	14
厄瓜多尔	25.2	22	64	76	0.01	109	99	64	40	5
埃及	22.3	24	33	51	0.01	104	93	49	26	12
萨尔瓦多	14.0	17	54	65	0.01	105	98	63	38	6
赤道几内亚	26.2	94	342	108	0.02	50	98	82	..	7
厄立特里亚	50.3	47	501	53	0.02	39	93	84	..	7
爱沙尼亚	..	3	9	12	..	102	100	62	6	7
埃塞俄比亚	40.4	59	353	57	..	54	69	83	49b	6
法罗群岛	..	..	..	..	..	..	..	..	..	..
斐济	..	22	30	45	..	106	..	54	..	8
芬兰	..	2	3	6	..	100	..	58	10	9
法国	..	4	8	9	..	..	..	55	8	10
法属波利尼西亚	..	6	..	36	..	..	..	55	..	18
加蓬	17.5	51	291	98	0.14	..	89	49	..	19
冈比亚	25.0	69	706	112	0.12	71	73	77	60	30
格鲁吉亚	11.3	12	36	38	0.05	121	100	67	56	12
德国	..	4	6	6	..	103	..	60	6	4
加纳	18.7	62	319	66	0.08	101	91	77	69	6
直布罗陀	..	..	..	..	..	..	..	..	..	..
希腊	..	5	3	7	0.02	96	100	52	28	24
格陵兰	..	..	..	..	..	..	..	..	..	..
格林纳达	..	12	27	30	..	89	..	..	..	..
关岛	..	10	..	48	..	..	100	62	..	11
危地马拉	46.5	29	88	80	0.04	87	93	61	44	2
几内亚	35.8	94	679	140	0.12	62	45	82	..	7
几内亚比绍	27.6	93	549	88	..	..	77	73	..	7
圭亚那	12.0	39	229	88	0.09	84	94	60	..	11
海地	21.9	69	359	39	0.02	..	82	66	..	13
洪都拉斯	22.7	20	129	64	0.01	92	97	66	51	6
匈牙利	..	6	17	18	..	97	99	54	6	5
冰岛	..	2	3	6	..	97	..	74	9	4
印度	38.7	48	174	23	0.01	98	90	54	..	3
印度尼西亚	36.4	27	126	49	0.05	103	100	67	31	6
伊朗	..	16	25	26	0.01	102	98	45	40	11
伊拉克	22.6	32	50	85	..	..	82	42	..	16
爱尔兰	..	4	8	10	..	..	..	60	12	8

2 人口

	儿童营养不良发生率，发育迟缓	五岁以下儿童死亡率	产妇死亡率	青春期生育率	HIV感染率	初等教育完成率	青年识字率	劳动参与率	弱势就业	失业率
	5岁以下儿童，百分比 2008—2015[a]	每1,000例存活新生儿 2015	每100,000例存活新生儿模拟估算 2015	1,000名15—19岁女性中新生儿数 2015	15—49岁未感人群中百分比 2015	相关年龄群组百分比 2011—2016[a]	15—24岁人群百分比 2005—2015[a]	15岁以上人口模拟ILO估算百分比 2015	总就业百分比 2012—2016[a]	总劳动力模拟ILO估算百分比 2016
马恩岛	..	..	..	..	..	..	..	..	..	..
以色列	..	4	5	9	..	102	..	64	8	6
意大利	..	4	4	6	0.02	100	100	48	18	12
牙买加	5.7	16	89	59	0.11	..	96	65	..	13
日本	7.1	3	5	4	..	102	..	59	9	3
约旦	7.8	18	58	23	..	91	99	40	..	13
哈萨克斯坦	13.1	14	12	27	0.04	109	..	71	26	5
肯尼亚	26.0	49	510	90	0.35	105	86	67	..	11
基里巴斯	..	56	90	16	..	112	..	..	..	..
朝鲜	27.9	25	82	1	..	..	100	80	..	4
韩国	2.5	3	11	2	..	103	..	61	27	4
科索沃	..	..	..	..	..	..	..	..	29	..
科威特	5.8	9	4	9	..	103	99	69	..	2
吉尔吉斯斯坦	12.9	21	76	39	0.03	105	100	63	37	8
老挝人民民主共和国	43.8	67	197	64	..	100	90	77	..	1
拉脱维亚	..	8	18	13	0.05	105	100	60	..	10
黎巴嫩	..	8	15	12	0.01	72	99	47	..	7
莱索托	33.2	90	487	93	1.88	77	85	66	..	27
利比里亚	32.1	70	725	107	0.06	59	54	61	..	4
利比亚	..	13	9	6	..	..	100	53	..	19
列支敦士登	..	..	..	..	..	106	..	..	..	..
立陶宛	..	5	10	10	..	101	100	59	10	9
卢森堡	..	2	10	6	..	79	..	59	6	6
马其顿	4.9	6	8	17	..	88	99	56	22	27
马达加斯加	49.2	50	353	115	0.05	69	65	86	86	2
马拉维	42.4	64	634	135	0.38	79	75	81	..	7
马来西亚	..	7	40	14	0.03	101	98	63	22	3
马尔代夫	20.3	9	68	6	..	..	100	68	..	3
马里	..	115	587	174	0.11	51	49	66	..	8
马耳他	..	6	9	16	..	92	99	52	9	5
马绍尔群岛	..	36	..	..	..	100	98	..	..	..
毛里塔尼亚	22.0	85	602	78	0.03	68	63	47	..	12
毛里求斯	..	14	53	28	0.04	101	99	61	17	8
墨西哥	13.6	13	38	62	0.02	105	99	62	27	4
密克罗尼西亚联邦	..	35	100	14	..	..	..	..	..	..
摩尔多瓦	6.4	16	23	22	0.06	91	99	42	34	5
摩纳哥	..	4	..	..	..	..	..	..	..	..
蒙古	10.8	22	44	15	0.01	98	99	63	23	7
黑山共和国	9.4	5	7	12	..	93	99	49	12	17
摩洛哥	14.9	28	121	31	0.01	103	95	49	50	10
莫桑比克	43.1	79	489	137	0.71	48	77	79	..	24
缅甸	35.1	50	178	16	0.04	85	96	78	..	1
纳米比亚	23.1	45	265	76	0.68	86	95	59	33	26
瑙鲁	..	35	..	..	..	112	..	..	..	..
尼泊尔	37.4	36	258	71	0.01	110	90	83	..	3
荷兰	..	4	7	4	..	..	..	64	13	6
新喀里多尼亚	..	13	..	19	..	100	..	56	..	15

人口 2

	儿童营养不良发生率，发育迟缓	五岁以下儿童死亡率	产妇死亡率	青春期生育率	HIV感染率	初等教育完成率	青年识字率	劳动参与率	弱势就业	失业率
	5岁以下儿童，百分比 2008—2015[a]	每1,000例存活新生儿 2015	每100,000例存活新生儿模拟估算 2015	1,000名15—19岁女性中新生儿数 2015	15—49岁未感人群中百分比 2015	相关年龄群组百分比 2011—2016[a]	15—24岁人群百分比 2005—2015[a]	15岁以上人口模拟ILO估算百分比 2015	总就业百分比 2012—2016[a]	总劳动力模拟ILO估算百分比 2016
新西兰	..	6	11	23	..	..	..	68	12	5
尼加拉瓜	..	22	150	88	0.02	..	92	64	..	6
尼日尔	43.0	96	553	201	0.02	69	27	65	..	3
尼日利亚	32.9	109	814	109	0.23	..	73	56	..	5
北马里亚纳群岛	..	..	..	..	..	..	..	..	..	..
挪威	..	3	5	5	..	98	..	65	5	5
阿曼	14.1	12	17	17	..	105	99	69	..	18
巴基斯坦	45.0	81	178	38	0.02	72	74	54	..	6
帕劳	..	16	..	..	..	80	100	..	..	..
巴拿马	19.1	17	94	74	0.05	102	98	65	30	6
巴布亚新几内亚	49.5	57	215	54	0.05	79	67	70	..	2
巴拉圭	10.9	21	132	57	0.03	89	99	71	39	5
秘鲁	14.6	17	68	48	0.02	99	99	74	46	5
菲律宾	30.3	28	114	63	0.01	101	98	65	38	6
波兰	..	5	3	13	..	98	100	57	17	6
葡萄牙	..	4	10	9	..	..	100	59	13	11
波多黎各	..	6	14	41	..	..	99	42	..	13
卡塔尔	..	8	13	10	..	89	99	85	0	0
罗马尼亚	..	11	31	34	..	92	99	56	28	6
俄罗斯联邦	..	10	25	23	..	100	100	63	6	6
卢旺达	44.3	42	290	26	0.14	61	85	85	78	3
萨摩亚	..	18	51	24	..	103	99	41	31	7
圣马力诺	..	3	..	..	..	95	..	..	..	..
圣多美与普林希比共和国	17.2	47	156	83	..	83	97	61	..	14
沙特阿拉伯	..	15	12	8	..	108	99	55	3	6
塞内加尔	19.4	47	315	77	0.01	57	70	57	..	9
塞尔维亚	6.0	7	17	19	..	101	98	51	26	17
塞舌尔	7.9	14	..	57	..	109	99	..	12	..
塞拉利昂	37.9	120	1,360	117	0.07	66	67	67	..	3
新加坡	..	3	10	4	..	..	100	67	8	2
荷属圣马丁	..	..	..	..	..	..	..	..	..	..
斯洛伐克	..	7	6	20	..	98	..	60	12	10
斯洛文尼亚	..	3	9	4	..	99	100	57	13	9
所罗门群岛	..	28	114	47	..	89	..	67	..	31
索马里	25.3	137	732	103	0.05	..	..	54	..	7
南非	23.9	41	138	44	1.44	..	99	53	9	26
南苏丹	31.1	93	789	63	0.22	37	44	..	..	..
西班牙	..	4	5	8	0.01	99	100	58	12	19
斯里兰卡	14.7	10	30	14	0.01	98	99	52	41	5
圣基茨和尼维斯	..	11	..	..	..	85	..	..	..	..
圣卢西亚	2.5	14	48	53	..	..	..	70	..	20
圣马丁岛	..	..	..	..	..	..	..	..	..	..
圣文森特和格林纳丁斯	..	18	45	50	..	98	..	67	..	19
苏丹	38.2	70	311	72	0.02	57	71	48	..	13
苏里南	8.8	21	155	46	0.06	95	99	54	12[b]	10
斯威士兰	25.5	61	389	67	2.36	79	95	52	..	25
瑞典	..	3	4	6	..	101	..	65	7	7

  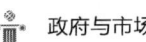

2 人口

	儿童营养不良发生率，发育迟缓	五岁以下儿童死亡率	产妇死亡率	青春期生育率	HIV感染率	初等教育完成率	青年识字率	劳动参与率	弱势就业	失业率
	5岁以下儿童，百分比 2008—2015[a]	每1,000例存活新生儿 2015	每100,000例存活新生儿模拟估算 2015	1,000名15—19岁女性中新生儿数 2015	15—49岁未感人群中百分比 2015	相关年龄群组百分比 2011—2016[a]	15—24岁人群百分比 2005—2015[a]	15岁以上人口模拟ILO估算百分比 2015	总就业百分比 2012—2016[a]	总劳动力模拟ILO估算百分比 2016
瑞士	..	4	5	3	..	95	..	69	8	5
叙利亚	27.5	13	68	39	..	69	96	42	..	14
塔吉克斯坦	26.8	45	32	38	0.03	96	100	68	..	11
坦桑尼亚	34.8	49	398	118	0.21	74	87	79	84	3
泰国	16.3	12	20	45	0.02	93	99	71	51	1
东帝汶	50.2	53	215	45	..	106	82	41	..	4
多哥	27.5	78	368	92	0.12	84	85	81	..	7
汤加	8.1	17	124	15	..	111	99	63	..	5
特立尼达和多巴哥	..	20	63	31	0.05	..	100	63	17	4
突尼斯	10.1	14	62	7	0.01	100	97	48	22	15
土耳其	9.5	14	16	27	..	100	99	50	28	10
土库曼斯坦	..	51	42	16	..	..	100	62	..	9
特克斯和凯科斯群岛	..	..	..	..	..	..	..	..	..	..
图瓦卢	..	27	..	..	..	98	..	..	..	..
乌干达	33.7	55	343	109	0.51	53	87	85	79	2
乌克兰	..	9	24	23	0.07	110	100	59	15	9
阿联酋	..	7	6	30	..	109	99	80	..	4
英国	..	4	9	14	..	..	..	63	13	5
美国	2.1	7	14	21	..	..	..	62	6	5
乌拉圭	11.7	10	15	56	0.03	103	99	65	22	8
乌兹别克斯坦	..	39	36	18	0.01	99	100	62	..	9
瓦努阿图	28.5	28	78	43	..	94	96	71	..	5
委内瑞拉	13.4	15	95	79	0.03	95	98	65	30	7
越南	23.3	22	54	39	0.03	104	98	78	58	2
美属维尔京群岛	..	10	..	43	..	..	..	62	..	9
约旦河西岸和加沙地带	7.4	21	45	58	..	96	99	44	25	25
也门	46.8	42	385	61	0.01	69	90	50	..	17
赞比亚	40.0	64	224	88	0.85	81	92	75	..	8
津巴布韦	27.6	71	443	109	0.88	90	92	82	75	5
全球	**23.2**	**43**	**216**	**44**	**0.05**	**90**	**91**	**63w**	**..w**	**6**
东亚及太平洋地区	12.8	17	59	22	..	98	99	70	..	4
欧亚和中亚地区	6.5	11	16	17	..	99	100	59	14	8
拉丁美洲和加勒比地区	10.0	18	67	64	0.03	100	98	65	29	8
中东和北非地区	15.8	23	81	38	0.01	94	93	49	29	11
北美地区	2.4	6	13	20	..	..	..	62	7	5
南亚地区	36.2	53	182	33	..	..	91	55	..	4
撒哈拉以南非洲地区	35.2	83	547	100	0.30	69	71	69	..	7
中、低收入地区	25.5	46	237	48	..	89	89	63	..	6
低收入地区	37.3	76	496	96	0.17	66	67	76	..	6
中等偏下收入地区	32.6	53	251	45	..	91	86	58	..	6
中等偏上收入地区	7.1	19	54	32	..	97	99	66	..	6
高收入地区	2.6	6	10	13	..	98	..	60	9	6

a. 数据为给定期间中最近可用年份。b. 仅覆盖城镇区域。

关于数据

由于空间有限，虽未列于表中，但此部分中的许多指标已按性别、居所、财富及年龄分列，发布于《世界发展指标》在线数据库（http://databank.worldbank.org/wdi）。

儿童营养不良

良好的营养是生存、健康以及发育的基础。营养良好的儿童在学校表现更好，成年后更健康，继而也会生出更健康的孩子。营养良好的女性在怀孕与分娩之时，面对的风险更低，她们孩子的身体与智力也会发育得更好。营养不良的儿童面对感染时抵抗力不足，更可能死于常见的儿童疾病，如腹泻或呼吸道感染。频繁生病破坏幸存儿童的营养状况，使得他们陷于不断生病的恶性循环之中，发育迟缓。

儿童体重偏轻（相对于同龄儿童）已不再像"千年发展目标"时期那般突出，"世界卫生大会全球营养目标2025"与"可持续发展目标"都已将重心转至五岁以下儿童的发育迟缓（身高相对年龄偏低）、消瘦（体重相对身高偏轻）以及超重（体重相对身高偏重）。各国不同调研之间，对于消瘦与严重消瘦的估算波动明显。基于年发病率的估算将更准确，但并无这样的数据存在于国家或地区层面。发育迟缓的估算更为稳定，据此可以预测更为可靠的走势。儿童发育迟缓是在出生后1,000天内营养不足与重复感染所造成的，结果难以逆转。发育迟缓对于个体和社会都有长期的影响，包括抑制认知与身体的发育、降低生产能力、破坏健康并增加罹患退行性疾病（如糖尿病）的风险。

五岁以下死亡率

无论对于儿童还是其他人，死亡率都是健康状况的重要指标。没有疾病发病率与盛行率的数据时，死亡率或可用于定位易感人群。死亡率是最常用于比较各国之间社会经济发展的指标之一。

死亡率主要来源为生命登记系统以及基于样本调研或人口普查的直接或间接估算。完整的生命登记系统——覆盖至少90%人口的生命重要事件——是特定年龄死亡率最好的来源。但完整的生命登记系统在中等偏下收入国家中相当少有。因此，估算不得不依靠样本调研获取，或通过对登记、人口普查或调研数据应用间接估算技巧产生（见"来源与方法"）。调研数据难免出现记忆偏差。

为使估算可比并保证不同机构间估算的一致性，联合国跨机构儿童死亡率估算工作组（包含联合国儿童基金会、世界卫生组织、联合国人口司、世界银行以及其他大学与研究机构），开发并使用了一种统计方法，可利用全部可获信息来消除差异。走势图通过对死亡率参考日期适用特定国家死亡率回归模型获得〔更多关于儿童死亡率估算的讨论，见联合国跨机构儿童死亡率估算工作组（2015）。详细背景数据与图表展示，见www.childmortality.org〕。

产妇死亡率

产妇死亡率测算受制于多种类型的误差。缺少完整生命登记系统的国家中，处于生育年龄的女性死亡或其妊娠状况得不到报告，死亡原因亦不详。即便是有着可靠生命登记系统的高收入国家，也有孕产妇死亡分类错误发生，从而导致严重的估算不足。可使用调研或人口普查，通过询问调查对象的姐妹存活状况来测算产妇死亡率。但这些估算是回溯性的，即参考调研前的大约五年时期，因而可能会受到记忆偏差的影响。此外，它们反映妊娠相关死亡（妊娠期间或妊娠终止42天之内，不论死亡原因）且需要进行调整以符合产妇死亡的严格定义。

表格中产妇死亡率为模拟估算结果，由世界卫生组织、联合国儿童基金会、联合国人口基金会、世界银行及联合国人口司共同完成，并包含国家层面时间序列数据。缺乏完整登记数据但具备其他类型数据的国家以及没有数据的国家，产妇死亡率利用多级回归模型估算；利用模型时，使用可用国家产妇死亡率数据与社会经济信息，包括人口出生率、接生人员与国内生产总值。所用方法与之前估算时不同，因此此处所列数据不应与其他版本

2 人　口

进行对比（联合国产妇死亡率估算跨机构工作组 2015）。

青春期生育率

生殖健康是指同生殖系统及其功能与过程相关的生理与心理的健康状况。达成生殖健康的方式包括妊娠与分娩期间的教育与服务、安全有效的节育以及性传播疾病的防治。妊娠与分娩的并发症是造成低收入和中等收入国家处于生育年龄的女性死亡或残疾的主要原因。

对母亲和孩子来说，青春期怀孕都存在高风险。早产、新生儿偏轻、分娩并发症以及死亡的概率都更高。许多青春期怀孕都是意外怀孕，但年轻女孩可能会放弃学业与工作，继续妊娠或寻求不安全的人流。青春期生育率估算基于生命登记系统，若无该系统数据，则使用人口普查或样本调研；大体上认为，近年来的生育率测算可信度较高。若无特定年龄生育率先验信息可用，则使用模型测算青少年生育的占比。缺少生命登记系统的国家，其生育率通常基于前些年人口普查或调研所得走势外推得出。

人类免疫缺陷病毒感染率

人类免疫缺陷病毒（HIV）破坏免疫系统，最终导致获得性免疫缺陷综合征。HIV感染率为特定时期内，未感染人群感染HIV病毒的比例。该期间之前已感染的人，即使仍在世，亦不计入总数。感染率反映HIV传染的当前速率，提供对防止疾病传播进展的测算。

HIV感染率数据来自"联合国艾滋病规划署"，该规划署每年帮助各国进行全球、地区以及国家层面的估算。由于收集HIV感染率的直接测算数据十分困难，因而使用模拟估算。模型包括总人口调研获得的HIV发生率、产前临床患者以及高风险感染人群（如性工作者、男同性恋者以及注射毒品者）相关数据以及接受抗逆转录病毒治疗（由于将延长HIV感染者的存活时间，因而会提高HIV发生率）的人群数据。拥有高质量卫生信息系统的国家，模型还依靠病例报告与生命登记系统数据。更多信息，见联合国艾滋病规划署（2016a）。估算包括合理性界限，反映了每一项估算相关的确定性，于http://data.worldbank.org可查。界限越大，围绕估算的不确定性就越大。

初等教育完成率

许多政府发布统计数据，用以表明其教育系统如何运作与发展，包括：入学、毕业、财政与人力资源等统计数据，以及效率指标如重复率、小学教师占比以及同龄发展。初等教育完成率通过进入初等教育最后一年的学生占新生总数的比例来衡量，是教育系统表现的核心指标，反映了教育系统的覆盖率与学生的受教育程度。

该指标反映初等教育周期，通常按照国际标准教育分类（ISCED2011）持续六年（4—7年的情况都存在）。由于数据限制排除了对初等教育最后一年辍学学生进行的调整，这一指标应当高于初等教育实际完成率。

有些原因会造成初等教育完成率高于100%，分子可能包括晚入学者、复读了初等教育中一个或更多年级的超龄儿童以及提早入学的儿童，但分母为按年龄应当进入初等教育最后一年学习的儿童数量。

青年识字率

年龄在15—24岁之间的青年识字率是一种衡量学业近期进展的标准尺度。它通过过去大约十年期间获得基本读写与计算技能的人口比例，反映了初等与中等教育的累加结果。

将人口分为两组——识字与不识字——传统识字统计普遍可用，且对监测普通意义上识字的全球性进步十分有帮助。但在实际操作中，识字难以衡量。估算识字率需要人口普查或调研的测算在受控条件下进行。许多国家基于自述式数据报告识字或不识字的人数，有的国家使用受教育程度数据作为替代但适用不同时长的就读时间或不同的完成层次。近期的国家与国际调研中有一种趋势：直接使用阅读来测试读写技能。由于不同国家之间，收集数据的定义与方法不同，在使用数据时须谨慎。总体来说，识字包括计算能力，即进行简单算术计算的能力。

联合国教育、科学及文化组织(UNESCO)统计研究所根据国家人口普查和家庭调研汇编了关于青年识字率的数据，对于没有最近识字数据的国家，使用全球特定年龄识字预测模型。详细信息，请参见www.uis.unesco.org。

劳动参与率

劳动参与率是指在一国经济体内可用于生产商品及提供服务的劳动力供给与处于工作年龄区间的人口之比，用百分比的形式表达。劳动力指受雇佣人数与未受雇佣人数的总和。

劳动力相关数据由国际劳工组织（ILO）汇编，数据通常来自劳动力调研——国际可比劳动力数据最全面的数据来源。源于人口普查的劳动力数据时常基于少数有限的关于个体经济特性的问题，因此调查的范围很小。企业普查与调研只提供受雇人口数据，而没有非雇佣劳动者，且经常遗漏小企业的员工与非正式员工，将他们排除在普查与调研范围之外。

除了数据来源，还有其他重要因素会影响数据的可比性，例如，普查或调研的参考期间、定义、年龄限制以及地域范围。

这些可比性问题大部分已在国际劳工组织劳动参与率模拟估算中处理；其结果列于表格之中。估算使用严格的数据选取标准以及增强措施，以保障国家之间与不同时期之间的可比性；估算主要基于代表整个国家的劳动力调研，只有无调研数据可用时，才使用人口普查数据。劳动参与率国家数据可在《世界发展指标》在线数据库中获得。

弱势就业

弱势就业指自营工作者以及有收入的家庭工作者。全部就业中弱势就业的比例源于就业状态信息。每个群体面对不同的经济风险，自营工作者以及有收入的家庭工作者是最有可能陷入贫困的，因而也最为脆弱。他们最不可能有正式的工作安排，最不可能拥有社会保障与抵御经济冲击的安全网，并且经常无力积攒足够的积蓄来抵消这些冲击。一国之中较高的家庭工作者占比代表了发展缓慢、低就业率增长，很可能意味着农村经济占比很高。

弱势就业的数据来自劳动力与一般户口调研、人口普查以及官方估算。除了上文提到的对于计算劳动参与率的限制外，还有其他原因造成可比性受限。例如，只覆盖平民就业会导致对"就业者"以及"未按状态分类工作者"的估算不足，尤其是在那些拥有大量武装部队的国家。虽然有收入的家庭工作者以及自营工作者的分类不受影响，但他们的相对占比会受影响。

失业

失业者指处于工作年龄、未受雇佣但可被雇佣并且正在寻求雇佣的人。某些失业不可避免，任何时候都有工作者暂时性失业——待业，因为雇佣者需要寻找合适的工作者，工作者想要寻找更好的工作。

矛盾的是，低失业率可以掩盖一国之中的大量贫困。在没有失业与生活福利的国家，人们在非正式经济或非正式工作安排之中勉强维持生计，而拥有完善安全网的国家中，工作者可以等待合适的或是心仪的工作。不过，持续的高失业率表明资源分配的严重低效。

认定人们正在寻求雇佣关系的标准，以及如何看待人们暂时失业或首次寻求就业，各国不尽相同。许多时候，衡量农业中的就业与失业尤其困难。调研的时机可以将农业季节性失业的影响降至最低。由于非正规活动不受监测，因而非正规部门就业难以量化。

在某些国家，因为各种各样的原因，女性相较于男性更容易被排除在失业计数之外。女性遭受的歧视更多，妨碍她们寻找工作的生理因素、社会以及文化方面的障碍也更多。由于在开始工作之前她们需要做各种安排，因而在短暂的参考期间内，

 环境  经济  政府与市场  全球联系

2 人口

可能无法受雇。

除了此版块中讨论的关于劳动参与率的问题，衡量工具、概念变量以及收集方法同样会影响数据的可比性。表格中所列国际劳工组织对于失业率的模拟估算也大量地处理了这些问题。《世界发展指标》在线数据库中，亦可找到有关失业的国家数据。

定义

"**儿童营养不良发生率，发育迟缓**"指五岁以下儿童，其年龄身高比0—59个月国际参照人口的中位数低两个以上标准偏差的占比。数据基于世界卫生组织2016年发布的儿童发育标准。"**五岁以下死亡率**"：若归入特定年份的特定年龄死亡率，则指该特定年份出生的儿童，在五岁之前死亡的可能性。可能性按1,000存活新生儿中的比例表示。"**产妇死亡率模拟估算**"指妊娠期间或妊娠终止42天内，每1,000例存活新生儿生产中死于妊娠相关原因的女性数量。"**青少年生育率**"指每1,000名15—19岁的女性中，生育者的数量。"**人类免疫缺陷病毒（HIV）感染率**"指年龄15—49之间的未受感染人群中，新感染的人数，表示为之前一年内每100个未感染个体。"**初等教育完成率**"，或进入初等教育最后一年的总进入比率，指初等教育最后一年的新生总数（录取人数减去复读人数），不论年龄，占初等教育适龄儿童总数的百分比。数据限制排除了对初等教育最后一年辍学学生的调整。"**青年识字率**"指处于15—24岁之间的人群，能在理解的前提下，对日常生活进行简短的读写陈述。"**劳动参与率**"指15岁以上人口中，积极参与劳动力市场活动（有工作或在找工作）的人数占比。数据为模拟国际劳工组织估算结果。"**弱势就业**"指有收入的家庭工作者与自营工作者占总就业人数的百分比。"**失业率**"指没有工作但可被雇佣且正在寻求雇佣关系的劳动力占比。数据为模拟国际劳工组织估算结果。

数据来源

"发育迟缓发生率"数据来自世界卫生组织儿童发育与营养不良数据库（www.who.int/nutgrowthdb）。"五岁以下儿童死亡率"来自联合国跨机构儿童死亡率估算工作组（www.childmortality.org），基于户口调研、人口普查以及生命登记系统。"产妇死亡率模拟估算"来自联合国产妇死亡率跨机构工作组（2015）。"青少年生育率"数据来自联合国人口司（2015），并由世界银行发展数据组对年度数据进行线性内推。"HIV感染率"数据来自联合国艾滋病规划署（2016b）。"初等教育完成率"与"青年识字率"来自联合国教科文组织统计研究所（www.uis.unesco.org）。"劳动参与率数据""弱势就业率"与"失业率"来自国际劳工组织ILOSTAT数据库（www.ilo.org/ilostat）。

参考文献

UNAIDS (Joint United Nations Programme on HIV/AIDS). 2016a. *Methods for Deriving UNAIDS Estimates*. Geneva.

———. 2016b. Prevention Gap Report. [www.unaids.org/en/resources/campaigns/prevention-gap]. Geneva.

UN Inter-agency Group for Child Mortality Estimation. 2015. *Levels and Trends in Child Mortality: Report 2015*. [http://childmortality.org/files_v20/download/IGME%20report%202015%20child%20 mortality%20final.pdf]. New York.

United Nations Population Division. 2015. *World Population Prospects: The 2015 Revision*. [http://esa.un.org/unpd/wpp/]. New York: United Nations, Department of Economic and Social Affairs.

UN Maternal Mortality Estimation Inter-agency Group. 2015. *Trends in Maternal Mortality: 1990 to 2015*. [www.who.int/reproductivehealth/publications/monitoring/maternal-mortality-2015/]. Geneva.

人 口 2

在线表格与指标

获取"世界发展指标"在线表格,请访问 http://wdi.worldbank.org/tables,并键入表格编号(例如,键入 http://wdi_worldbank.org/table/1.1)。直接获取特定"世界发展指标"指标,使用链接 http://data.worldbank.org/indicator/加指标编号(例如,键入 http://data.worldbank.org/ indicator/ SP.POP.TOTL)。

2.1 人口动态
人口 ♀♂	SP.POP.TOTL
人口增长率	SP.POP.GROW
0—14岁的人口 ♀♂	SP.POP.0014.TO.ZS
15—64岁的人口 ♀♂	SP.POP.1564.TO.ZS
65岁以上的人口 ♀♂	SP.POP.65UP.TO.ZS
抚养比率,青年	SP.POP.DPND.YG
抚养比率,老年	SP.POP.DPND.OL
粗略死亡率	SP.DYN.CDRT.IN
粗略出生率	SP.DYN.CBRT.IN

2.2 劳动力结构
劳动参与率,男性 ♀♂	SL.TLF.CACT.MA.ZS
劳动参与率,女性 ♀♂	SL.TLF.CACT.FE.ZS
劳动力,总体 ♀♂	SL.TLF.TOTL.IN
劳动力,女性 ♀♂	SL.TLF.TOTL.FE.ZS
劳动力,年化增长率	..a,b

2.3 就业行业
农业,男性 ♀♂	SL.AGR.EMPL.MA.ZS
农业,女性 ♀♂	SL.AGR.EMPL.FE.ZS
工业,男性 ♀♂	SL.IND.EMPL.MA.ZS
工业,女性 ♀♂	SL.IND.EMPL.FE.ZS
服务业,男性 ♀♂	SL.SRV.EMPL.MA.ZS
服务业,女性 ♀♂	SL.SRV.EMPL.FE.ZS

2.4 体面工作与生产性就业
就业占人口比重,总体 ♀♂	SL.EMP.TOTL.SP.ZS
就业占人口比重,青年 ♀♂	SL.EMP.1524.SP.ZS
弱势就业,男性 ♀♂	SL.EMP.VULN.MA.ZS
弱势就业,女性 ♀♂	SL.EMP.VULN.FE.ZS
受雇者人均国内生产总值,增长百分比	..a

2.5 失业
失业,男性 ♀♂	SL.UEM.TOTL.MA.ZS
失业,女性 ♀♂	SL.UEM.TOTL.FE.ZS
青年失业,男性 ♀♂	SL.UEM.1524.MA.ZS
青年失业,女性 ♀♂	SL.UEM.1524.FE.ZS
初等教育程度失业率 ♀♂	SL.UEM.BASC.ZS
中等教育程度失业率 ♀♂	SL.UEM.INTM.ZS
高等教育程度失业率 ♀♂	SL.UEM.ADVN.ZS

2.6 童工
受雇儿童,总体 ♀♂	SL.TLF.0714.ZS
受雇儿童,男性 ♀♂	SL.TLF.0714.MA.ZS
受雇儿童,女性 ♀♂	SL.TLF.0714.FE.ZS
仅工作 ♀♂	SL.TLF.0714.WK.ZS
边学习边工作 ♀♂	SL.TLF.0714.SW.ZS
受雇于农业 ♀♂	SL.AGR.0714.ZS
受雇于制造业 ♀♂	SL.MNF.0714.ZS
受雇于服务业 ♀♂	SL.SRV.0714.ZS
个体经营 ♀♂	SL.SLF.0714.ZS
有收入劳动者 ♀♂	SL.WAG.0714.ZS
无收入家庭劳动者 ♀♂	SL.FAM.0714.ZS

2.7 教育输入
政府开支/每名学生,初等	SE.XPD.PRIM.PC.ZS
政府开支/每名学生,中等	SE.XPD.SECO.PC.ZS
政府开支/每名学生,高等	SE.XPD.TERT.PC.ZS
政府教育开支占国内生产总值百分比	SE.XPD.TOTL.GD.ZS
政府教育开支占政府总开支百分比	SE.XPD.TOTL.GB.ZS
初等教育中训练有素的老师 ♀♂	SE.PRM.TCAQ.ZS
中等教育中训练有素的老师 ♀♂	SE.SEC.TCAQ.ZS
小学中实习老师比例	SE.PRM.ENRL.TC.ZS
中学中实习老师比例	SE.SEC.ENRL.TC.ZS

2.8 教育普及率
总入学率,学前 ♀♂	SE.PRE.ENRR
总入学率,初等 ♀♂	SE.PRM.ENRR
总入学率,中等 ♀♂	SE.SEC.ENRR
总入学率,高等 ♀♂	SE.TER.ENRR
净入学率,初等 ♀♂	SE.PRM.NENR
净入学率,中等 ♀♂	SE.SEC.NENR
调整后净入学率,初等,男性 ♀♂	SE.PRM.TENR.MA
调整后净入学率,初等,女性 ♀♂	SE.PRM.TENR.FE
小学适龄儿童辍学,男性 ♀♂	SE.PRM.UNER.MA
小学适龄儿童辍学,女性 ♀♂	SE.PRM.UNER.FE

 环境　　 经济　　 政府与市场　　 全球联系　　 后缀

2 人　口

2.9 教育实效
初等教育第一年总入学率，男性 ♀♂	SE.PRM.GINT.MA.ZS
初等教育第一年总入学率，女性 ♀♂	SE.PRM.GINT.FE.ZS
同龄留校率，进入五年级，男性 ♀♂	SE.PRM.PRS5.MA.ZS
同龄留校率，进入五年级，女性 ♀♂	SE.PRM.PRS5.FE.ZS
同龄留校率，进入初等教育最后一年，男性 ♀♂	SE.PRM.PRSL.MA.ZS
同龄留校率，进入初等教育最后一年，女性 ♀♂	SE.PRM.PRSL.FE.ZS
初等教育复读人数，男性 ♀♂	SE.PRM.REPT.MA.ZS
初等教育复读人数，女性 ♀♂	SE.PRM.REPT.FE.ZS
进入中等教育升学率，男性 ♀♂	SE.SEC.PROG.MA.ZS
进入中等教育升学率，女性 ♀♂	SE.SEC.PROG.FE.ZS

2.10 教育完成度与效果
初等教育完成率，男性 ♀♂	SE.PRM.CMPT.MA.ZS
初等教育完成率，女性 ♀♂	SE.PRM.CMPT.FE.ZS
初级中等教育完成率，男性 ♀♂	SE.SEC.CMPT.LO.MA.ZS
初级中等教育完成率，女性 ♀♂	SE.SEC.CMPT.LO.FE.ZS
青年识字率，男性 ♀♂	SE.ADT.1524.LT.MA.ZS
青年识字率，女性 ♀♂	SE.ADT.1524.LT.FE.ZS
成年识字率，男性 ♀♂	SE.ADT.LITR.MA.ZS
成年识字率，女性 ♀♂	SE.ADT.LITR.FE.ZS
国际学生评估项目（PISA）最低水平学生，数学	..b
国际学生评估项目（PISA）最低水平学生，阅读	..b
国际学生评估项目（PISA）最低水平学生，科学	..b

2.11 收入、性别以及地区间的教育差异
本表格提供最贫困五分之一与最富裕五分之一人口的教育调研数据。　..b

2.12 医疗体系
医疗总支出	SH.XPD.TOTL.ZS
公共医疗支出	SH.XPD.PUBL
现款支付医疗支出	SH.XPD.OOPC.TO.ZS
医疗外部资源	SH.XPD.EXTR.ZS
人均医疗支出，美元	SH.XPD.PCAP
人均医疗支出，购买力平价美元	SH.XPD.PCAP.PP.KD
医师	SH.MED.PHYS.ZS
护士与助产士	SH.MED.NUMW.P3
医院床位	SH.MED.BEDS.ZS
出生登记完成度	SP.REG.BRTH.ZS
死亡登记完成度	SP.REG.DTHS.ZS

2.13 疾病预防覆盖率与质量
使用改善后水源	SH.H2O.SAFE.ZS
使用改善后卫生设施	SH.STA.ACSN
儿童免疫接种率，麻疹	SH.IMM.MEAS
儿童免疫接种率，DTP3	SH.IMM.IDPT
患急性呼吸道感染就医儿童	SH.STA.ARIC.ZS
患痢疾而使用口服补液并连续进食的儿童	SH.STA.ORCF.ZS
使用经过处理的蚊帐的儿童	SH.MLR.NETS.ZS
发烧并使用抗疟疾药的儿童	SH.MLR.TRET.ZS
肺结核治疗成功率	SH.TBS.CURE.ZS
肺结核病例检测率	SH.TBS.DTEC.ZS

2.14 生殖健康
总生育率	SP.DYN.TFRT.IN
青春期生育率	SP.ADO.TFRT
为满足节育需要	SP.UWT.TFRT
节育发生率	SP.DYN.CONU.ZS
接受产前护理的妊娠妇女	SH.STA.ANVC.ZS
专业医护人员照料的生产	SH.STA.BRTC.ZS
产妇死亡率，各国估算	SH.STA.MMRT.NE
产妇死亡率，模拟估算	SH.STA.MMRT
孕产妇死亡的终生危险性	SH.MMR.RISK

2.15 营养与成长
营养不良发生率	SN.ITK.DEFC.ZS
体重偏轻发生率，男性 ♀♂	SH.STA.MALN.MA.ZS
体重偏轻发生率，女性 ♀♂	SH.STA.MALN.FE.ZS
发育迟缓发生率，男性 ♀♂	SH.STA.STNT.MA.ZS
发育迟缓发生率，女性 ♀♂	SH.STA.STNT.FE.ZS
消瘦发生率，男性 ♀♂	SH.STA.WAST.MA.ZS
消瘦发生率，女性 ♀♂	SH.STA.WAST.FE.ZS
严重消瘦发生率，男性 ♀♂	SH.SVR.WAST.MA.ZS
严重消瘦发生率，女性 ♀♂	SH.SVR.WAST.FE.ZS
超重儿童发生率，男性 ♀♂	SH.STA.OWGH.MA.ZS
超重儿童发生率，女性 ♀♂	SH.STA.OWGH.FE.ZS

2.16 营养摄入与补充
低体重出生婴儿	SH.STA.BRTW.ZS
纯母乳喂养	SH.STA.BFED.ZS
加碘盐消耗	SN.ITK.SALT.ZS
维生素A补充	SN.ITK.VITA.ZS
五岁以下儿童贫血发生率	SH.ANM.CHLD.ZS
妊娠妇女贫血发生率	SH.PRG.ANEM

人 口 2

未妊娠妇女贫血发生率	SH.ANM.NPRG.ZS

2.17 健康风险因素与未来的挑战

吸烟发生率，男性 ♀♂	SH.PRV.SMOK.MA
吸烟发生率，女性 ♀♂	SH.PRV.SMOK.FE
肺结核感染率	SH.TBS.INCD
糖尿病发生率	SH.STA.DIAB.ZS
HIV感染率，总体	SH.HIV.INCD.ZS
HIV发生率，总体	SH.DYN.AIDS.ZS
15岁以上携带HIV的女性比例 ♀♂	SH.DYN.AIDS.FE.ZS
HIV发生率，青年男性 ♀♂	SH.HIV.1524.MA.ZS
HIV发生率，青年女性 ♀♂	SH.HIV.1524.FE.ZS
抗逆转录病毒治疗覆盖率	SH.HIV.ARTC.ZS
可传播疾病，产妇、产前以及营养状况致死	SH.DTH.COMM.ZS
非传染性疾病致死	SH.DTH.NCOM.ZS
受伤致死	SH.DTH.INJR.ZS

2.18 死亡

出生时预期寿命 ♀♂	SP.DYN.LE00.IN
新生儿死亡率	SH.DYN.NMRT
婴儿死亡率 ♀♂	SP.DYN.IMRT.IN
五岁以下儿童死亡率，总体 ♀♂	SH.DYN.MORT
五岁以下儿童死亡率，男性 ♀♂	SH.DYN.MORT.MA
五岁以下儿童死亡率，女性 ♀♂	SH.DYN.MORT.FE
成年死亡率，男性 ♀♂	SP.DYN.AMRT.MA
成年死亡率，女性 ♀♂	SP.DYN.AMRT.FE

2.19 收入引起的健康状况差距

本表格提供最贫困五分之一人口与最富裕五分之一人口的健康调研数据。 ..b

♀♂ 表示按性别分列的数据可于《世界发展指标》数据库中获取。

a.源自《世界发展指标》数据库中的他处数据。
b.在线提供，只作为表格的一部分，而非独立指标。

环境

"环境"包含140余项有关自然资源利用以及自然与人造环境变化的指标，包括可用性、环境资源（森林、水、可耕土地以及能源）利用以及环境恶化（污染、采伐森林以及栖息地与生物多样性减少）。此外，还有人造环境方面的指标，如农业基础设施和城镇化。

这些主题反映了"可持续发展目标"的许多方面：目标2促进可持续性农业，目标6关注水资源的可用性与使用途径，目标7涵盖可依靠能源，目标11处理城镇化带来的挑战，目标12关注地球资源的消耗与可持续管理，目标13要求对气候变化采取行动，目标14寻求对海洋与海洋生物的保护，目标15涵盖对自然栖息地与生物多样性的保护以及对土地复垦的努力。"环境"指标阐明了这些问题中的许多。

人口增长、城镇化加速以及经济增长需要消耗地球资源。土壤退化、淡水越来越稀缺、海洋生态系统及渔业的过度开发、森林覆盖率降低、污染加剧以及生物多样性减少，破坏了消除贫困以及促进可持续经济发展的努力。气候变化已经影响着每个国家，其表现形式包括气温上升、降水重新分布、海平面上升以及更极端的气象事件。这些给农业、供水、食品生产、生态系统、能源安全以及基础设施带来风险。

"环境"指标的估算来自国际数据，并且尽可能地标准化，以利于跨国对比。但是，生态系统跨越国界，且每个国家利用自然资源的条件不尽相同。例如，一个国家可能某些地区水资源丰富，但其他地区水资源稀缺；并且，国家之间经常共享水资源。温室气体排放与气候变化虽为全球性测量，但各地所受影响不同。在亚国家、国家以及超国家层面测量环境现象及其影响仍是一个巨大挑战。

能源使用权限数据包含两大进展：第一，通过合作，世界银行、国际能源署以及能源部门管理援助计划已得出1990年总人口、农村人口以及城镇人口中用得上电（可持续发展目标，项7.1）人口的比例估算值。第二，世界银行与世界卫生组织合作完成了一项新的指标，即人口中能够使用清洁燃料与技术用于烹饪（可持续发展目标，项7.2）的比例。新指标改进了之前关于非固体燃料（包括某些非清洁能源）使用的数据。

全球不断增长的人口及其对经济增长与更高生活质量的需求使得能源需求继续加大。目前,满足现代经济对能源需求最常见的方式是使用化石燃料,例如,煤炭、石油以及天然气。同1970年相比,虽然更清洁的替代能源占比稍稍提高,但2014年化石燃料仍供应着全球81%的能源。燃烧化石燃料会造成温室气体排放,是影响气候变化程度与速率的主要人类活动。生产发展所需能量的同时降低其对世界气候的影响,是全球性的难题。

能源使用

人均能源使用量,2014(千克石油当量)

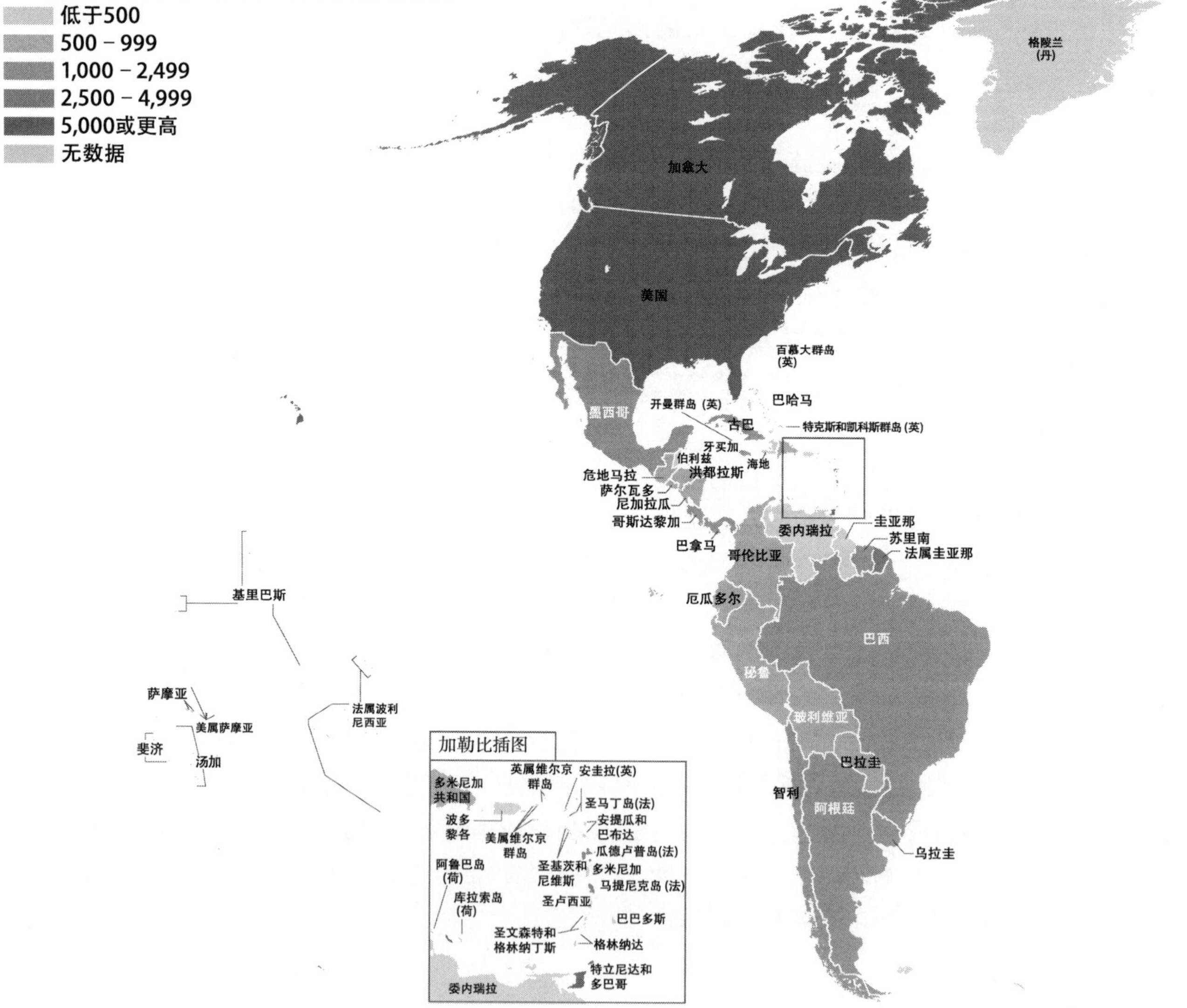

- 低于500
- 500 – 999
- 1,000 – 2,499
- 2,500 – 4,999
- 5,000或更高
- 无数据

2014年全球能耗最大来源为煤炭（30%）、石油（29%）以及天然气（22%）；可再生能源占比不足9%。

1990—2014年之间，全球能源使用增长了55%，增至133亿公吨石油当量。

拉丁美洲与加勒比海地区依靠水力发电占总发电量的46%以上，而撒哈拉以南非洲地区超过一半的能源来自传统可燃性可再生能源与废料。

北美地区的人均能耗最高，是欧洲与中亚地区的2倍有余，是撒哈拉以南非洲地区的10倍，是南亚地区的12倍有余。

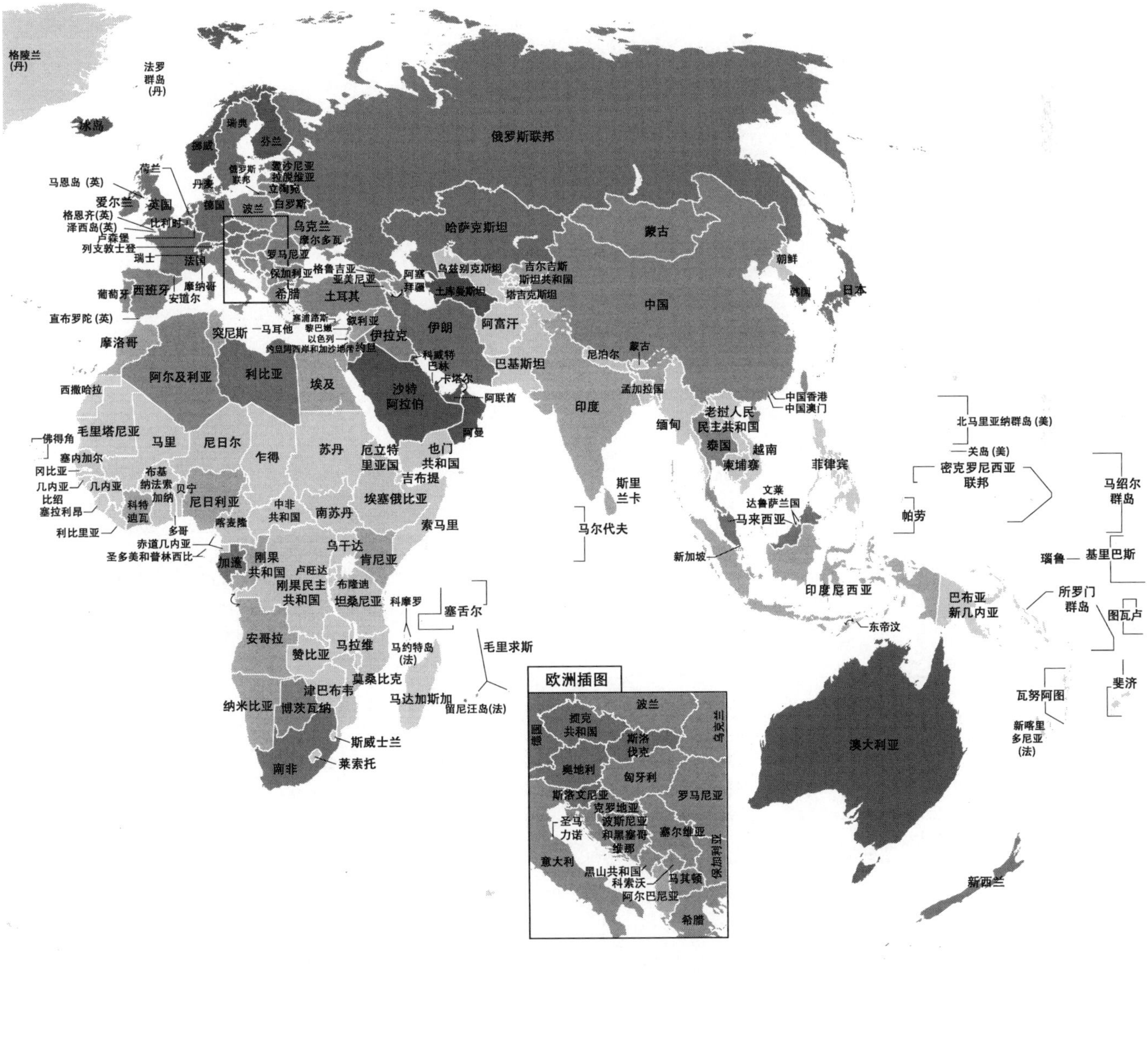

3 环 境

	森林年[a] 平均砍伐 百分比 2000—2015	国家保护区域 陆地和海洋保护区占国土面积百分比 2014	国内可再生淡水资源[b] 人均/立方米 2014	可获取改善水源 占总人口的百分比 2015	可获取卫生设施改善 占总人口的百分比 2015	城镇人口 增长百分比 2014—2015	周围环境PM2.5 空气污染 按人口加权接触量 微克/每立方米 2015	二氧化碳排放量 （100万吨） 2013	能耗 人均石油当量千克数 2014	发电量 10亿千瓦时 2014
阿富汗	0.00	0.5	1,491	55	32	4.4	48	21.3	..	..
阿尔巴尼亚	−0.02	1.9	9,296	95	93	1.6	18	4.8	807	4.7
阿尔及利亚	−1.44	7.5	289	84	88	2.7	36	134.2	1,327	64.2
美属萨摩亚	0.19	8.6	..	100	63	0.1	4	..	..	..
安道尔	0.00	19.5	4,336	100	100	−3.8	10	0.5	..	..
安哥拉	0.21	5.0	6,109	49	52	5	36	32.5	606	9.5
安提瓜和巴布达	0.13	0.2	572	98	..	−0.7	14	0.5	..	..
阿根廷	1.07	5.4	6,794	99	96	1.2	13	189.8	2,015	141.3
亚美尼亚	0.02	24.8	2,282	100	90	1.2	33	5.5	984	7.8
阿鲁巴岛	0.00	0.5	..	98	98	−0.2	..	0.9	..	..
澳大利亚	0.21	29.0	20,971	100	100	1.5	6	377.9	5,338	248.3
奥地利	−0.05	28.4	6,439	100	100	1.2	17	62.4	3,765	61.6
阿塞拜疆	−1.80	14.0	851	87	89	1.7	30	35.6	1,502	24.7
巴哈马	0.00	0.5	1,827	98	92	1.4	14	3.1	..	..
巴林	−3.28	4.4	3	100	99	1.2	55	32.0	10,395	27.3
孟加拉国	0.18	3.4	660	87	61	3.4	89	69.0	223	55.8
巴巴多斯岛	0.00	0.0	282	100	96	0	15	1.4	..	..
白俄罗斯	−0.28	8.6	3,589	100	94	0.7	20	63.8	2,929	34.7
比利时	−0.16	24.3	1,068	100	100	0.2	16	93.6	4,699	71.5
伯利兹	0.44	18.6	43,389	100	91	1.8	27	0.5	..	..
贝宁	1.06	22.3	972	78	20	3.6	35	5.8	405	0.2
百慕大群岛	0.00	5.1	..	..	..	0.1	9	0.4	..	..
不丹	−0.37	47.3	101,960	100	50	3.2	56	0.9	..	..
玻利维亚	0.62	24.8	28,735	90	50	2.1	28	19.7	789	8.8
波斯尼亚和黑塞哥维那	0.00	1.3	9,299	100	95	0.2	47	21.9	2,049	16.2
博茨瓦纳	0.96	29.2	1,081	96	63	2.3	18	5.4	1,224	2.4
巴西	0.36	20.4	27,470	98	83	1.2	11	503.7	1,471	590.6
英属维尔京群岛	0.09	0.1	..	..	98	2.5	..	0.2	..	..
文莱	0.29	29.7	20,364	..	..	1.8	5	7.8	8,515	4.5
保加利亚	−0.83	31.5	2,907	99	86	−0.2	28	39.6	2,478	46.9
布基纳法索	1.03	15.5	711	82	20	5.7	40	3.1	..	..
布隆迪	−2.24	6.9	930	76	48	5.8	46	0.3	..	..
佛得角	−0.61	0.0	584	92	72	2.3	40	0.4	..	..
柬埔寨	1.32	20.6	7,868	76	42	2.6	29	5.6	415	3.1
喀麦隆	1.07	10.7	11,988	76	46	3.5	66	6.8	334	6.9
加拿大	0.01	6.2	80,181	100	100	1.1	7	475.7	7,874	656.1
开曼群岛	0.00	1.5	..	97	96	1.3	..	0.5	..	..
中非共和国	0.07	18.1	29,349	69	22	2.7	46	0.3	..	..
乍得	1.72	17.8	1,104	51	12	3.8	46	0.6	..	..
海峡群岛	0.00	..	..	..	..	0.8	..	..	..	..
智利	−0.76	6.9	49,824	99	99	1.2	21	83.2	2,033	73.7
中国	−1.09	15.6	2,062	96	77	2.7	58	10,249.5	2,237	5,665.7
中国香港	..	41.8	..	..	..	0.9	..	45.0	1,967	39.9
中国澳门	..	0.0	..	..	..	1.7	..	2.2	..	..
哥伦比亚	0.36	17.4	44,883	91	81	1.3	18	89.6	712	69.9
科摩罗	1.30	2.4	1,558	90	36	2.7	17	0.2	..	..
刚果民主共和国	0.20	12.1	12,020	52	29	4.4	46	2.8	384	8.8

环 境 3

	森林年[a]	国家保护区域	国内可再生淡水资源[b]	可获取改善水源	可获取卫生设施改善	城镇人口	周围环境PM2.5空气污染按人口加权接触量	二氧化碳排放量	能耗	发电量
	平均砍伐百分比	陆地和海洋保护区占国土面积百分比	人均/立方米	占总人口的百分比	占总人口的百分比	增长百分比	微克/每立方米	（100万吨）	人均石油当量千克数	10亿千瓦时
	2000—2015	2014	2014	2015	2015	2014—2015	2015	2013	2014	2014
刚果共和国	0.07	31.8	49,279	77	15	3.2	53	2.5	583	1.7
哥斯达黎加	-0.99	3.1	23,751	98	95	2.2	20	7.6	1,031	10.2
科特迪瓦	-0.05	14.9	3,468	82	23	3.7	24	9.0	626	8.3
克罗地亚	-0.13	23.7	8,895	100	97	-0.3	22	17.7	1,898	13.4
古巴	-1.84	5.0	3,350	95	93	0.2	18	39.3	1,028	19.4
库拉索	..	..	..	..	..	1.2	..	5.3	12,651	0.9
塞浦路斯	-0.04	2.0	676	100	100	0.9	18	5.9	1,710	4.4
捷克共和国	-0.08	21.1	1,249	100	99	0.2	21	98.7	3,915	85.0
丹麦	-0.30	18.0	1,063	100	100	0.9	11	38.1	2,873	32.2
吉布提	0.00	1.1	342	90	47	1.4	52	0.6	..	..
多米尼加	0.59	0.6	2,765	..	..	0.9	14	0.1	..	..
多米尼加共和国	-1.94	11.2	2,258	85	84	2.3	20	22.1	734	18.6
厄瓜多尔	0.60	15.4	27,819	87	85	1.9	13	43.5	892	24.3
埃及	-1.43	9.6	20	99	95	2.3	105	213.0	835	171.7
萨尔瓦多	1.49	2.1	2,559	94	75	1	37	6.4	666	6.2
赤道几内亚	0.70	2.1	31,673	48	75	3.3	47	5.4	..	..
厄立特里亚	0.28	3.1	548	58	16	4.3	43	0.7	159	0.4
爱沙尼亚	0.03	19.9	9,669	100	97	-0.1	9	19.9	4,593	12.4
埃塞俄比亚	0.61	18.4	1,258	57	28	4.8	36	10.6	499	9.6
法罗群岛	0.00	0.0	..	..	..	0.5	..	0.6	..	..
斐济	-0.25	1.0	32,207	96	91	1.3	8	1.7	..	..
芬兰	0.07	14.1	19,592	100	98	0.5	7	46.3	6,213	68.1
法国	-0.71	25.7	3,018	100	99	0.7	12	333.2	3,661	557.0
法属波利尼西亚	-2.63	0.0	..	100	99	0.9	..	0.8	..	..
加蓬	-0.30	12.3	97,175	93	42	2.5	40	4.8	3,007	2.4
冈比亚	-0.38	1.4	1,556	90	59	4.2	61	0.5	..	..
格鲁吉亚	-0.15	6.5	15,597	100	86	0.1	20	7.5	1,178	10.4
德国	-0.04	38.5	1,321	100	99	1.1	14	757.3	3,779	621.9
加纳	-0.31	7.8	1,131	89	15	3.5	23	14.6	337	13.0
直布罗陀	..	..	..	..	..	0.7	..	0.5	6,126	0.2
希腊	-0.79	8.6	5,325	100	99	-0.2	13	69.2	2,124	50.3
格陵兰	0.00	22.4	..	100	100	0.1	5	0.6	..	..
格林纳达	0.00	0.1	1,881	97	98	0.5	15	0.3	..	..
关岛	0.00	5.2	..	100	90	1.5	7	..	..	..
危地马拉	1.15	15.7	6,818	93	64	2.9	35	13.6	825	10.7
几内亚	0.54	20.3	18,411	77	20	4	23	2.3	..	..
几内亚比绍共和国	0.48	10.4	8,886	79	21	4	33	0.3	..	..
圭亚那	0.04	5.3	315,489	98	84	0.7	17	1.9	..	..
海地	0.77	0.1	1,231	58	28	3.4	26	2.4	393	1.0
洪都拉斯	2.18	7.8	11,387	91	83	2.5	38	9.1	673	8.0
匈牙利	-0.51	22.6	608	100	98	0.4	23	41.4	2,314	29.4
冰岛	-3.63	2.3	519,265	100	99	1.1	8	2.0	17,916	18.1
印度	-0.52	3.1	1,116	94	40	2.4	74	2,034.8	637	1,287.4
印度尼西亚	0.59	6.0	7,935	87	61	2.6	15	479.4	886	228.6
伊朗	-0.92	6.7	1,644	96	90	1.9	43	617.0	3,034	274.6
伊拉克	-0.06	0.4	998	87	86	3.4	52	167.8	1,403	67.8
爱尔兰	-1.15	3.5	10,612	98	91	1	10	35.0	2,766	26.0

3 环　境

	森林年[a]	国家保护区域	国内可再生淡水资源[b]	可获取改善水源	可获取卫生设施改善	城镇人口	周围环境PM2.5空气污染 按人口加权接触量	二氧化碳排放量	能耗	发电量
	平均砍伐百分比	陆地和海洋保护区占国土面积百分比	人均/立方米	占总人口的百分比	占总人口的百分比	增长百分比	微克/每立方米	（100万吨）	人均石油当量千克数	10亿千瓦时
	2000—2015	2014	2014	2015	2015	2014—2015	2015	2013	2014	2014
马恩岛										
以色列	-0.50	8.6	91	100	100	2.1	21	71.1	2,763	60.8
意大利	-0.70	13.3	3,002	100	100	0.1	20	344.8	2,414	278.1
牙买加	0.11	1.4	3,887	94	82	0.8	17	7.7	1,009	4.1
日本	-0.02	2.1	3,382	100	100	0.4	13	1,243.4	3,475	1,035.5
约旦	0.00	2.1	92	97	99	2.7	39	24.8	1,103	18.2
哈萨克斯坦	0.11	3.3	3,722	93	98	1.4	20	262.9	4,434	105.1
肯尼亚	-1.45	10.6	461	63	30	4.3	16	13.3	527	9.3
基里巴斯	0.00	11.8	..	67	40	2	3	0.1	..	..
朝鲜	2.12	1.3	2,677	100	82	0.8	34	50.1	476	17.9
韩国	0.11	2.6	1,286	98	100	0.5	29	592.5	5,323	545.9
科索沃	..	..	..	..	..	..	..	..	1,213	5.4
科威特	-1.71	11.0	0	99	100	3.7	67	98.0	9,027	65.1
吉尔吉斯斯坦	1.97	6.9	8,385	90	93	2.4	17	9.8	650	14.6
老挝人民民主共和国	-0.85	16.7	28,463	76	71	4.5	33	2.2	..	..
拉脱维亚	-0.23	17.8	8,496	99	88	-0.9	20	7.1	2,177	5.1
黎巴嫩	-0.31	0.9	855	99	81	4.3	33	22.6	1,335	18.0
莱索托	-1.03	0.5	2,480	82	30	3.2	25	2.3	..	..
利比里亚	0.68	0.8	45,490	76	17	3.2	8	1.0	..	..
利比亚	0.00	0.3	112	..	97	0.6	79	51.0	2,855	37.7
列支敦士登	0.00	44.3	..	..	..	0.5	..	0.1	..	..
立陶宛	-0.51	16.3	5,272	97	92	-1	19	12.6	2,387	3.7
卢森堡	0.00	34.6	1,798	100	98	2.7	17	10.2	6,861	1.9
马其顿	-0.27	9.7	2,602	99	91	0.3	40	8.3	1,264	5.4
马达加斯加	0.29	2.0	14,297	52	12	4.6	20	3.1	..	..
马拉维	0.83	16.8	967	90	41	4.1	26	1.3	..	..
马来西亚	-0.18	8.0	19,397	98	96	2.4	16	236.5	3,000	147.5
马尔代夫	0.00	0.1	75	99	98	4.3	29	1.0	..	..
马里	1.48	8.4	3,512	77	25	4.9	44	1.0	..	..
马耳他	0.00	0.5	118	100	100	1.2	16	2.2	1,811	2.2
马绍尔群岛	0.00	0.2	..	95	77	0.5	12	0.1	..	..
毛利塔尼亚	2.27	1.4	101	58	40	3.5	85	2.6	..	..
毛里求斯	0.55	0.0	2,182	100	93	-0.2	15	3.7	1,111	2.9
墨西哥	0.18	6.0	3,262	96	85	1.6	20	488.6	1,499	301.5
密克罗尼西亚	-0.04	0.0	..	89	57	0.6	8	0.1	..	..
摩尔多瓦	-1.57	3.8	456	88	76	0.1	21	5.0	928	5.4
摩纳哥	..	99.7	..	100	100	0.3	..	..	..	..
蒙古国	-0.46	17.2	11,959	64	60	2.8	24	41.6	1,847	5.4
黑山	-1.87	2.7	..	100	96	0.4	23	2.2	1,538	3.2
摩洛哥	-0.81	20.1	855	85	77	2.2	23	58.6	560	28.7
莫桑比克	0.55	10.9	3,685	51	21	3.6	20	4.0	428	17.7
缅甸	1.21	4.1	18,770	81	80	2.5	54	12.6	361	14.2
纳米比亚	0.99	23.2	2,564	91	34	4.4	21	2.9	752	1.5
瑙鲁	..	0.0	..	97	66	0.5	..	–	..	..
尼泊尔	0.47	22.9	7,035	92	46	3.2	75	6.5	415	3.8
荷兰	-0.29	18.1	652	100	98	1.1	15	170.0	4,326	103.4
新喀里多尼亚	0.00	91.0	..	99	100	2.6	..	3.9	..	..

环 境 3

	森林年[a]	国家保护区域	国内可再生淡水资源[b]	可获取改善水源	可获取卫生设施改善	城镇人口	周围环境PM2.5空气污染按人口加权接触量	二氧化碳排放量	能耗	发电量
	平均砍伐百分比	陆地和海洋保护区占国土面积百分比	人均/立方米	占总人口的百分比	占总人口的百分比	增长百分比	微克/每立方米	（100万吨）	人均石油当量千克数	10亿千瓦时
	2000—2015	2014	2014	2015	2015	2014—2015	2015	2013	2014	2014
新西兰	-0.01	29.8	72,510	100	..	1.9	6	34.0	4,560	43.6
尼加拉瓜	1.34	22.0	25,973	87	68	1.7	27	4.6	609	4.4
尼日尔	1.00	17.6	183	58	11	5.4	63	2.0	151	0.7
尼日利亚	4.12	11.8	1,245	69	29	4.4	38	95.7	759	30.4
北马里亚纳群岛	0.53	26.3	..	98	80	0.9	12	..	..	..
挪威	0.00	9.1	74,359	100	98	1.4	9	59.6	5,596	141.6
阿曼	0.00	4.0	330	93	97	6.4	53	61.2	5,743	29.1
巴基斯坦	2.39	8.6	297	91	64	3.3	65	153.4	486	105.3
帕劳	-0.12	0.2	..	..	100	1.6	..	0.2	..	..
巴拿马	0.35	5.2	35,320	95	75	2	10.4	10.4	1,089	9.3
巴布亚新几内亚	0.01	0.7	107,321	40	19	2.2	14	6.1	..	..
巴拉圭	1.55	6.5	17,856	98	89	1.7	15	5.0	789	55.3
秘鲁	0.19	19.4	52,981	87	76	1.7	28	57.2	768	45.5
菲律宾	-0.90	2.4	4,832	92	74	1.3	23	98.2	481	77.3
波兰	-0.27	29.3	1,410	98	97	-0.1	24	302.3	2,473	158.5
葡萄牙	0.33	1.9	3,653	100	100	0.5	10	46.3	2,035	52.0
波多黎各	-0.65	0.6	2,009	..	99	-1.8	18	..	..	..
卡塔尔	..	1.2	26	100	98	3	107	85.0	20,292	38.7
罗马尼亚	-0.50	22.1	2,129	100	79	-0.2	20	70.7	1,592	65.2
俄罗斯	-0.05	8.8	29,982	97	72	0.3	17	1,789.1	4,943	1,062.3
卢旺达	-2.25	9.4	838	76	62	5.8	50	0.8	..	..
萨摩亚	0.00	0.2	..	99	92	-0.1	4	0.2	..	..
圣马力诺	..	0.0	..	..	..	0.6	..	..	..	..
圣多美和普林西比	0.29	0.0	11,699	97	35	3	14	0.1	..	..
沙特阿拉伯	0.00	28.2	78	97	100	2.3	106	541.4	6,913	311.8
塞内加尔	0.48	14.5	1,758	79	48	3.8	38	8.4	270	3.7
塞尔维亚	-0.63	6.8	1,179	99	96	-0.3	21	44.9	1,859	33.4
塞舌尔	0.00	0.1	..	96	98	2.8	13	0.6	..	..
塞拉利昂	-0.27	3.8	25,334	63	13	3.1	19	1.2	..	..
新加坡	0.00	3.4	110	100	100	1.2	19	50.6	5,122	49.4
荷属圣马丁	..	..	..	..	..	3	..	0.8	..	..
斯洛伐克	-0.07	36.6	2,325	100	99	-0.2	21	33.7	2,943	27.1
斯洛文尼亚	-0.08	54.0	9,054	100	99	0	20	14.4	3,236	17.2
所罗门群岛	0.25	0.2	78,123	81	30	4	7	0.2	..	..
索马里	1.10	0.3	570	..	..	3.7	20	0.6	..	..
南非	0.00	10.2	827	93	66	2.4	30	471.2	2,715	249.5
南苏丹	..	20.8	2,183	59	7	4.7	32	1.4	59	0.5
西班牙	-0.54	10.2	2,392	100	100	0.2	10	237.0	2,465	274.9
斯里兰卡	0.38	2.6	2,542	96	95	1.1	28	16.0	516	12.5
圣基茨和尼维斯联邦	0.00	0.3	437	98	..	1.4	..	0.3	..	..
圣卢西亚	0.29	0.7	1,634	96	91	0.9	14	0.4	..	..
圣马丁岛	0.00	..	..	..	..	..	..	..	..	..
圣文森特和格林纳丁斯	-0.25	0.5	914	95	..	0.8	14	0.2	..	..
苏丹	2.70[c]	1.7	102	56	24	2.8	50	15.4	375	11.4
苏里南	0.03	8.6	183,930	95	79	0.8	18	2.1	1,282	2.2
斯威士兰	-0.83	4.0	2,080	74	58	1.4	22	1.1	..	..
瑞典	0.02	13.0	17,636	100	99	1.2	6	44.3	4,966	153.6

 环境   经济  政府与市场   全球联系   后缀

2017 年世界发展指标 **57**

3 环　境

	森林年[a]	国家保护区域	国内可再生淡水资源[b]	可获取改善水源	可获取卫生设施改善	城镇人口	周围环境PM2.5空气污染 按人口加权接触量	二氧化碳排放量	能耗	发电量
	平均砍伐百分比	陆地和海洋保护区占国土面积百分比	人均/立方米	占总人口的百分比	占总人口的百分比	增长百分比	微克/每立方米	（100万吨）	人均石油当量千克数	10亿千瓦时
	2000—2015	2014	2014	2015	2015	2014—2015	2015	2013	2014	2014
瑞士	-0.33	9.9	4,934	100	100	1.2	13	40.3	3,060	70.1
叙利亚	-0.86	0.7	380	90	96	-0.8	42	36.1	575	21.7
塔吉克斯坦	-0.03	21.9	7,650	74	95	2.6	50	3.6	338	16.5
坦桑尼亚	0.80	26.1	1,621	56	16	5.4	23	10.8	479	6.2
泰国	0.24	12.5	3,315	98	93	2.8	26	303.1	1,990	173.6
东帝汶	1.45	2.1	7,098	72	41	4.3	19	0.4	..	..
多哥	6.14	19.8	1,616	63	12	3.9	33	2.2	464	0.1
汤加	0.00	1.5	..	100	91	0.9	11	0.2	..	..
特立尼达和多巴哥	-0.03	2.6	2,835	95	92	-0.8	14	46.5	14,447	9.9
突尼斯	-1.46	3.7	377	98	92	1.4	45	27.7	945	19.0
土耳其	-0.94	0.2	2,928	100	95	2.2	36	323.5	1,568	252.0
土库曼斯坦	0.00	3.2	265	..	..	1.9	31	66.9	5,040	20.4
特克斯和凯科斯群岛	0.00	3.6	..	..	..	2.1	..	0.2	..	..
图瓦卢	0.00	0.0	..	98	83	1.8	..	..	..	..
乌干达	4.06	16.0	1,032	79	19	5.4	60	4.9	..	..
乌克兰	-0.10	3.9	1,217	96	96	0	19	271.1	2,334	182.0
阿联酋	-0.27	16.1	17	100	98	1.1	64	169.1	7,756	110.0
英国	-0.42	13.8	2,244	100	99	1.1	12	457.5	2,777	336.0
美国	-0.14	14.8	8,836	99	100	1	8	5,186.2	6,949	4,319.2
乌拉圭	-2.01	1.7	26,963	100	96	0.5	11	7.6	1,378	13.0
乌兹别克斯坦	-0.02	3.4	531	87	100	2	40	103.2	1,419	55.4
瓦努阿图	0.00	2.3	38,627	95	58	3.4	9	0.1	..	..
委内瑞拉	0.34	36.7	26,227	93	94	1.4	24	185.5	2,271	127.7
越南	-1.55	2.5	3,961	98	78	3	28	152.6	668	140.9
美属维尔京群岛	1.00	2.8	..	100	96	-0.4	16	..	..	..
加沙与约旦河西岸	-0.07	..	189	58	92	3.2	21	2.4	..	..
也门	0.00	0.6	80	55	53	4.1	53	25.3	324	7.6
赞比亚	0.33	37.9	5,101	65	44	4.2	27	3.8	631	14.5
津巴布韦	1.95	26.6	804	77	37	1.9	23	13.8	758	10.0
世界	0.09w	12.8w	5,926s	91w	68w	2.1w	44w	35,848.6[d]w	1,929w	23,863.9w
东亚及太平洋地区	-0.17	18.0	4,529	94	77	2.3	44	14,264.6	2,137	8,735.9
欧亚和中亚地区	-0.10	9.6	7,850	98	93	0.7	19	6,551.6	3,157	5,254.8
拉丁美洲和加勒比地区	0.37	16.1	22,160	95	83	1.4	18	1,882.6	1,337	1,588.2
中东和北非地区	-0.83	10.0	555	93	91	2.3	61	2,441.1	2,365	1,379.6
北美地区	-0.06	10.5	15,991	99	100	1	8	5,662.3	7,042	4,977.4
南亚地区	-0.36	4.5	1,152	92	45	2.7	74	2,302.8	576	1,478.4
撒哈拉以南非洲地区	0.50	13.5	3,986	68	30	4.1	36	784.3	701	467.4
中、低收入地区	0.20	11.5	5,396	89	61	2.4	49	20,970.8	1,337	12,631.3
低收入地区	0.46	13.9	4,629	66	28	4.2	39	169.2	..	..
中等偏下收入地区	0.40	9.3	3,003	90	52	2.7	58	4,062.5	651	2,627.0
中等偏上收入地区	0.03	11.6	8,261	95	80	2.1	42	16,733.1	2,192	9,852.0
高收入地区	-0.03	16.4	8,733	100	99	0.8	17	12,916.8	4,745	11,260.2

a. 负值表示森林面积增加。b. 由于数据不可靠，不包括来自其他国家的河流流入。c. 包括南苏丹。d. 包括未分配给特定国家的排放量。

环 境 3

关于数据

环境资源为促进经济发展、消除贫困所必需，但发展会给环境带来新的压力。采伐森林、生物多样性栖息地减少、水资源枯竭、污染、城镇化以及日益增大的能源需求是拟定发展策略时必须要考虑的因素。

森林减少

森林为许多物种提供栖息地，并发挥着碳汇的作用。若管理得当，还可为管理与利用森林资源的人类提供营生。联合国粮食与农业组织（2015）提供了2015年森林覆盖率信息，并对1990年、2000年以及2010年的森林覆盖率估算做出调整。本版块所示数据并未区分自然林与种植林（联合国粮食与农业组织只在低收入国家和中等收入国家中做出这种区分）。

栖息地保护与生物多样性

采伐森林是生物多样性减少的主要原因；栖息地保护对于防止生物多样性减少至关重要。保护工作集中于保护高生物多样性地区。"世界保护监测中心"（WCMC）与"联合国环境规划署"（UNEP）汇编了受保护地区的数据。不同的定义、报告惯例以及报告周期限制了跨国可比性。定义国家级保护区以及未列入"国际自然保护联盟"（IUCN）制定分类的陆地保护区时，使用国际自然保护联盟对于面积大于1,000公顷地区的六种分类——科学保护区与公众访问受限的严格自然保护区，国家或国际级且不受人类活动实质影响的国家公园，外貌独特的自然遗迹与自然景观，受管理的自然保护区与野生动物保护区，景观保护区（可能包括文化景观），主要为了自然系统可持续利用以确保生物多样性长期保护与维持而进行管理的区域。将某一区域划为保护区并非表示保护已在进行当中。对于小国（译者注：按面积大小区分）之中不足1,000公顷的保护区，定义中的面积限制会造成对保护区域的估算不足。由于收集的连续性与方法存在不同，各国之间的数据质量差异巨大。有些国家更新数据的频率更高，有些覆盖率数据更为准确，还有许多国家则对保护区的数量或面积报告不足。

淡水资源

淡水资源数据根据流入河流的径流量与地下水补给得来。这些估算结果源于不同数据源，涉及不同年份，因此在进行跨国对比时须谨慎。数据为非连续性收集，因而可再生水源总量中可能会有大量的年际变化缺失。数据未对一国内水资源可利用性的季节性与地理性变化做出区分。小国以及干旱与半干旱国家的数据，比起大国以及降水更多的国家来说，可靠性较低。

水与卫生

安全可靠的饮用水供应以及排泄物的卫生处理是提高人类健康与保护环境最重要的两种方式。改善后的卫生设施防止人类、动物以及昆虫接触到排泄物。

获取改善后水源的数据测算人口中能方便获取饮用水的比例，并由"世界卫生组织（WHO）/联合国儿童基金会（UNICEF）供水和公共卫生联合监测规划署"根据调研与普查进行估算。覆盖率基于家庭服务用户信息而非服务供应商信息（因可能包括未运转系统）。由改善后的水源获取饮用水并不能保证用水的安全与充足，因为调研不过刚刚开始测试这些特征。虽然获取改善后水源的信息被广泛使用，但该信息极为主观；即便有世界卫生组织的官方定义（见"定义"），但诸如"安全""改善""充足"以及"合理"等字眼在不同国家的含义仍不尽相同。即便在高收入国家，处理过的用水也并不能保证饮用安全。获取改善后的水源等同于连入供水系统，并不代表服务质量与服务费用的差异。

城镇化

对于城镇与农村区域，并没有一致的、普遍认可的区分标准；相应地，计算城镇与农村人口时，同样没有统一的标准。大多数国家采用与面积或居住地特性相关的城镇分类标准。有部分国家根据特定的基础设施和服务来定义城镇区域。其他国家则根

3 环　境

据行政安排划定城镇区域。由于数据基于各个国家自己的定义，因此在进行跨国比较时，须特别谨慎。

空气污染

空气污染给全人类的身体健康带来极大负担。许多地方（不止是城市，还有农村地区），暴露于空气污染之中都是威胁健康最主要的环境因素，每年造成650万人死亡，即大约5秒一例。世界人口的40%依靠燃烧木材、木炭、粪便、作物废料或者煤炭来满足家庭能源的基本需求。使用固体燃料烹饪与加热产生有害烟尘与颗粒，弥漫于屋内及附近区域。家庭使用固体燃料烹饪与加热每年造成290万例死亡。长期暴露于空气污染的环境对健康产生一系列的影响，包括呼吸道疾病、肺癌以及心脏病，每年造成420万例死亡。暴露于空气污染不仅影响全人类的健康，还带来巨大的经济负担，减缓发展速度，对于低收入国家和中等收入国家以及易感人群（儿童与老人）更是如此。

暴露于周围环境空气污染的数据来自供"全球疾病负担研究"使用的极细小颗粒物年浓度估算，该研究为一项国际科学工作，由华盛顿大学健康指标与评估研究所领导。年浓度估算通过将大气化学传输模型数据与悬浮微粒卫星观测结果相结合产生。模拟浓度通过颗粒物地面观测结果进行校准。城镇与农村区域颗粒物浓度的接触量按人口加权，并计算出国家层面的总量。用于估算周围环境$PM_{2.5}$接触量的数据与方法，见van Donkelaar等（2016）与Shaddick等（2016）。

污染物浓度易受当地条件的影响，即便是同一城市不同监测点，也可能记录不同的浓度水平。全球许多地方仍没有对周围环境$PM_{2.5}$的直接监测，并且各国的测算方法与标准亦不尽相同。这些数据应只能作为空气质量的大致反映，用于进行各国之间颗粒物污染相对风险的对比。

二氧化碳排放

二氧化碳排放是温室气体的主要来源，会导致全球变暖，威胁人类与自然栖息地。化石燃料燃烧与水泥制造业是因人类活动而产生二氧化碳排放的主要来源，其排放量由美国能源部二氧化碳信息分析中心（CDIAC）使用联合国统计司世界能源数据集以及美国矿业局水泥制造业数据集进行计算。通常使用碳元素进行计算与报告的二氧化碳排放量，通过乘以3.667（二氧化碳质量与碳质量的比值）转换为实际的二氧化碳质量。虽然全球二氧化碳排放量估算结果的误差很可能不超过10%（同全球平均燃料化学和使用计算结果比较），但各国的估算结果可能有着更大的误差范围。经由一致时间序列估算出的走势，比起单独的数值，可能更为准确。二氧化碳信息分析中心每年都会对从1949年开始的完整时间序列进行重新计算，以加入最新的发现与错误纠正。由于难以在受惠国之间分配燃料供给比例，因而估算排除了国际运输中对船只与飞机的燃料供给。

能耗

在中低收入经济体中，能耗的增加同现代产物（工业、机械化运输以及城镇区域）的增加联系紧密，但同时也反映了气候、地理以及经济因素。中低收入经济体的能耗已在迅速增长，但高收入经济体的人均能耗仍为其四倍有余。

总能耗指初级能源在转换为其他终端燃料（如电与提纯后的石油产品）之前的用量，包括来自可燃性可再生能源与废料（固态生物质与动物制品、生物质产生的气体与液体、工业与都市废料）的能量。生物质指任何能够直接用作燃料或转化为燃料、热能或电能的植物物质。可燃性可再生能源及废料数据通常基于小型调研或其他不完备的信息，因此只能给出发展的大致印象，严格来说并不具备跨国可比性。国际能源署（IEA）的报告包含解释其中某些差异的国家注释（见"数据来源"）。所有形式的能源，初级能源与初级电能，都换算为石油当量。理论上，将核电转换为石油当量的热效率设为33%，而水力发电则为100%。

发电

能源的使用对提高人民生活水平十分重要。

环 境 3

但发电同样能够破坏环境。是否存在这样的破坏很大程度上取决于如何发电。例如,同燃烧等量天然气相比,燃烧煤炭会释放两倍的二氧化碳——导致全球变暖的主要因素。核能不产生二氧化碳,但会产生其他危险的废品。

国际能源署汇编了用于发电的能量输入。非经济合作与发展组织成员国的数据基于国家能源数据,并经过调整以与经济合作与发展组织成员国政府完成的年度问卷相一致。此外,有时会进行估算以便将缺失关键数据的重要总量补充完整,并做出调整以补偿定义中的差异。国际能源署进行估算时,参考了各国统计局、石油公司、电力企业以及国家能源专家的意见。该署偶尔会修改其时间序列以反映政治变革。例如,国际能源署对苏联的加盟共和国进行了历史能源统计。此外,随着更详细的能源账户变得可用,其他国家的能源统计也经历了覆盖率与方法等方面的连续变化。因此,序列中断不可避免。

定义

"**采伐森林**"指将自然森林区域永久性转变为其他用途,包括用于农业、畜牧业、居住以及基础设施建设。被采伐区域不包括采伐后用于再生的区域,也不包括因薪材收集、酸雨或林火而退化的区域。"**国家保护区域**"指陆地或海洋保护区域占总领土面积的百分比,包括国家指定的、位置与面积已知的保护区域。不同的指定与分类、缓冲区以及多边形地区之间的重叠部分已被移除,所有未标注日期的保护区已全部标明日期。"**国内可再生淡水资源**"指一国之内源自雨水的河流及地下水年平均流量。来自一国边境之外的自然流入流量以及地表径流与地下水补给水资源中的重复计算已被排除。"**获取改善后水源率**"指能够使用改善后饮水源的人口百分比。改善后的水源包括屋内管道水(置于用户居所、地基或庭院中的管道家庭用水连接)、公共水龙头或水塔、管井或水井、有防护的挖井、有防护的泉水以及雨水收集。"**获取改善后卫生设施率**"指能够使用改善后的卫生设施的人口比例。改善后的卫生设施更能保障卫生,避免人们接触其排泄物。卫生设施包括抽水马桶(冲入下水管道系统、化粪池或坑厕)、更为通风的坑厕、铺装石板的坑厕以及堆肥厕所。"**周围环境 $PM_{2.5}$ 空气污染**"被定义为接触可深入呼吸道进而造成严重健康损害的、小于空气动力学直径2.5微米的微小悬浮颗粒。数据按照国家总量进行计算,包括农村与城镇区域。接触量则按照人口加权 $PM_{2.5}$ 年平均浓度来计算。"**二氧化碳排放**"指因化石燃料燃烧以及水泥生产而产生的排放,包括固体、液体、气体燃料消耗时以及天然气燃烧时所产生的二氧化碳。"**能源使用**"指初级能源转换为其他终端燃料前的使用,等于国内生产加上进口和库存变化,减去出口以及用于国际运输的船只飞机的供应。"**发电量**"于一电站内全部交流发电机组的端头处测算。除了水力、煤炭、石油、天然气以及核能发电,还包括地热、太阳能、风能、潮汐以及可燃性可再生能源与废料发电。电量包括只涉及用于发电的电站输出,以及综合供热供电发电站输出。

数据来源

采伐森林数据来自FAO(2015)以及FAO网站。源自UNEP与WCMC在线数据库(www.unep-wcmc.org/resources-and-data)的受保护区域数据,所依据的数据来自国家政府、国家立法和国际协定。淡水资源数据来自FAO的AQUASTAT数据库(www.fao.org/nr/aquastat/)。获取水与卫生的数据来自WHO/UNICEF供水和公共卫生联合监测规划署在线数据库(www.wssinfo.org)。城镇人口数据来自联合国人口司(2014)。颗粒物浓度数据来自由健康指标与评估研究所(见GBD 2015 Risk Factors Collaborators 2016)进行的"全球疾病负担研究2015"(www.healthdata.org/gbd/data)。二氧化碳排放数据来自CDIAC在线数据库(http://cdiac.ornl.gov)。能源使用与发电数据来自IEA在线数据库及非经济合作与发展组织成员国年度能源统计、非经济合作与发展组织成员国年度能源结算、经济合作与发展组织成员国年度能源统计以及经济合作与发展组织成员国年度能源结算。

3 环　境

参考文献

FAO (Food and Agriculture Organization). 2015. *Global Forest Resources Assessment* 2015. Rome.

GBD 2015 Risk Factors Collaborators. 2016. "Global, Regional, and National Comparative Risk Assessment of 79 Behavioural, Environmental and Occupational, and Metabolic Risks or Clusters of Risks, 1990 – 2015: A Systematic Analysis for the Global Burden of Disease Study 2015." *Lancet* 388(10053): 1659 – 1724.

IEA (International Energy Agency). Various years. *Energy Balances of Non-OECD Countries*. Paris.

——.Various years. *Energy Balances of OECD Countries*. Paris.

——. Various years. *Energy Statistics of Non-OECD Countries*. Paris.

——.Various years. *Energy Statistics of OECD Countries*. Paris.

Shaddick, G., M.L. Thomas, A. Jobling, and others. 2016. "Data Integration Model for Air Quality: A Hierarchical Approach to the Global Estimation of Exposures to Ambient Air Pollution." University of Bath, Department of Mathematics, Bath, UK.

United Nations Population Division. 2014. *World Urbanization Prospects: The 2014 Revision*. [http://esa.un.org/unpd/wup/]. New York: United Nations, Department of Economic and Social Affairs.

van Donkelaar, A., R.V. Martin, M. Brauer, and others. 2016. "Global Estimates of Fine Particulate Matter using a Combined Geophysical– Statistical Method with Information from Satellites, Models, and Monitors." *Environmental Science and Technology* 50(7): 3762 – 72.

WHO (World Health Organization). 2006. *WHO Air Quality Guidelines for1 Particulate Matter, Ozone, Nitrogen Dioxide and Sulfur Dioxide: Global Update 2005: Summary of Risk Assessment*. Geneva.

WHO (World Health Organization)/UNICEF (United Nations Children's Fund) Joint Monitoring Programme for Water Supply and Sanitation. 2015. *Progress on Sanitation and Drinking Water: 2015 Update and MDG Assessment*. Geneva.

环 境 3

在线表格与指标

获取"世界发展指标"在线表格，请访问 http://wdi.worldbank.org/tables 并键入表格编号（例如，键入 http://wdi.worldbank.org/table/3.1）。直接获取特定"世界发展指标"指标，使用链接 http://data.worldbank.org/indicator/ 加指标编号（例如，键入 http://data.worldbank.org /indicator/SP.RUR.TOTL.ZS）。

3.1 农村环境与土地使用
农村人口	SP.RUR.TOTL.ZS
农村人口增长	SP.RUR.TOTL.ZG
土地面积	AG.LND.TOTL.K2
森林面积	AG.LND.FRST.ZS
永久耕地	AG.LND.CROP.ZS
可耕地占土地面积百分比	AG.LND.ARBL.ZS
人均可耕地面积，公顷	AG.LND.ARBL.HA.PC

3.2 农业投入
农业用地占土地面积百分比	AG.LND.AGRI.ZS
农业用地，灌溉用地百分比	AG.LND.IRIG.AG.ZS
年平均降水量	AG.LND.PRCP.MM
谷物作物耕地	AG.LND.CREL.HA
化肥用量占化肥产量百分比	AG.CON.FERT.PT.ZS
化肥用量，可耕地每公顷千克数	AG.CON.FERT.ZS
农业就业	SL.AGR.EMPL.ZS
拖拉机	AG.LND.TRAC.ZS

3.3 农业产出与生产力
作物生产指数	AG.PRD.CROP.XD
粮食生产指数	AG.PRD.FOOD.XD
畜牧生产指数	AG.PRD.LVSK.XD
谷物产量	AG.YLD.CREL.KG
农业增值/工作者	EA.PRD.AGRI.KD

3.4 森林采伐与生物多样性
森林面积	AG.LND.FRST.K2
年平均森林采伐面积	..a,b
濒危物种，哺乳类	EN.MAM.THRD.NO
濒危物种，鸟类	EN.BIR.THRD.NO
濒危物种，鱼类	EN.FSH.THRD.NO
濒危物种，高等植物	EN.HPT.THRD.NO
陆地保护区域	ER.LND.PTLD.ZS
海洋保护区域	ER.MRN.PTMR.ZS

3.5 淡水
国内可再生淡水资源	ER.H2O.INTR.K3
人均国内可再生淡水资源	ER.H2O.INTR.PC
淡水年取用量，立方米	ER.H2O.FWTL.K3
淡水年取用量占国内资源百分比	ER.H2O.FWTL.ZS
淡水年取用量，用于农业百分比	ER.H2O.FWAG.ZS
淡水年取用量，用于工业百分比	ER.H2O.FWIN.ZS
淡水年取用量，国内水源百分比	ER.H2O.FWDM.ZS
水生产力，国内生产总值/水用量	ER.GDP.FWTL.M3.KD
获取改善后水源，农村人口比例	SH.H2O.SAFE.RU.ZS
获取改善后水源，城镇人口比例	SH.H2O.SAFE.UR.ZS

3.6 能源生产与使用
能源生产	EG.EGY.PROD.KT.OE
能源使用	EG.USE.COMM.KT.OE
能源使用，年平均增长	..a,b
人均能源使用	EG.USE.PCAP.KG.OE
化石燃料	EG.USE.COMM.FO.ZS
可燃性可再生能源与废料	EG.USE.CRNW.ZS
替代性能源与核能生产	EG.USE.COMM.CL.ZS

3.7 发电、发电源与通电
发电	EG.ELC.PROD.KH
煤炭源	EG.ELC.COAL.ZS
天然气源	EG.ELC.NGAS.ZS
石油源	EG.ELC.PETR.ZS
水力源	EG.ELC.HYRO.ZS
可再生源	EG.ELC.RNWX.ZS
核能源	EG.ELC.NUCL.ZS
通电	EG.ELC.ACCS.ZS

3.8 能源依赖、能源效率与二氧化碳排放
净能源进口	EG.IMP.CONS.ZS
每单位能源使用创造国内生产总值	EG.GDP.PUSE.KO.PP.KD
二氧化碳排放，总体	EN.ATM.CO2E.KT
二氧化碳排放，碳强度	EN.ATM.CO2E.EG.ZS
人均碳排放	EN.ATM.CO2E.PC
碳排放，1美元GDP（2011年购买力平价）千克数	EN.ATM.CO2E.PP.GD.KD

3.9 温室气体排放趋势
温室气体排放，总体	EN.ATM.GHGT.KT.CE
温室气体排放，变化百分比	EN.ATM.GHGT.ZG
甲烷排放，总体	EN.ATM.METH.KT.CE

3 环　境

甲烷排放，变化百分比	EN.ATM.METH.ZG	城镇人口占总人口百分比	SP.URB.TOTL.IN.ZS
甲烷排放，来自能源加工	EN.ATM.METH.EG.ZS	城镇人口，年平均增长	SP.URB.GROW
甲烷排放，农业	EN.ATM.METH.AG.ZS	人口密集区（人口超100万）人口	EN.URB.MCTY.TL.ZS
一氧化二氮排放，总体	EN.ATM.NOXE.KT.CE	最大城市人口	EN.URB.LCTY.UR.ZS
一氧化二氮排放，变化百分比	EN.ATM.NOXE.ZG	获取改善后卫生设施，占城镇人口百分比	SH.STA.ACSN.UR
一氧化二氮排放，来自能源加工	EN.ATM.NOXE.EG.ZS	获取改善后卫生设施，占农村人口百分比	SH.STA.ACSN.RU
一氧化二氮排放，农业	EN.ATM.NOXE.AG.ZS		
其他温室气体排放，总体	EN.ATM.GHGO.KT.CE	**3.13 全民使用可持续能源**	
其他温室气体排放，变化百分比	EN.ATM.GHGO.ZG	通电，人口百分比	EG.ELC.ACCS.ZS
3.10 按行业二氧化碳排放		通电，城镇人口百分比	EG.ELC.ACCS.UR.ZS
发电与发热	EN.CO2.ETOT.ZS	通电，农村人口百分比	EG.ELC.ACCS.RU.ZS
制造业与建筑业	EN.CO2.MANF.ZS	使用非固体燃料，人口百分比	EG.NSF.ACCS.ZS
住宅、商业与公共服务	EN.CO2.BLDG.ZS	使用非固体燃料，城镇人口百分比	EG.NSF.ACCS.UR.ZS
运输	EN.CO2.TRAN.ZS	使用非固体燃料，农村人口百分比	EG.NSF.ACCS.RU.ZS
其他行业	EN.CO2.OTHX.ZS	初级能源强度水平	EG.EGY.PRIM.PP.KD
3.11 气候变异、接触影响程度、恢复力		可再生能源消耗	EG.FEC.RNEW.ZS
海拔低于5米的陆地面积	AG.LND.EL5M.ZS	可再生电力输出	EG.ELC.RNEW.ZS
海拔低于5米的城镇陆地面积	AG.LND.EL5M.UR.ZS	**3.14 自然资源对国内生产总值的贡献**	
海拔低于5米的农村土地面积	AG.LND.EL5M.RU.ZS	自然资源总收益	NY.GDP.TOTL.RT.ZS
生活于海拔低于5米地区的人口	EN.POP.EL5M.ZS	石油收益	NY.GDP.PETR.RT.ZS
生活于海拔低于5米地区的城镇人口	EN.POP.EL5M.UR.ZS	天然气收益	NY.GDP.NGAS.RT.ZS
生活于海拔低于5米地区的农村人口	EN.POP.EL5M.RU.ZS	煤炭收益	NY.GDP.COAL.RT.ZS
受干旱、洪水以及极端气温影响的人口	EN.CLC.MDAT.ZS	矿物收益	NY.GDP.MINR.RT.ZS
灾害风险降低进展评分	EN.CLC.DRSK.XQ	森林收益	NY.GDP.FRST.RT.ZS
3.12 城镇化			
城镇人口	SP.URB.TOTL		

a.源自《世界发展指标》数据库中他处数据。
b.在线提供，只作为表格的一部分，而非独立指标。

经济

全球有超过200个国家及地区进行着生产、贸易以及消费的全球产出,而"经济"版块提供了一种渠道,以使我们了解这些国家和地区的经济与经济活动。世界发展指标数据库中的指标监测全球经济规模与结构的变化,以及这些变化对各国经济的影响。指标包括对宏观经济效应(国内生产总值、消耗、投资、国际贸易、收支平衡、中央政府预算、物价以及货币供给)的测算。更多关于收入与储蓄的测算(因污染、贬值以及资源消耗而进行过调整)也在本版块中得到体现。

许多指标都被用来监测"可持续发展目标"的子项。例如,国内生产总值年增长率指标涉及子项8.1,该项旨在实现最不发达国家的国内生产总值每年至少增长7个百分点。自然资源租金占比(占国内总收入百分比)同调整过后净储蓄额占比(占国内总收入百分比)相比较的指标,衡量了一国在使用资源对其他类型资本进行投资方面做得如何。这抓住了子项12.2的重点,即鼓励对自然资源进行有效利用与可持续管理。

各国定期修订其国民收入估算值,以囊括新的数据源、改进后的方法或新的标准与分类,或更新增长估算的基准年。这一正在进行的进程可提高数据质量与国际可比性。

除非审慎地按照历史数据进行,这类对于国民收入与国内生产总值数据的修订会在序列中引起不连续或断裂。为呈现国内生产总值增长的连续时间序列,《世界发展指标》数据库一直通过使用历史增长率将旧序列连接起来,以将调整过后的恒定物价序列包含在内。然而,当前物价序列并未进行过调整(也就是说,它们并不相互关联),在推导出的隐性国内生产总值平减指数与通货膨胀序列中,造成了人为的不连贯。为缓解这一问题,本年度经济指标包含了当前物价国内生产总值、隐性国内生产总值平减指数以及通货膨胀的附加关联序列(linked series)。计算方法使用了源自各国公布的历史通货膨胀率以外推隐性通货紧缩指数。随后,通过使用恒定物价国内生产总值与隐性国内生产总值平减指数推导出用于关联现价国内生产总值的一致的时间序列。新序列公布于世界发展指标数据库时使用如下代码:国内生产总值,关联序列(NY.GDP. MKTP.CN.AD);国内生产总值平减指数,关联序列(NY. GDP.DEFL. ZS.AD);通货膨胀,国内生产总值平减指数,关联序列(NY.GDP.DEFL.ZG.AD)。1990年至2015年数据都可用。

经济增长消除贫困。中等收入国家经济快速增长，正在缩小与高收入国家之间的收入差距。但增长必须长期保持，且收益须被全体人民共享，以不断提高其福祉。2007年高收入国家的经济危机，于2008年波及低收入国家。一年之后，该经济危机演变成为50年来最为严重的一次，影响了全世界的可持续发展。中低收入国家人均国内生产总值年平均增长率虽然仍高于高收入国家，但已从2000—2009年间（经济危机之前）的5%降低至2009—2015年间（经济危机之后）的3.8%。中东与北非地区的中低收入国家降幅最大：人均国内生产总值年平均增长率下降了3.3个百分点，由3.1%降至–0.2%。

经济增长

按本国货币单位，2009—2015年人均国内生产总值年平均增长率（百分比）

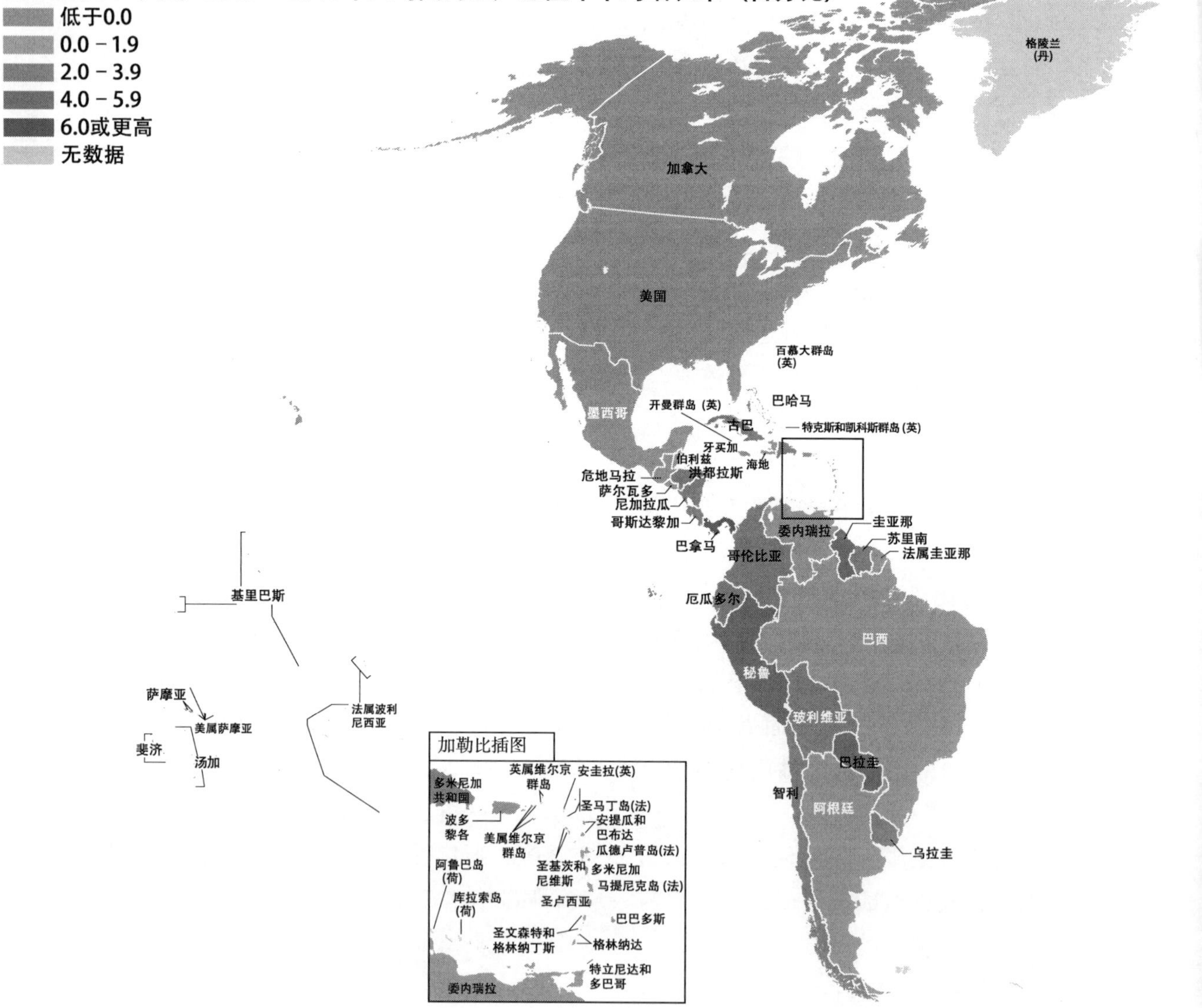

- 低于0.0
- 0.0 – 1.9
- 2.0 – 3.9
- 4.0 – 5.9
- 6.0或更高
- 无数据

安哥拉人均国内生产总值年均增长率由2000—2009年间的7.8%下降至2009—2015年间的1.4%,主要原因在于低油价对经济产生溢出效应,使得个人与政府的消耗量降低。

受农业、制造业以及政府对于基础设施的大量投入推动,埃塞俄比亚是撒哈拉以南非洲地区经济增长最为迅速的国家之一,2009—2015年间人均国内生产总值年均增长率为7.5%。

2009—2015年间,巴拿马人均国内生产总值年均增长率为6%,主要原因在于通过对不动产、运输、建筑以及银行业的投资,推动了巴拿马运河的拓宽与经济活动的增加。

希腊是欧洲与中亚地区人均国内生产总值年均增长率最低的国家,2009—2015年间仅为 –0.4%,这是由于国家资本构成总量急剧收缩以及政府支出大幅减少造成的。

4 经 济

	国内生产总值			总储蓄	调整后净储蓄	经常账户余额	中央政府净放贷(+)或借贷(-)	中央政府债务	消费者物价指数	广义货币
	年平均增长百分比			占GDP百分比	占国民总收入百分比	占GDP百分比	占GDP的百分比	占GDP百分比	增长百分比	占GDP百分比
	1990—2000	2000—2009	2009—2015	2015	2015	2015	2015	2015	2015	2015
阿富汗	..	8.5	5.7	-11.5	-33.2	-26.5	2.3	..	-1.5	34.5
阿尔巴尼亚	3.6	5.7	2.0	15.7	6.4	-10.7	-3.0	79.8	1.9	84.7
阿尔及利亚	1.9	4.1	3.3	36.8	24.7	-16.5	..	..	4.8	82.6
美属萨摩亚	..	-1.1	-1.2	..	..	..	..	..	..	..
安道尔	3.2	4.3	-3.1	..	..	..	..	..	..	..
安哥拉	1.6	11.6	4.8	-6.3	-49.6	-10.0	-6.9	..	10.3	46.4
安提瓜和巴布达	3.5	4.9	0.9	8.7	..	-17.0	-2.8	86.6	1.0	100.5
阿根廷	4.3	4.6	2.2	14.2	7.3	-2.9	..	..	10.6	28.1
亚美尼亚	-1.9	10.6	4.3	18.1	3.2	-2.7	-4.7	..	3.7	36.9
阿鲁巴岛	..	..	..	..	..	..	..	..	0.5	..
澳大利亚	3.6	3.3	2.6	23.0	8.1	-4.4	-2.7	47.4	1.5	114.3
奥地利	2.5	1.9	1.1	26.0	12.6	1.9	-1.1	83.5	0.9	..
阿塞拜疆	-6.3	17.9	2.7	28.7	15.7	-0.4	-2.7	..	4.2	39.2
巴哈马群岛	2.6	1.0	0.7	13.6	7.4	-15.9	..	60.5	1.9	71.3
巴林	5.0	6.0	3.9	19.9	8.5	3.4	-3.5	43.9	1.8	85.8
孟加拉国	4.7	5.7	6.2	36.1	24.2	1.4	..	..	6.2	64.5
巴巴多斯	1.7	1.9	0.3	-5.2	-11.9	-5.7	-12.0	128.9	-1.1	..
白俄罗斯	-1.6	8.2	2.3	26.5	19.3	-3.4	2.3	38.9	13.5	0.0
比利时	2.2	1.9	1.1	23.3	8.4	0.4	-1.2	..	0.6	..
伯利兹	4.5	4.2	2.6	13.7	2.8	-10.0	-3.6	76.0	-0.9	82.0
贝宁	4.6	4.0	4.7	15.8	3.7	-9.0	..	..	0.3	43.0
百慕大群岛	2.9	2.3	-3.4	54.2	..	15.1	..	..	..	..
不丹	5.2	8.4	5.9	22.0	10.7	-27.8	4.4	90.7	4.5	59.0
玻利维亚	4.0	4.0	5.4	13.2	..	-5.6	..	..	4.1	95.6
波黑	28.5	5.3	1.1	10.6	..	-5.5	0.4	..	..	65.3
博茨瓦纳	4.9	4.7	5.6	38.9	24.5	7.8	..	..	3.1	45.9
巴西	2.8	3.7	2.2	14.4	9.4	-3.3	-7.7	67.5	9.0	93.6
英属维尔京群岛	..	..	..	..	..	..	..	..	..	..
文莱达鲁萨兰国	2.1	1.4	0.2	56.1	38.7	16.0	..	..	-0.4	80.8
保加利亚	-0.4	5.8	1.2	22.9	10.8	0.4	..	24.1	-0.1	83.5
布基纳法索	5.5	5.9	5.8	18.0	..	-8.1	..	..	1.0	39.5
布隆迪	-2.9	3.3	3.4	2.0	..	-12.1	..	..	5.6	21.8
佛得角	12.1	7.3	1.7	28.6	..	-4.9	..	..	0.1	98.4
柬埔寨	7.0	9.2	7.1	15.5	4.6	-9.9	-0.8	..	1.2	66.9
喀麦隆	1.8	3.3	4.9	9.6	-7.4	-4.1	..	..	2.7	22.4
加拿大	3.0	2.1	2.4	19.7	6.0	-3.4	0.5	54.7	1.1	..
开曼群岛	..	..	..	..	..	..	..	..	..	..
中非共和国	1.8	2.4	-7.1	..	..	..	..	..	37.1	27.8
乍得	2.2	11.4	5.9	..	..	..	..	..	3.7	15.9
海峡群岛	..	..	..	..	..	..	..	..	..	..
智利	6.6	4.2	4.3	20.3	4.3	-2.0	-2.2	..	4.3	85.0
中国	10.6	10.9	8.2	47.9	22.9	3.0	..	..	1.4	202.1
中国香港	3.6	4.8	3.3	24.8	..	3.3	..	..	3.0	363.1
中国澳门	2.2	12.3	7.8	51.0	..	25.0	13.5	..	4.6	128.2
哥伦比亚	2.8	4.6	4.6	18.0	5.4	-6.5	..	58.6	5.0	49.2
科摩罗	1.6	2.0	2.6	..	..	..	..	..	-8.1	45.3
刚果民主共和国	-4.9	5.1	7.7	6.2	-16.4	-4.4	..	..	1.6	13.2

经 济 4

	国内生产总值			总储蓄	调整后净储蓄	经常账户余额	中央政府净放贷（+）或借贷（-）	中央政府债务	消费者物价指数	广义货币
	年平均增长百分比			占GDP百分比	占国民总收入百分比	占GDP百分比	占GDP的百分比	占GDP百分比	增长百分比	占GDP百分比
	1990—2000	2000—2009	2009—2015	2015	2015	2015	2015	2015	2015	2015
刚果共和国	1.0	4.0	4.6	..	..	..	..	..	4.5	44.1
哥斯达黎加	4.9	4.7	3.7	..	..	-4.6	-5.9	..	0.8	49.8
科特迪瓦	3.1	1.0	6.0	17.7	10.1	-2.0	-1.9	..	1.2	37.5
克罗地亚	3.1	3.7	-0.8	23.3	10.2	5.1	-4.0	..	-0.5	71.9
古巴	-0.7	6.4	2.6	..	..	..	..	..	..	..
库拉索岛	..	..	..	..	..	..	..	..	..	..
塞浦路斯	4.5	3.6	-1.9	11.6	1.7	-2.9	-1.1	145.9	-2.1	..
捷克	1.4	4.1	1.3	26.9	4.7	0.9	-1.2	36.7	0.3	78.9
丹麦	2.8	1.2	1.2	28.9	18.5	9.2	-1.6	45.5	0.5	67.9
吉布提	-2.0	4.0	5.0	..	..	-31.7	..	..	2.2	91.0
多米尼加	2.0	3.1	0.5	5.2	..	-14.2	-3.8	64.3	-0.8	101.2
多米尼加共和国	6.3	5.2	5.2	21.4	17.0	-2.0	0.3	..	0.8	35.6
厄瓜多尔	2.2	4.5	4.8	24.2	11.4	-2.2	..	..	4.0	41.0
埃及	4.4	4.9	2.6	9.6	3.3	-5.1	..	..	10.4	78.4
萨尔瓦多	4.8	2.4	1.9	10.4	3.1	-3.6	-1.2	46.5	0.6	44.9
赤道几内亚	36.7	19.3	-0.1	..	..	..	..	..	1.7	19.2
厄立特里亚国	6.5	0.2	..	..	..	..	..	..	..	..
爱沙尼亚	5.7	5.2	3.5	26.9	12.3	2.2	0.0	0.6	-0.5	..
埃塞俄比亚	3.8	8.5	10.3	..	..	..	..	..	10.1	..
法罗群岛	..	..	..	..	..	..	..	..	..	..
斐济	2.7	1.6	4.1	13.0	0.0	-1.6	-0.9	..	1.4	78.2
芬兰	2.9	2.4	0.2	20.4	7.3	-0.4	-2.1	53.5	-0.2	..
法国	2.0	1.5	1.0	20.7	7.4	-0.2	-3.5	88.6	0.0	..
法属波利尼西亚	..	..	..	..	..	..	..	..	..	..
加蓬	2.3	0.9	5.6	..	..	..	..	..	0.6	25.1
冈比亚	3.0	3.2	2.8	..	..	..	..	..	6.8	55.0
格鲁吉亚	-7.1 c	7.4 c	5.2 c	20.7 c	9.3 c	-12.0	-1.2	41.4	4.0	42.1
德国	1.7	1.0	1.8	27.7	13.7	8.3	0.4	52.2	0.2	..
加纳	4.3	5.7	8.0	17.0	-12.4	-7.5	..	..	17.1	34.0
直布罗陀	..	..	..	..	..	..	..	..	..	..
希腊	2.4	3.1	-4.5	10.0	-7.5	0.1	-7.8	181.7	-1.7	..
格陵兰岛	..	..	..	..	..	..	..	..	..	..
格林纳达	3.2	3.1	2.3	-1.8	..	-25.3	..	..	-0.6	87.9
关岛	..	1.3	1.3	..	..	..	..	..	..	..
危地马拉	4.2	3.7	3.7	13.4	1.6	-0.2	-0.4	24.8	2.4	48.0
几内亚	4.2	2.7	2.3	-17.1	..	-18.6	..	..	8.2	35.5
几内亚比绍	0.6	2.4	2.8	2.5	..	-5.1	..	..	1.4	49.0
圭亚那	5.4	2.3	4.6	9.5	-0.7	-4.6	..	..	-1.0	60.2
海地	..	0.7	2.5	29.6	22.0	-2.7	..	..	9.0	50.7
洪都拉斯	3.2	4.9	3.5	19.4	17.9	-6.3	-0.9	..	3.2	54.0
匈牙利	1.9	2.8	1.5	24.8	11.1	3.2	-1.7	96.5	-0.1	58.3
冰岛	2.8	4.4	1.9	23.9	14.6	5.1	-0.2	..	1.6	80.9
印度	6.0	7.5	7.0	32.3	18.7	-1.1	-4.1	50.3	4.9	78.6
印度尼西亚	3.9	5.3	5.7	32.1	25.2	-2.0	-2.6	30.3	6.4	39.4
伊朗	2.4	5.5	0.2	..	..	..	..	..	13.7	67.7
伊拉克	10.3	3.9	6.7	37.0	..	2.3	-2.8	..	1.4	40.1
爱尔兰	7.5	3.8	4.2	31.9	26.2	10.2	-2.1	91.8	-0.3	..

4 经　济

	国内生产总值			总储蓄	调整后净储蓄	经常账户余额	中央政府净放贷（+）或借贷（−）	中央政府债务	消费者物价指数	广义货币
	年平均增长百分比			占GDP百分比	占国民总收入百分比	占GDP百分比	占GDP的百分比	占GDP百分比	增长百分比	占GDP百分比
	1990—2000	2000—2009	2009—2015	2015	2015	2015	2015	2015	2015	2015
马恩岛										
以色列	5.7	3.5	3.8	24.5	15.9	4.6	−2.2	..	−0.6	84.0
意大利	1.6	0.6	−0.6	18.6	3.9	1.6	−2.9	134.8	0.0	..
牙买加	1.6	1.3	0.4	19.5	16.1	−2.8	−0.6	..	3.7	60.5
日本	1.3	0.8	1.4	27.0	6.8	3.1	−5.2	196.6	0.8	236.7
约旦	5.0	7.1	2.7	14.2	7.4	−8.9	..	..	−0.9	125.9
哈萨克斯坦	−4.1	8.8	5.3	28.7	9.7	−3.0	−2.4	19.3	6.6	42.1
肯尼亚	2.2	4.3	5.7	10.7	−10.8	−10.3	..	..	6.6	42.2
基里巴斯	1.7	0.9	3.0	..	..	24.0	69.2	..	..	..
朝鲜	..	..	..	..	..	..	..	..	..	..
韩国	6.2	4.4	3.3	35.5	18.5	7.7	0.8	39.9	0.7	144.2
科索沃	..	5.3	3.2	17.0	..	−8.5	..	..	..	..
科威特	4.9	7.2	3.3	32.6	12.7	7.5	..	..	3.3	99.8
吉尔吉斯斯坦	−4.1	4.6	4.3	19.7	−1.6	−15.1	−1.5	70.8	6.5	33.8
老挝人民民主共和国	6.4	7.0	8.0	14.2	..	−18.3	−4.3	..	1.3	..
拉脱维亚	5.4	6.6	2.8	21.3	1.7	−0.8	−2.3	59.4	0.2	..
黎巴嫩	5.3	4.4	2.3	25.5	7.8	−17.3	−7.4	..	−3.7	262.2
莱索托	4.1	3.6	4.5	..	..	−7.4	3.6	..	3.2	34.9
利比里亚	4.2	0.3	5.8	18.0	..	−41.9	..	..	7.8	35.4
利比亚	..	5.8	..	..	..	..	..	..	2.6	..
列支敦士登	..	..	..	..	..	..	..	..	..	..
立陶宛	4.8	6.2	3.6	17.7	18.6	−2.4	−0.2	43.7	−0.9	..
卢森堡	4.5	3.3	3.1	25.0	20.9	5.2	1.1	31.1	0.5	..
马其顿	−0.8	3.7	2.3	30.6	..	−2.0	..	..	−0.3	59.6
马达加斯加	2.0	3.6	2.3	4.3	..	−5.9	−2.1	..	7.4	25.1
马拉维	3.7	5.0	4.4	9.2	−15.5	−11.1	−4.4	39.4	21.9	24.0
马来西亚	7.0	5.2	5.5	28.0	13.3	3.0	−3.2	54.5	2.1	135.1
马尔代夫	..	8.2	5.2	..	..	−9.5	..	..	1.0	57.8
马里	4.0	5.3	3.3	20.3	..	−4.8	−2.7	..	1.4	27.6
马耳他	5.2	2.2	3.5	28.1	..	5.5	−1.4	83.6	1.1	..
马绍尔群岛	0.4	1.4	2.2	..	..	−2.7	..	..	..	..
毛利塔尼亚	2.9	6.1	5.2	25.9	−9.0	−27.1	..	..	0.5	..
毛里求斯	5.2	4.5	3.7	5.6	−7.6	−5.0	−3.2	..	1.3	107.0
墨西哥	3.3	2.2	3.1	22.0	12.6	−2.9	..	..	2.7	53.2
密克罗尼西亚联邦	1.8	−0.3	−0.2	..	..	7.0	11.2	30.1	..	56.6
摩尔多瓦	−2.7 d	5.6 d	4.6 d	15.3 d	11.9 d	−6.3	−1.9	25.4	9.7	52.4
摩纳哥	..	..	..	..	..	..	..	..	..	..
蒙古国	1.0	7.5	10.5	21.3	−6.2	−8.1	−1.1	45.9	5.8	43.4
黑山	..	4.7	1.6	7.2	..	−13.4	..	..	1.2	..
摩洛哥	3.0 e	5.0 e	3.9 e	28.2 e	21.4 e	−2.1	..	..	1.6	116.9
莫桑比克	8.6	8.2	7.1	10.2	−5.1	−39.4	..	..	3.6	56.3
缅甸	7.0	12.6	7.6	..	..	−6.3	..	..	10.8	46.3
纳米比亚	3.3	4.4	5.6	23.1	19.2	−13.3	−8.0	23.0	3.4	55.9
瑙鲁	..	..	19.2	..	..	..	..	..	..	..
尼泊尔	4.9	3.7	4.4	46.1	39.2	11.5	1.1	..	7.9	98.7
荷兰	3.3	1.7	0.6	27.9	15.1	8.7	−1.5	70.6	0.6	..
新喀里多尼亚	..	..	..	..	..	..	..	..	..	..

经 济 4

	国内生产总值			总储蓄	调整后净储蓄	经常账户余额	中央政府净放贷(+)或借贷(-)	中央政府债务	消费者物价指数	广义货币
	年平均增长百分比			占GDP百分比	占国民总收入百分比	占GDP百分比	占GDP的百分比	占GDP百分比	增长百分比	占GDP百分比
	1990—2000	2000—2009	2009—2015	2015	2015	2015	2015	2015	2015	2015
新西兰	3.4	2.9	2.7	19.2	11.8	-3.2	0.1	57.3	0.3	..
尼加拉瓜	3.7	3.4	5.0	23.4	16.1	-8.2	-0.6	..	4.0	39.1
尼日尔	2.4	4.1	6.6	21.1	7.5	-15.0	..	..	1.0	26.3
尼日利亚	1.9	10.0	5.2	16.3	2.3	-3.2	-1.4	10.5	9.0	19.5
北马里亚纳群岛	..	-8.4	0.2	..	..	..	..	..	..	..
挪威	3.9	2.0	1.6	36.9	20.6	8.7	6.9	20.9	2.2	58.4
阿曼	4.5	2.8	4.3	20.4	-11.3	-15.5	4.7	4.9	0.1	56.4
巴基斯坦	3.8	5.1	3.7	23.3	14.9	-0.6	-6.6	..	2.5	53.2
帕劳	2.3	-0.3	3.1	..	..	-19.3	..	..	..	..
巴拿马	4.9	6.6	7.8	33.3	30.9	-6.5	..	..	0.1	..
巴布亚新几内亚	3.8	3.8	8.1	..	..	14.1	..	..	6.0	44.9
巴拉圭	3.0	3.2	5.9	14.6	4.9	-1.7	-0.1	..	3.1	56.0
秘鲁	4.5	5.9	5.3	19.7	9.0	-4.9	-3.0	22.6	3.6	41.9
菲律宾	3.3	4.9	6.2	42.8	27.6	2.5	-1.3	45.4	1.4	74.3
波兰	4.6	4.3	2.9	19.6	10.9	-0.6	-2.6	55.6	-1.0	64.2
葡萄牙	2.8	0.8	-0.9	14.6	1.7	0.5	-4.8	138.0	0.5	..
波多黎各	3.6	0.3	-2.0	..	..	..	..	..	..	..
卡塔尔	..	13.5	7.4	46.6	31.8	8.4	..	..	1.9	87.0
罗马尼亚	0.0	5.8	1.9	24.5	6.7	-1.2	-1.5	41.5	-0.6	40.2
俄罗斯	-4.7	6.0	2.0	25.9	9.0	5.2	-2.1	13.9	15.5	63.5
卢旺达	-0.2	7.7	7.1	14.1	..	-13.6	-4.2	..	2.5	21.9
萨摩亚	2.6	3.6	1.1	..	..	-5.7	-3.9	57.8	0.7	44.6
圣马力诺	..	..	..	..	..	..	..	..	..	..
圣多美和普林西比	..	5.5	4.7	..	..	-21.6	..	..	5.2	40.5
沙特阿拉伯	2.1	5.9	5.0	25.1	12.7	-8.8	..	..	2.2	74.2
塞内加尔	3.0	4.3	3.9	17.2	5.6	-8.8	-4.8	..	0.1	45.7
塞尔维亚	0.7	5.5	0.4	14.2	-2.9	-4.7	..	..	1.4	49.5
塞舌尔	4.4	2.4	5.7	16.3	..	-17.8	1.0	60.6	4.0	63.5
塞拉利昂	-3.0	7.3	7.0	6.1	..	-18.2	-3.0	..	8.0	23.8
新加坡	7.2	6.0	5.3	45.0	35.6	18.4	4.4	108.7	-0.5	129.3
荷属圣马丁	..	..	..	..	..	..	..	..	..	..
斯洛伐克	4.5	5.9	2.6	22.6	4.7	0.2	-2.4	58.7	-0.3	..
斯洛文尼亚	4.3	3.7	0.2	25.5	9.1	5.2	-3.0	76.0	-0.5	..
所罗门群岛	3.4	3.9	5.3	..	..	-3.2	0.9	7.8	-0.6	46.8
索马里	..	..	..	..	..	..	..	..	..	..
南非	2.1	4.0	2.3	16.4	1.5	-4.3	-4.8	..	4.6	74.1
南苏丹	..	..	-10.4	-9.4	..	-7.0	..	..	50.2	46.3
西班牙	2.7	2.9	-0.6	21.4	7.2	1.4	-2.6	104.8	-0.5	..
斯里兰卡	5.3	5.5	6.4	27.9	21.7	-2.4	-7.4	76.0	0.9	51.4
圣基茨和尼维斯联邦	4.6	3.4	2.8	34.6	..	-8.0	-3.4	64.8	-2.3	158.7
圣卢西亚	3.5	3.0	-0.1	12.0	5.5	-7.6	..	..	-1.0	92.6
圣马丁岛	..	..	..	..	..	..	..	..	..	..
圣文森特和格林纳丁斯	3.3	4.2	0.6	-3.0	-17.3	-29.2	..	..	-1.7	80.1
苏丹	5.5 f	7.5 f	2.0 g	5.9	-6.2	-6.1	..	..	16.9	16.1
苏里南	0.8	5.2	3.0	51.0	27.7	-15.7	..	..	6.9	60.5
斯威士兰	3.2	4.1	2.9	23.4	14.4	10.1	..	..	5.0	25.2
瑞典	2.3	2.4	2.2	29.0	19.0	4.7	0.5	42.0	0.0	67.2

  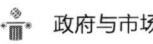

4 经　济

	国内生产总值			总储蓄	调整后净储蓄	经常账户余额	中央政府净放贷(+)或借贷(−)	中央政府债务	消费者物价指数	广义货币
	年平均增长百分比			占GDP百分比	占国民总收入百分比	占GDP百分比	占GDP的百分比	占GDP百分比	增长百分比	占GDP百分比
	1990—2000	2000—2009	2009—2015	2015	2015	2015	2015	2015	2015	2015
瑞士	1.2	2.2	1.7	35.1	17.8	11.5	0.5	23.0	−1.1	187.7
叙利亚	..	..	..	..	..	..	..	..	..	..
塔吉克斯坦	−10.4	8.5	7.0	11.5	−6.5	−6.0	..	..	5.7	22.3
坦桑尼亚	3.0	6.9	6.7	22.5	15.7	−7.3	..	..	5.6	24.3
泰国	4.1	4.8	3.5	32.1	14.8	8.1	−0.1	30.2	−0.9	129.7
东帝汶	..	3.4	5.9	110.8	..	15.6	8.9	..	0.6	44.5
多哥	3.5	2.2	4.8	−6.1	−23.2	−11.3	..	..	1.8	53.3
汤加	2.6	0.7	1.1	..	..	−7.2	..	..	−1.1	53.2
特立尼达和多巴哥	4.6	7.4	1.0	..	..	..	..	..	4.7	68.9
突尼斯	4.7	4.6	2.1	12.0	−4.6	−8.9	..	..	4.9	68.6
土耳其	3.9	4.9	4.8	14.1	8.3	−4.5	1.3	34.8	7.7	63.1
土库曼斯坦	−3.2	8.0	10.7	..	..	..	..	..	..	..
特克斯和凯科斯群岛	..	..	..	..	..	..	..	..	..	..
图瓦卢	3.2	1.2	2.2	..	..	17.8	..	..	..	..
乌干达	7.0	7.7	5.3	16.7	..	−8.5	−3.6	25.5	5.2	21.9
乌克兰	−9.3	5.7	−0.9	14.9	0.6	−0.2	−1.5	70.6	48.7	50.2
阿联酋	4.8	5.3	4.5	..	..	..	1.9	..	..	87.3
英国	2.6	2.0	1.9	12.9	4.3	−4.3	−4.1	107.6	0.1	137.2
美国	3.6	2.1	2.1	19.2	7.4	−2.6	−3.2	97.8	0.1	89.9
乌拉圭	3.9	3.2	4.2	15.8	4.5	−2.1	−6.2	51.0	8.7	53.3
乌兹别克斯坦	−0.2	7.0	8.2	..	..	..	..	..	..	..
瓦努阿图	3.4	3.9	1.5	29.5	24.3	−11.1	..	..	2.5	80.9
委内瑞拉	1.6	5.1	1.9	19.0	17.1	1.2	..	..	109.7	52.9
越南	7.9	6.8	5.9	27.3	17.7	0.5	−5.7	..	0.9	137.6
美属维尔京群岛	..	2.0	−6.1	..	..	..	..	..	..	..
约旦河西岸和加沙地区	14.3	2.7	4.7	2.1	..	−13.5	−0.3	..	..	18.0
也门	5.6	3.9	−3.6	−5.2	..	−8.0	..	..	8.1	34.7
赞比亚	1.6	7.2	5.9	28.8	6.6	−3.6	..	..	10.1	25.8
津巴布韦	2.5	−7.2	7.2	0.9	−16.1	−10.5	..	..	−2.4	..
全球	**2.9w**	**3.2w**	**2.9w**	**24.9w**	**11.7w**	..	..	..	..	..
东亚与太平洋地区	3.7	4.6	4.8	36.1	18.1	..	..	..	..	..
欧亚与中亚地区	1.6	2.3	1.3	22.4	9.5	..	..	..	..	..
拉丁美洲与加勒比海地区	3.1	3.6	2.7	17.2	9.4	..	..	..	..	..
中东与北非地区	3.8	5.3	3.3	33.7	12.9	..	..	..	..	..
北美地区	3.6	2.1	2.1	19.2	7.3	..	..	..	..	..
南亚地区	5.6	7.0	6.6	31.4	18.6	..	..	..	..	..
撒哈拉以南非洲地区	2.3	6.2	4.3	13.6	−3.9	..	..	..	..	..
中、低收入地区	3.2	6.5	5.2	30.9	16.8	..	..	..	..	..
低收入地区	2.3	4.9	5.3	14.6	−3.8	..	..	..	..	..
中等偏下收入地区	3.5	6.4	5.6	27.9	16.1	..	..	..	..	..
中等偏上收入地区	3.1	6.5	5.0	32.0	17.2	..	..	..	..	..
高收入地区	2.8	2.0	1.8	22.6	9.1	..	..	..	..	..

a. 作为欧洲货币联盟的成员，这些国家使用统一货币欧元。b. 指塞浦路斯共和国政府控制区域。c. 不包括阿布哈兹和南奥塞梯。d. 不包括德涅斯特河沿岸。e. 包括前西属撒哈拉。f. 包括南苏丹。g. 至2011年7月9日止，包括南苏丹。h. 只包括坦桑尼亚大陆。

经济 4

关于数据

经济数据依据下列会计惯例进行调整：国家账户体系、国际收支平衡、政府金融统计、国际金融统计。对于国家账户体系、国际收支平衡以及政府金融统计中的概念，已达成了部分统一，但在实施这些标准时，各国仍然有许多不同的做法。尽管已达成国际协议，统一实施"2008国家账户体系（2008SNA）方法"对国家账户进行汇编，但许多国家仍延用之前的版本，有的甚至是1968年的版本。国际货币基金组织（IMF）于2009年公布了全新的"国际收支平衡方法"（BPM6），但许多国家仍使用早期版本。同样，政府金融统计的标准与定义也于2014年更新，但部分国家仍使用1986年或2001年的版本进行报告。各国方法使用信息，见"方法与来源"。

经济增长

经济增长按照产出或者居民真实收入的变化量测算。2008 SNA为计算增长提供了三个可行指标：国内生产总值、真实国内总收入以及真实国民总收入。本文只报道了国内生产总值增长。

使用最小二乘法与本国货币恒定物价数据计算国家国内生产总值增长率及其各组成部分；使用恒定物价美元序列计算地区群体与收入群体的国内生产总值增长率及其各组成部分。本国货币序列使用共同参考年中的汇率换算成恒定美元数值。增长率为年平均增长率及计算增长率方法记录于"来源与方法"。增长率的预测由世界银行（2016）做出。

依据不同基数重新计算国民收入

依据不同基数重新计算国民收入会改变某一经济体测定过的增长率，并引起序列的中断，进而影响数据在时间上的连续性。当各国重新计算国民收入时，会更新各个组成部分的比重，以更好地反映当前生产的模式或出产的使用。新基准年应代表一经济体的正常运作，即该年没有重大冲击或扭曲。部分国家多年未使用新的基数计算国民收入。使用陈旧的基准年会因隐性物价及数量权重的相关性与有效性而不断降低。

为获取恒定物价数据的可比序列以计算总量，世界银行重新调整国内生产总值和工业原产值的附加额至一般参考年。

重新调整可能造成重新调整后国内生产总值与重新调整后各组成部分总量之间的差异。为避免增长率失真，差额并未分配。因此各组成部分增长率的加权平均值通常与国内生产总值增产率不相等。"经济"指标的相连序列，包括当前均价国内生产总值、隐性国内生产总值平减指数以及通货膨胀。计算方法使用了国家来源发布的历史通货膨胀率对隐性通货紧缩指数进行外推。随后，通过使用恒定物价国内生产总值与隐性国内生产总值平减指数推导出用于关联现价国内生产总值的一致的时间序列。1990年以后的数据都可用。

调整后净储蓄

调整后净储蓄，除了解释经济体中贬值以及全部资产减值，还能衡量一国真实财富的变化。若一国调整后净储蓄为正且结算包含的资产总数够多，那么经济学理论表示社会福利的当前价值正在增加。相反，持续为负的调整后净储蓄表明社会福利当前价值正在减少，说明该经济体并未持续发展。

调整后净储蓄通过对总储蓄的标准国民收入与生产核算进行四项调整而产生。第一，所产资产固定资本消耗的估算值被扣除以获取净储蓄值。第二，当前公共教育花费加入净储蓄值（标志国民收入与生产核算中这些花费被认为是消耗）。第三，各种自然资源消耗的估算值被扣除以后反映与开采和收割相关的资产价值的降低。第四，扣除因二氧化碳排放以及当地空气污染造成的损害。当地空气污染造成的损害包括接触使用固体燃料烹饪而产生的室内空气污染、周围环境之中的空气动力学直径小于2.5微米的极细小颗粒物的聚集以及周围环境中的臭氧污染。通过解释自然资源的消耗以及环境的恶化，调整后净储蓄的含义远比SNA中储蓄或净储蓄的定义要广。

4 经　济

国际收支平衡

国际收支平衡记录某一经济体与全世界的交易。国际收支平衡账户被分为两组：经常账户——记录商品、服务、初级收入以及次级收入；资本与财务账户——记录资本转移、非生产非金融资产的获得或处置以及金融资产和债务的买卖。经常账户结余对于在外部不平衡的分析中是更为有用的指标。

以分析为目的的界限在哪里，需要进行与失衡有关的判断，原因在于，失衡最能说明对调整的需求。对此以及对相关分析性原因，有许多定义可以通用。贸易差额指商品出口与进口之间的差异。从分析的角度看，将商品与服务区分开来是武断的。例如，一家货运公司所赚取一单位外汇，与一家商品出口商所赚取一单位外汇，对国际收支平衡的加强作用是相同的。即便如此，贸易差额仍然有用，因为它时常是经常账户结余最及时的走势指标。海关当局提供商品贸易的数据，远比服务贸易的数据要早。

2012年8月，国际货币基金组织开始在其大型统计出版物中使用国际收支平衡手册6（BPM6）框架。世界银行也于2013年4月将BPM6用于在线数据库与出版物中。2005年往后的国际收支平衡数据都按照BPM6呈现。BPM5历史数据序列将只保存到2008年的数据，可通过《世界发展指标》档案获得（http://databank.worldbank.org/data/source/WDI-Archives）。

获取完整的国际收支平衡方法，见www.imf.org/external/np/sta/bop/bop.htm。

政府财政

2015年8月，国际货币基金组织开始将政府财政统计手册2014（GFSM2014）框架用于其政府财政统计年鉴与数据库。2016年4月，《世界发展指标》也开始使用2014框架；受影响序列从1990年往后进行了调整。基于早期（2001）框架的历史序列，其数据更新至2012年，可通过《世界发展指标》档案获得。

GFSM2014框架衡量近年来重要国际经济发展的情况，借助的资料包括改进过的记录以及对各类事件的方法论处理。变化包括2008SNA中与现存方法指南说明中的方法变化、展示中的变化以及编辑中的变化。其目的在于，尽可能地协调指南同2008SNA、BPM6以及货币和金融统计手册之间的关系。对于债务相关问题，用公共部门债务统计对GFSM2014进行补充：编者与用户指南。此外，协调统计报告与财务报告所做的工作，以及国际公共组织会计准则的最新进展，都造成了更多变化。

GFSM2014与SNA之间仍存在着一些差异，特别是如何对待一些政府生产活动方面；其原因在于，对这些活动进行分析的目的不同。GFSM 2014测算经济活动的影响，如政府财政与经济剩余部分的税收、支出、借贷与放贷。SNA测算产生与上述活动过程中的商品、服务、储蓄以及投资的生产与消耗。因此，对于政府生产活动，GFSM 2014的处理有别于2008 SNA的处理。完整的GFSM 2014可于www.imf.org/external/Pubs/FT/GFS/Manual/2014/gfsfinal.pdf获取。

对于大部分国家，中央政府财政数据都被合并至一个账目，但其他国家，只有关于预算的中央政府账目。报告预算数据的国家已于"来源与方法"中标注。由于预算账目可能无法包括全部中央政府单元（如社会保障基金），因而这些账目时常不够完整。联邦国家中央政府账目提供的总公共财物情况不够全面。

政府收入与支出数据由IMF（通过向成员国发放问卷）以及OECD共同收集。尽管IMF试图将数据收集标准化，但统计结果仍时常不完整、不及时且不具有跨国可比性。

政府财政统计按照当地货币进行报告。本文指标按照国内生产总值百分比表示。许多国家按照财政年报告政府财政；关于各国财政年结束日相关信息，见"来源与方法"。

财政账目

记录货币供给的货币与财政账目处于一国财

经济 4

政系统的中心地位。对于货币供应，有几个常用的定义。最狭义的为M1，包括公众所持货币与银行中的活期存款。M2除了包括M1外，还包括定期存款与储蓄（支取须提前通知）。M3包括M2，外加各种金融市场票据，如银行发行的存款证、以外币标价的银行存款以及银行以外金融机构的存款。无论如何定义，货币都是银行系统的债务，因其扮演的特殊角色（交换的媒介、记账单位以及价值储存）而有别于其他银行债务。

某一经济体的物价水平整体持续的增长称为通货膨胀。该经济体中商品与服务的平均价格上涨须同个别商品与服务的相对价格变化区分开来。物价水平整体上涨，通常伴随着相对价格的结构变化，但构成通货膨胀的，只能是平均价格的上涨，而非相对价格的变化。常用的通货膨胀衡量标准称为消费者物价指数，用以测算一户典型家庭购买一典型市场篮子（译者注：市场篮子为一种或多种商品的聚集，体现被家庭或个人购买的典型商品或服务）商品与服务的价格。消费者物价指数通常基于消费者物价的周期性调研进行计算。其他物价指数通过现行价格序列指数与不变价格序列指数间接得来。

消费者物价指数计算得更为频繁，因而更加及时。这些指数构成清晰，通过对确定市场篮子的消费者商品与服务价值进行调研得出。即便如此，消费者物价指数在解读时仍需谨慎。对家庭的定义、一篮子商品以及消费者物价调研中地理与收入群体覆盖率，各国之间可能差异巨大。此外，权重源于家庭支出调研，但因预算原因，调研在最贫困国家之中，很可能无法频繁进行，进而损害时间上的可比性。虽然有助于测算一国之内消费者物价通货膨胀，但对于比较各国之间的情况，消费者物价指数的价值不大。

定义

"以购买者价格计算的国内生产总值（GDP）" 为该经济体内所有常住生产者附加的价值总和加上不包含于出产估价内的一切产品税（减少的补贴）。GDP计算时并未扣除组装资本资产的贬值与自然资源的消耗与降级。增值为全部出产相加、扣除中间投入后的企业净出产。**"总储蓄"** 指国民总收入同公共与个人消费之间的差异，加上净经常转移。**"调整后净储蓄"** 测算排除资本收益后，一组特定资产的价值变化。调整后净储蓄为净储蓄加教育支出，减去能源损耗、矿产损耗、净森林损耗以及二氧化碳与本土空气污染损害。**"经常账户结余"** 指商品与服务净出口、净初级收入以及净次级收入的总额。

"中央政府净放贷（+）或净借贷额（-）" 等于政府收入减去开支，再减去对非金融资产的净投资额。净放贷或净借贷额还等于金融资产及债务交易后的净结果。净放贷或借贷是一种概括性测算，表明政府在多大程度上，将金融资源供经济体其他部门（译者注：如第一产业部门，农林渔牧矿）使用或置于国外，或在多大程度上使用经济体其他部门创造的或是来源于国外的金融资源。**"中央政府债务"** 为政府于特定日期，对他人未偿还的定期直接合同义务的总和，包括国内外债务，如货币存款、有价证券（而非股权）以及借款。这是减去政府所持资产净值以及金融衍生产品后，政府债务的总量。由于债务是库存而非流动，因此于给定日期测算；一般来说，该日期为财政年的最后一天。**"消费者物价指数"** 反映一般消费者获得一市场篮子商品与服务的价格变化；市场篮子可能固定，也可能按特定周期变化（如一年）。通常使用Laspeyres公式。**"广义货币"** (IFS line 35L..ZK)包括银行之外货币总量；除中央政府所有的活期存款总和；居民部门（而非中央政府）的定期存款以及外币存款；银行与旅行支票；以及其他有价证券，如存款证与商业票据。

数据来源

多数国家的国内生产总值数据由各国统计机构与中央银行通过进行访问和进行世界银行常驻任务收集而来；特定高收入经济体的数据来自经济合作与发展组织（OECD）。总储蓄额数据来自世界银行国民收入数据档案。调整后净储蓄数据

4 经　济

以 Hamilton 与 Clemens (1999) 提出的一个概念为基础。固定资本消耗数据来自联合国统计司国民收入统计：主要总表及明细表，经济合作与发展组织的国民收入统计数据库（http://dx.doi.org/10.1787/na-data-en），以及佩恩表，缺失数据由世界银行工作人员估算而得。教育支出数据来自联合国教育、科学及文化组织统计研究所，缺失数据由世界银行工作人员估算而得。森林、能源以及矿产损耗数据基于《世界银行（2011）》中所述"来源与方法"，《世界银行》（即将出版）中所述方法与数据来源都得以改进。对二氧化碳排放造成损害的估算，遵从世界银行的社会碳成本（2015年排放的相当于2014年每吨二氧化碳排放30美元）（译者注：即2014年与2015年排放成本皆为30美元每吨，但因为通货膨胀因素，因而排放量减小）指南，使用的数据来自国际能源署燃料燃烧二氧化碳排放统计数据库（http://dx.doi.org/10.1787/ co2-data-en）。室内空气污染接触、周围环境颗粒物污染以及周围环境臭氧的数据来自健康指标与评估研究所的《全球疾病负担研究2015》（www.healthdata.org/gbd/data）。经常账户结余数据来自国际货币基金组织《国际收支平衡统计年鉴》与《国际金融统计》。中央政府财政数据来自国际货币基金组织（IMF）政府财政统计数据库。消费者物价指数来自国际货币基金组织的《国际金融统计》。广义货币数据来自国际货币基金组织的《国际金融统计》以及每年《国际金融统计年鉴》。

参考文献

Feenstra, R.C., R. Inklaar, and M.P. Timmer. 2015. "The Next Generation of the Penn World Table." *American Economic Review* 105(10): 3150–82. [www.ggdc.net/pwt].

Hamilton, K., and M. Clemens. 1999. "Genuine Savings Rates in Developing Countries." *World Bank Economic Review* 13 (2): 333–56.

IMF (International Monetary Fund). 2014. *Government Finance Statistics Manual.* Washington, DC.

——. Various issues. *International Financial Statistics.* Washington, DC.

——. Various years. *Balance of Payments Statistics Yearbook.* Parts 1 and 2. Washington, DC.

United Nations Statistics Division. Various years. *National Accounts Statistics: Main Aggregates and Detailed Tables.* Parts 1 and 2. New York: United Nations.

World Bank. 2011. *The Changing Wealth of Nations: Measuring Sustainable Development for the New Millennium.* Washington, DC.

——. 2016. *Global Economic Prospects: Spillovers and Weak Growth.* Washington, DC.

——. Forthcoming. *The Changing Wealth of Nations 2017.* Washington, DC.

经 济 4

在线表格与指标

获取"世界发展指标"在线表格,请访问 http://wdi.worldbank.org/tables 并键入表格编号(例如,键入 http://wdi.worldbank.org/table/4.1)。直接获取特定"世界发展指标"指标,使用链接 http://data.worldbank.org/indicator/ 加指标编号(例如,键入 http://data.worldbank.org /indicator/NY.GDP.MKTP.KD.ZG)。

4.1 产出增长
国内生产总值	NY.GDP.MKTP.KD.ZG
农业	NV.AGR.TOTL.KD.ZG
工业	NV.IND.TOTL.KD.ZG
制造业	NV.IND.MANF.KD.ZG
服务业	NV.SRV.TETC.KD.ZG

4.2 产出结构
国内生产总值	NY.GDP.MKTP.CD
农业	NV.AGR.TOTL.ZS
工业	NV.IND.TOTL.ZS
制造业	NV.IND.MANF.ZS
服务业	NV.SRV.TETC.ZS

4.3 制造业结构
制造业,增加值	NV.IND.MANF.CD
食品、饮料与烟草	NV.MNF.FBTO.ZS.UN
纺织及制衣业	NV.MNF.TXTL.ZS.UN
机械与运输设备	NV.MNF.MTRN.ZS.UN
化工产品	NV.MNF.CHEM.ZS.UN
制造业其他	NV.MNF.OTHR.ZS.UN

4.4 商品出口结构
商品出口	TX.VAL.MRCH.CD.WT
食品	TX.VAL.FOOD.ZS.UN
农业原材料	TX.VAL.AGRI.ZS.UN
燃料	TX.VAL.FUEL.ZS.UN
矿石与金属	TX.VAL.MMTL.ZS.UN
制造品	TX.VAL.MANF.ZS.UN

4.5 商品进口结构
商品进口	TM.VAL.MRCH.CD.WT
食品	TM.VAL.FOOD.ZS.UN
农业原材料	TM.VAL.AGRI.ZS.UN
燃料	TM.VAL.FUEL.ZS.UN
矿石与金属	TM.VAL.MMTL.ZS.UN
制造品	TM.VAL.MANF.ZS.UN

4.6 服务出口结构
商业服务出口	TX.VAL.SERV.CD.WT
运输	TX.VAL.TRAN.ZS.WT
旅游	TX.VAL.TRVL.ZS.WT
保险与金融服务	TX.VAL.INSF.ZS.WT
计算机、信息、通讯及其他商业服务	TX.VAL.OTHR.ZS.WT

4.7 服务进口结构
商业服务进口	TM.VAL.SERV.CD.WT
运输	TM.VAL.TRAN.ZS.WT
旅游	TM.VAL.TRVL.ZS.WT
保险与金融服务	TM.VAL.INSF.ZS.WT
计算机、信息、通讯及其他商业服务	TM.VAL.OTHR.ZS.WT

4.8 需求结构
家庭最终消费支出	NE.CON.PETC.ZS
一般政府最终消费支出	NE.CON.GOVT.ZS
资本形成总额	NE.GDI.TOTL.ZS
商品与服务出口	NE.EXP.GNFS.ZS
商品与服务进口	NE.IMP.GNFS.ZS
总储蓄	NY.GNS.ICTR.ZS

4.9 消费与投资增长
家庭最终消费支出	NE.CON.PRVT.KD.ZG
家庭最终人均消费支出	NE.CON.PRVT.PC.KD.ZG
一般政府最终消费支出	NE.CON.GOVT.KD.ZG
资本形成总额	NE.GDI.TOTL.KD.ZG
商品与服务出口	NE.EXP.GNFS.KD.ZG
商品与服务进口	NE.IMP.GNFS.KD.ZG

4.10 更广泛地衡量国民收入
国内生产总值,美元	NY.GDP.MKTP.CD
国内生产总值,增长百分比	NY.GDP.MKTP.KD.ZG
国民总收入,美元	NY.GNP.MKTP.CD
国民总收入,增长百分比	NY.GNP.MKTP.KD.ZG
固定资本消耗	NY.ADJ.DKAP.GN.ZS
自然资源损耗	NY.ADJ.DRES.GN.ZS
调整后净国民收入,美元	NY.ADJ.NNTY.CD
调整后净国民收入,增长百分比	NY.ADJ.NNTY.KD.ZG

4.11 更广泛地衡量储蓄
总储蓄	NY.ADJ.ICTR.GN.ZS
固定资本消耗	NY.ADJ.DKAP.GN.ZS
教育支出	NY.ADJ.AEDU.GN.ZS
净森林损耗	NY.ADJ.DFOR.GN.ZS
能源损耗	NY.ADJ.DNGY.GN.ZS
矿产损耗	NY.ADJ.DMIN.GN.ZS
二氧化碳损害	NY.ADJ.DCO2.GN.ZS
当地污染损害	NY.ADJ.DPEM.GN.ZS
调整后净储蓄	NY.ADJ.SVNG.GN.ZS

4 经 济

4.12 中央政府财政
财政收入	GC.REV.XGRT.GD.ZS
开销	GC.XPN.TOTL.GD.ZS
非金融资产净投资	GC.NFN.TOTL.GD.ZS
净放贷（+）/净借贷（−）	GC.NLD.TOTL.GD.ZS
金融资产净收购	GC.AST.TOTL.GD.ZS
负债净发生额	GC.LBL.TOTL.GD.ZS
债务及利息支付，总债务	GC.DOD.TOTL.GD.ZS
债务及利息支付，利息	GC.XPN.INTP.RV.ZS

4.13 中央政府支出
商品与服务	GC.XPN.GSRV.ZS
员工报酬	GC.XPN.COMP.ZS
利息支付	GC.XPN.INTP.ZS
补贴与其他拨款	GC.XPN.TRFT.ZS
其他支出	GC.XPN.OTHR.ZS

4.14 中央政府财政收入
收入、利润及资本收益税收	GC.TAX.YPKG.RV.ZS
商品与服务税收	GC.TAX.GSRV.RV.ZS
国际贸易税收	GC.TAX.INTT.RV.ZS
其他税收	GC.TAX.OTHR.RV.ZS
社会捐款	GC.REV.SOCL.ZS
补助及其他收入	GC.REV.GOTR.ZS

4.15 货币指标
广义货币	FM.LBL.BMNY.ZG
对国内经济之债权	FM.AST.DOMO.ZG.M3
对中央政府之债权	FM.AST.CGOV.ZG.M3
利率，存款	FR.INR.DPST
利率，放贷	FR.INR.LEND
真实利率	FR.INR.RINR

4.16 汇率与物价
官方汇率	PA.NUS.FCRF
购买力平价转换因子	PA.NUS.PPP
购买力平价转换因子相对市场汇率比例	PA.NUS.PPPC.RF
真实有效汇率	PX.REX.REER
隐性国内生产总值平减指数	NY.GDP.DEFL.KD.ZG
消费者物价指数	FP.CPI.TOTL.ZG
批发物价指数	FP.WPI.TOTL

4.17 国际收支平衡经常账户
商品与服务，出口	BX.GSR.GNFS.CD
商品与服务，进口	BM.GSR.GNFS.CD
初级收入结余	BN.GSR.FCTY.CD
次级收入结余	BN.TRF.CURR.CD
经常账户结余	BN.CAB.XOKA.CD
总储备	FI.RES.TOTL.CD

政府
与市场

"政府与市场"展示的指标包括有关个人投资及效益情况、公共部门在促进投资与发展中扮演的角色以及发展所必需的基础设施的质量与可用性。这些指标衡量了商业环境、政府职能、金融系统发展、基础设施、信息与通讯技术、科学技术、政府与政策表现情况以及制度薄弱的国家的状况。

本版块的许多主题都是"可持续发展目标"所包含的内容：目标9关注基础设施建设、工业化以及创新；目标16提倡和平、公正以及强有力的社会制度；目标17提倡全球合作发展。与上述目标相关的指标包括客运与货运总量（子项9.1）、研究与发展支出占国内生产总值的百分比与每百万居民中研究者的百分比量（子项9.5）、固定互联网宽带用户（子项17.6）、使用互联网个体数量（子项17.8）以及遭遇官员索贿与非正当支付的企业比例（子项16.5）。

"政府与市场"新增一项有关工业设计申请的指标，完善了现有的专利与商标指标。工业设计权只保护商品的表象或美学特征，而专利保护的，是对某一问题提供新的技术解决方案的发明。这两项工业产权指标共同使用，通过创新过程的全部方面（地理位置、技术与制度起源、个体以及网络），捕获了政策、商业以及技术层面的走势。2015年，全球共递交三百万份专利申请、六百万份商标申请以及87.3万份工业设计申请。

为测算工业设计的申请活动，"政府与市场"使用申请设计计数，即申请中设计的数量而非申请的数量。由于在一些地方，用户可以通过一个申请注册数个设计，因此设计计数能更好地比较知识产权局之间的申请活动。同样，通过类别计数的商标数据如今也呈现于《世界发展指标》数据库中（包含2004年以后数据）。在此之前，指标也使用商标的申请，但依靠一国之法律体系，在一份商标申请之中，为获取该商标对多个不同商品与服务的保护，可指定一个或多个类别。专利、商标以及工业设计的申请数据，也可能按照申请者类型（常住与非常住）获取。

数字革命改变了全世界学习、通讯、贸易以及治疗疾病的方式。信息与通讯技术给所有国家各行各业的进步带来了巨大机会：经济增长、健康改善、提供更好的服务、通过远程教育学习以及社会与文化的进步。互联网为学校以及医院传递信息，提升公共与私人服务质量，提高生产力与参与度。移动电话技术正在拓展全球的互联网使用。移动性、使用便捷、灵活的调配以及不断降低的无线技术推广成本，使得移动通讯普及到了农村人口。根据国际电信联盟数据显示，到2016年年底，全球互联网用户数量达到35亿。

互联网使用

2015年使用互联网的人口占比（百分比）

- 低于20
- 20 – 39
- 40 – 59
- 60 – 79
- 80或更高
- 无数据

中东与北非地区，有44%的人口上线，同2015年的全球平均水平相当。

2015年，撒哈拉以南非洲地区的互联网普及率最低，为22%；平均下来，过去5年仅增长了2.4%。

截至2015年年末，北美地区大约有四分之一的人口，即8,600万人，仍无互联网可用。

2015年，东亚与太平洋地区，一半人口能够使用互联网。

5 政府与市场

	企业进入密度	创业所需时间	股票市场资本总额	金融业提供之国内信用	中央政府税收收入	军费支出	移动蜂窝订购[a]	使用互联网个体数[a]	高科技出口	整体统计能力
	每1,000名15–64岁人口	天数	占GDP百分比	占GDP百分比	占GDP百分比	占GDP百分比	每100人	占人口百分比	占制造业出口百分比	(0,低)至(100,高)
	2014	2016年6月	2015	2015	2015	2015	2015	2015	2015	2016
阿富汗	0.15	8	..	-0.4	7.2	1.0	62	8	..	51.1
阿尔巴尼亚	1.11	5	..	62.9	18.5	1.2	106	63	1.5	82.2
阿尔及利亚	0.58	20	..	40.3	..	6.2	106	38	0.2	55.6
美属萨摩亚	..	..	..	..	..	..	..	..	..	..
安道尔	..	..	..	..	..	..	88	97	..	..
安哥拉	..	36	..	31.0	12.5	3.5	61	12	..	42.2
安提瓜和巴布达	3.53	22	..	70.1	17.3	..	137	65	0.0	57.8
阿根廷	0.43	25	9.6	41.1	..	0.9	147	69	9.0	88.9
亚美尼亚	1.52	4	..	48.4	21.0	4.2	116	58	5.3	92.2
阿鲁巴岛	..	..	..	..	..	..	136	89	4.7	..
澳大利亚	14.91	3	88.6	177.3	22.2	2.0	133	85	13.5	..
奥地利	0.73	21	25.5	125.1	27.1	0.7	157	84	13.4	..
阿塞拜疆	0.99	3	..	43.8	15.6	5.6	111	77	2.5	75.6
巴哈马	..	22	..	99.8	14.5	..	80	78	0.0	..
巴林	..	9	61.8	90.9	1.1	4.6	185	93	1.0	..
孟加拉国	0.09	20	..	59.7	9.0	0.0	82	14	..	74.4
巴巴多斯	..	15	..	..	24.7	..	116	76	18.3	..
白俄罗斯	1.05	5	0.0	14.7	..	1.3	124	62	4.3	87.8
比利时	2.05	4	91.1	148.0	24.6	0.9	116	85	13.0	..
伯利兹	3.08	43	..	67.0	23.2	1.1	61	42	0.0	62.2
贝宁	..	9	..	20.9	15.4	1.1	86	7	0.9	73.3
百慕大群岛	..	..	26.3	..	..	..	58	98	26.8	..
不丹	0.06	15	..	51.8	13.3	..	87	40	..	68.9
玻利维亚	0.57	45	..	67.1	..	1.6	92	45	6.5	68.9
波斯尼亚和黑塞哥维那	0.83	65	..	57.8	20.0	1.0	90	65	2.8	72.2
博茨瓦纳	13.11	48	..	12.4	26.4	2.8	169	28	0.6	42.2
巴西	2.88	80	27.6	107.0	12.8	1.4	127	59	12.3	76.7
英属维尔京群岛	..	..	..	..	..	..	146	..	..	..
文莱达鲁萨兰国	..	15	..	40.0	..	3.3	108	71	17.9	..
保加利亚	8.86	23	..	60.3	..	1.3	129	57	7.6	84.4
布基纳法索	0.15	13	..	31.3	15.5	1.7	81	11	5.0	74.4
布隆迪	..	4	..	28.3	..	2.1	46	5	3.5	62.2
佛得角	..	11	..	84.2	..	0.6	119	43	0.0	68.9
柬埔寨	..	99	..	53.9	14.2	1.7	133	19	0.8	66.7
喀麦隆	..	16	..	15.2	..	1.2	72	21	3.7	68.9
加拿大	1.28	2	102.8	..	12.0	1.0	83	88	13.8	..
开曼群岛	..	..	..	..	..	..	155	77	..	..
中非共和国	..	22	..	33.0	..	..	26	5	0.0	41.1
乍得	..	60	..	17.8	..	2.0	40	3	..	54.4
海峡群岛	..	..	..	..	..	..	..	..	..	..
智利	8.03	6	79.1	123.3	17.7	1.9	129	64	5.9	95.6
中国	..	29	74.4	193.4	9.7	2.0[b]	92	50	25.8	83.3
中国香港	31.30	2	1,029.9	212.0	..	..	229	85	10.7	..
中国澳门	..	..	..	..	14.9	28.4	324	78	..	..
哥伦比亚	2.00	9	29.4	52.6	14.7	3.4	116	56	9.5	88.9
科摩罗	..	15	..	25.7	..	..	55	7	0.1	34.4
刚果民主共和国	0.05	12	..	9.7	..	1.4	53	4	..	51.1

政府与市场 5

	企业进入密度	创业所需时间	股票市场资本总额	金融业提供之国内信用	中央政府税收收入	军费支出	移动蜂窝订购[a]	使用互联网个体数[a]	高科技出口	整体统计能力
	每1,000名 15-64岁 人口	天数	占GDP百分比	占GDP百分比	占GDP百分比	占GDP百分比	每100人	占人口百分比	占制造业出口百分比	(0,低)至(100,高)
	2014	2016年6月	2015	2015	2015	2015	2015	2015	2015	2016
刚果共和国	..	50	..	21.5	..	5.0	112	8	2.0	50.0
哥斯达黎加	1.10	23	..	66.0	13.8	0.0	151	60	16.8	84.4
科特迪瓦	..	7	39.3	31.9	14.4	1.5	119	21	4.8	67.8
克罗地亚	4.63	7	..	88.7	19.3	1.5	104	70	9.0	81.1
古巴	..	..	..	..	..	3.5	30	37	..	..
库拉索岛	..	..	..	..	..	..	116	..	..	..
塞浦路斯	13.70	6	13.8	310.3	24.0	1.8	95	72	6.2	..
捷克共和国	3.42	9	..	69.5	13.3	1.0	123	81	14.9	..
丹麦	4.36	3	..	214.6	34.1	1.2	128	96	16.0	..
吉布提	..	14	..	34.6	..	..	35	12	..	53.3
多米尼加	..	12	..	53.7	21.9	..	106	68	..	57.8
多米尼加共和国	1.20	15	..	54.0	13.4	0.7	83	54	3.8	83.3
厄瓜多尔	..	49	..	31.2	..	2.7	80	49	7.2	71.1
埃及	..	7	16.7	95.8	12.6	1.7	111	38	0.8	87.8
萨尔瓦多	0.52	16	..	77.8	15.2	0.9	145	27	4.4	92.2
赤道几内亚	..	134	..	13.0	..	0.8	67	21	..	45.6
厄立特里亚	..	84	..	..	..	..	7	1	..	28.9
爱沙尼亚	16.05	4	..	77.3	1.4	2.0	149	88	11.4	..
埃塞俄比亚	..	35	..	..	..	0.7	43	12	4.0	70.0
法罗群岛	..	..	..	..	..	..	108	94	..	..
斐济	..	40	..	118.8	23.6	1.1	108	46	2.3	58.9
芬兰	3.43	14	..	156.9	20.7	1.3	135	93	8.7	..
法国	2.26	4	86.3	148.6	23.4	2.1	103	85	26.8	..
法属波利尼西亚	..	..	..	..	..	..	95	65	11.2	..
加蓬	..	50	..	17.0	..	1.2	161	24	..	36.7
冈比亚	..	25	..	53.8	..	1.5	138	17	0.0	64.4
格鲁吉亚	5.65	3	..	52.6	23.8	2.3	129	48	5.6	88.9
德国	1.29	11	51.0	134.8	11.5	1.2	117	88	16.7	..
加纳	0.90	14	..	35.4	..	0.5	130	23	4.9	68.9
直布罗陀	..	..	..	..	..	..	141	..	..	..
希腊	..	13	21.6	135.7	24.7	2.6	113	67	11.0	..
格陵兰	..	..	..	..	..	..	107	68	12.0	..
格林纳达	2.03	15	..	57.7	19.4	..	112	54	..	51.1
关岛	..	..	..	..	..	..	..	73	..	..
危地马拉	0.52	20	..	42.8	10.9	0.4	111	27	5.0	71.1
几内亚	0.13	8	..	34.3	..	3.8	87	5	1.0	55.6
几内亚比绍	..	9	..	24.7	..	1.8	69	4	..	42.2
圭亚那	..	18	..	56.8	..	1.4	67	38	0.1	57.8
海地	0.06	97	..	32.0	..	0.0	69	12	..	38.9
洪都拉斯	..	13	..	58.9	17.7	1.5	96	20	2.4	77.8
匈牙利	3.66	7	14.5	58.9	23.6	0.8	119	73	13.7	85.6
冰岛	9.48	4	..	107.9	23.7	..	114	98	19.9	..
印度	0.12	26	72.4	76.1	11.0	2.4	78	26	7.5	81.1
印度尼西亚	0.29	25	41.0	46.7	10.7	0.9	132	..	7.0	86.7
伊朗	..	16	27.4	59.0	..	2.3	93	45	..	78.9
伊拉克	0.13	35	..	8.7	0.9	7.3	94	17	..	50.0
爱尔兰	5.78	5	45.1	109.5	19.3	0.4	104	80	26.8	..

5 政府与市场

	企业进入密度	创业所需时间	股票市场资本总额	金融业提供之国内信用	中央政府税收收入	军费支出	移动蜂窝订购[a]	使用互联网个体数[a]	高科技出口	整体统计能力
	每1,000名15-64岁人口	天数	占GDP百分比	占GDP百分比	占GDP百分比	占GDP百分比	每100人	占人口百分比	占制造业出口百分比	(0,低)至(100,高)
	2014	2016年6月	2015	2015	2015	2015	2015	2015	2015	2016
马恩岛	45.27	..	..	..	..	..	..	..	..	..
以色列	3.11	12	81.5	82.3	23.4	5.4	133	77	19.7	..
意大利	2.32	7	27.3	170.7	23.7	1.3	142	66	7.3	..
牙买加	1.00	10	..	49.5	26.8	0.8	112	42	0.1	77.8
日本	0.15	11	111.7	352.5	11.5	0.9	127	91	16.8	..
约旦	0.99	13	67.8	105.5	15.4	4.3	179	53	1.8	71.1
哈萨克斯坦	1.71	9	18.9	45.7	9.8	1.0	157	71	41.2	92.2
肯尼亚	1.80	22	..	45.2	15.5	1.5	81	46	3.8	55.6
基里巴斯	..	31	..	..	23.6	..	39	13	0.7	40.0
朝鲜	..	..	..	..	..	..	13	..	..	..
韩国	2.30	4	89.4	166.5	14.0	2.6	118	90	26.8	..
科索沃	4.27	6	..	31.5	..	0.8	..	..	..	43.3
科威特	..	61	..	87.4	0.8	3.7	232	82	2.7	..
吉尔吉斯斯坦	1.08	10	..	19.4	17.1	3.6	133	30	11.9	85.6
老挝人民民主共和国	..	67	..	..	15.7	0.2	53	18	..	64.4
拉脱维亚	10.61	6	..	58.0	21.4	1.1	128	79	15.1	..
黎巴嫩	..	15	..	206.1	14.3	4.8	92	74	2.1	63.3
莱索托	1.55	29	..	2.6	49.1	1.9	101	16	..	57.8
利比里亚	..	5	..	36.2	0.3	0.7	81	6	..	57.8
利比亚	..	35	..	..	..	..	157	19	..	22.2
列支敦士登	1.17	..	..	..	..	..	109	97	..	..
立陶宛	4.19	6	..	47.3	4.8	1.1	140	71	11.9	..
卢森堡	6.10	17	81.6	194.6	25.6	0.5	149	97	6.8	..
马其顿	3.70	2	..	59.7	..	1.1	99	70	3.0	81.1
马达加斯加	0.70	11	..	18.4	9.9	0.6	44	4	0.2	62.2
马拉维	..	37	..	15.1	15.2	0.7	38	9	2.2	74.4
马来西亚	2.37	19	129.3	144.8	14.3	1.5	144	71	42.8	77.8
马尔代夫	..	12	..	73.3	23.3	..	207	54	..	50.0
马里	..	9	..	25.1	14.5	2.4	140	10	..	65.6
马耳他	17.26	26	45.2	143.3	27.8	0.6	129	76	31.9	..
马绍尔群岛	..	17	..	..	..	..	29	19	..	28.9
毛利塔尼亚	..	8	..	..	..	2.7	89	15	..	58.9
毛里求斯	5.14	7	62.0	116.4	18.3	0.3	141	50	0.1	91.1
墨西哥	0.94	8	35.2	53.8	..	0.7	86	57	14.7	98.9
密克罗尼西亚联邦	..	16	..	-32.7	5.4	..	22	32	..	32.2
摩尔多瓦	..	6	..	37.1	19.6	0.4	108	50	4.0	95.6
摩纳哥	..	..	..	..	..	..	89	93	..	..
蒙古	6.31	6	..	69.4	15.7	0.9	105	21	4.0	82.2
黑山	6.85	10	..	60.0	..	1.6	162	68	..	72.2
摩洛哥	1.54	10	45.7	107.1	..	3.2	127	57	3.5	84.4
莫桑比克	..	19	..	43.1	23.1	1.0	74	9	11.6	71.1
缅甸	..	13	..	33.2	..	3.5	76	22	..	55.6
纳米比亚	0.85	66	..	56.8	33.4	4.8	107	22	2.7	58.9
瑙鲁	..	..	..	..	..	..	..	..	..	..
尼泊尔	0.69	17	..	75.3	16.8	1.5	97	18	0.6	70.0
荷兰	5.34	4	97.1	208.3	21.7	1.2	124	93	19.9	..
新喀里多尼亚	..	..	..	..	..	..	99	74	5.0	..

政府与市场 5

	企业进入密度	创业所需时间	股票市场资本总额	金融业提供之国内信用	中央政府税收收入	军费支出	移动蜂窝订购[a]	使用互联网个体数[a]	高科技出口	整体统计能力
	每1,000名15-64岁人口	天数	占GDP百分比	占GDP百分比	占GDP百分比	占GDP百分比	每100人	占人口百分比	占制造业出口百分比	(0,低)至(100,高)
	2014	2016年6月	2015	2015	2015	2015	2015	2015	2015	2016
新西兰	16.63	1	42.8	..	27.8	1.2	122	88	9.6	..
尼加拉瓜	..	13	..	48.2	15.7	0.6	116	20	0.5	70.0
尼日尔	..	10	..	16.6	..	..	46	2	14.2	71.1
尼日利亚	0.76	25	10.4	23.1	1.5	0.4	82	47	2.1	67.8
北马里亚纳群岛	..	..	..	..	..	..	..	..	..	..
挪威	7.72	4	50.2	144.9	22.4	1.5	111	97	20.5	..
阿曼	1.02	6	58.9	64.6	2.5	14.2	160	74	4.1	..
巴基斯坦	0.04	18	..	48.6	10.0	3.6	67	18	1.6	75.6
帕劳	..	28	..	..	..	..	112	..	40.7	48.9
巴拿马	14.10	6	..	83.5	..	0.0	174	51	0.0	73.3
巴布亚新几内亚	..	41	..	51.0	..	0.7	47	8	..	50.0
巴拉圭	..	35	..	49.3	13.0	1.7	105	48	5.7	70.0
秘鲁	2.44	26	29.9	28.0	15.0	1.6	110	41	4.7	93.3
菲律宾	0.27	28	81.7	59.1	13.6	1.3	116	41	53.1	82.2
波兰	..	37	28.9	73.2	15.6	2.2	143	68	8.8	77.8
葡萄牙	4.62	5	30.1	166.9	22.9	1.9	110	69	4.6	..
波多黎各	..	6	..	..	..	..	87	79	..	..
卡塔尔	1.70	9	86.6	121.9	..	..	159	93	3.4	..
罗马尼亚	4.07	12	..	37.5	18.9	1.4	107	56	7.5	77.8
俄罗斯联邦	4.20	10	29.5	54.5	10.9	5.0	160	70	13.8	81.1
卢旺达	1.49	4	..	19.6	14.0	1.2	70	18	13.0	70.0
萨摩亚	1.04	9	..	76.1	22.7	..	62	25	0.4	54.4
圣马力诺	..	12	..	..	..	..	115	..	..	..
圣多美和普林西比共和国	3.04	5	..	23.2	..	..	65	26	42.3	60.0
沙特阿拉伯	..	16	65.2	20.8	..	13.5	177	70	0.8	..
塞内加尔	0.30	6	..	38.9	19.8	1.6	100	22	3.6	75.6
塞尔维亚	1.62	7	..	54.5	..	1.9	121	65	..	90.0
塞舌尔	..	32	..	34.1	28.3	1.3	158	58	7.2	70.0
塞拉利昂	0.32	10	..	18.3	8.6	0.8	90	3	0.4	63.3
新加坡	9.51	3	218.6	121.1	13.8	3.2	147	82	49.3	..
荷属圣马丁	..	..	..	..	..	..	..	..	..	..
斯洛伐克	3.10	12	4.9	73.8	15.9	1.1	122	78	10.3	83.3
斯洛文尼亚	4.44	7	14.1	71.3	18.6	1.0	113	73	6.4	..
所罗门群岛	..	9	..	24.9	29.8	..	73	10	2.8	48.9
索马里	..	70	..	..	..	0.0	52	2	..	20.0
南非	6.54	43	234.0	178.1	27.5	1.1	165	52	5.9	82.2
南苏丹	0.33	14	..	39.5	..	10.9	24	18	..	37.8
西班牙	2.97	13	65.7	194.6	14.5	1.2	108	79	7.1	..
斯里兰卡	0.51	9	25.3	66.9	12.1	2.2	111	30	0.8	83.3
圣基茨和尼维斯	..	19	..	83.1	20.4	..	132	76	..	53.3
圣卢西亚	0.56	11	..	97.7	22.9	..	102	52	5.2	64.4
圣马丁岛	..	..	..	..	..	..	..	..	..	..
圣文森特和格林纳丁斯	1.37	10	..	59.5	..	..	104	52	8.3	60.0
苏丹	..	37	..	18.1	..	..	71	27	..	63.3
苏里南	1.36	85	..	50.5	..	..	137	43	20.7	65.6
斯威士兰	..	30	..	16.5	..	1.8	73	30	..	55.6
瑞典	6.87	7	..	151.4	27.1	1.1	130	91	14.3	..

 环境 经济 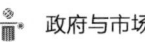 政府与市场 全球联系 后缀

5 政府与市场

	企业进入密度	创业所需时间	股票市场资本总额	金融业提供之国内信用	中央政府税收收入	军费支出	移动蜂窝订购[a]	使用互联网个体数[a]	高科技出口	整体统计能力
	每1,000名15-64岁人口 2014	天数 2016年6月	占GDP百分比 2015	占GDP百分比 2015	占GDP百分比 2015	占GDP百分比 2015	每100人 2015	占人口百分比 2015	占制造业出口百分比 2015	(0,低)至(100,高) 2016
瑞士	2.53	10	226.5	177.1	9.9	0.7	136	87	26.8	..
叙利亚	..	16	..	..	..	..	64	30	..	37.8
塔吉克斯坦	0.26	22	..	20.8	..	1.1	99	19	..	81.1
坦桑尼亚	..	26	..	22.4	12.4	1.1	76	5	0.8	73.3
泰国	0.90	26	88.3	173.4	16.5	1.5	153	39	21.4	85.6
东帝汶	4.63	9	..	-8.8	39.9	2.6	117	13	9.8	66.7
多哥	0.26	6	..	42.0	20.0	1.7	68	7	0.4	68.9
汤加	1.91	16	..	33.5	..	..	69	45	2.4	52.2
特立尼达和多巴哥	..	11	..	39.8	..	1.1	158	69	..	61.1
突尼斯	1.52	11	..	90.2	..	2.3	130	49	6.3	76.7
土耳其	1.13	7	26.3	92.9	21.8	2.1	96	54	2.2	77.8
土库曼斯坦	..	..	..	..	..	..	146	15	..	34.4
特克斯和凯科斯群岛	..	..	..	..	..	..	..	..	..	..
图瓦卢	..	..	..	..	..	..	40	43	..	40.0
乌干达	1.17	26	..	17.1	10.3	1.2	50	19	1.8	68.9
乌克兰	0.92	5	..	85.6	20.5	4.0	144	49	7.3	83.3
阿联酋	1.38	8	52.9	100.2	0.1	5.7	187	91	8.5	..
英国	12.90	5	..	162.5	25.4	1.9	124	92	20.8	..
美国	..	6	139.0	237.0	11.4	3.3	118	74	19.0	..
乌拉圭	2.49	7	..	36.3	18.5	1.8	160	65	13.8	88.9
乌兹别克斯坦	0.64	6	..	..	..	..	73	43	..	48.9
瓦努阿图	..	18	..	65.6	..	..	66	22	..	50.0
委内瑞拉	..	230	..	61.9	..	1.2	93	62	1.1	82.2
越南	..	24	26.8	128.3	19.1	2.4	131	53	26.9	82.2
美属维尔京群岛	..	..	..	..	..	..	..	55	..	..
约旦河西岸和加沙地区	..	44	26.3	11.2	5.6	..	78	57	..	70.0
也门	..	41	..	30.1	..	4.0	68	25	4.7	47.8
赞比亚	1.33	9	..	29.7	..	1.8	74	21	5.3	53.3
津巴布韦	..	91	..	..	..	2.6	85	16	2.9	55.6
全球	4.01u	21u	97.0w	174.9w	15.8w	2.3w	98w	44w	18.3w	..u
东亚与太平洋地区	8.28	21	100.8	212.4	12.1	1.7	104	50	25.2	73.6 c,d
欧亚与中亚地区	4.63	10	53.2	140.4	19.4	1.7	125	71	16.1	77.8 c,d
拉丁美洲与加勒比地区	1.98	31	30.3	74.3	..	1.3	111	55	11.5	78.2 c,d
中东与北非地区	4.20	20	57.8	69.5	..	7.7	113	44	4.6	62.1 c,d
北美地区	1.28	4	136.1	237.0	11.5	3.1	114	76	18.1	..
南亚地区	0.23	16	70.6	71.3	10.9	2.3	78	24	6.9	72.6 d
撒哈拉以南非洲地区	2.28	27	..	58.0	15.8	1.2	76	22	4.0	59.9 c,d
中、低收入地区	2.19	25	60.4	124.4	12.5	2.0	93	37	19.2	68.5 d
低收入地区	0.52	25	..	26.0	..	1.4	60	9	3.4	59.1 d
中等偏下收入地区	1.82	20	52.4	63.8	11.4	1.8	90	29	11.3	69.8 d
中等偏上收入地区	2.82	30	62.3	143.2	12.5	2.1	105	52	20.7	73.9 d
高收入地区	6.65	11	117.4	203.7	16.1	2.4	124	80	17.9	..

a. 数据来自国际电信联盟（ITU）世界电信/ICT指标数据库。如供第三方使用，请引用ITU。b. 有别于中国政府公布官方数值（1.3%；见中国国家统计局，www.stats.gov.cn）。c. 排除了高收入国家。d. 排除了人口不足100万的国家。

政府与市场 5

关于数据

创业活动

进入某一经济体的新企业率是对其活力与活跃程度的衡量。企业进入密度数据来自世界银行2015年创业数据库，包含的指标覆盖了2004—2014年的逾150个国家。调研数据用于分析公司创立、同经济增长与贫困减少之间的关系以及管理与制度改革的影响。已注册企业数据由各国企业监管局收集，只包括以正规部门运作的有限责任公司。更多来源、方法以及数据局限性相关信息，见www.doingbusiness.org/data/exploretopics/entrepreneurship.

创立企业所需时间的数据来自营商数据库（Doing Business database），其指标衡量商业规程，测量管理结果，并衡量法律保护财产的程度、雇佣法规的灵活性以及企业的税赋压力。基本前提在于，经济活动需要良好的规则与规章，且必须有效、可行、易于实施。部分指标更看重更详尽的规章，如关联方交易中更为严格的资料公开要求；其他指标则更看重简化的规章，如完成创业手续的一站式服务。共有11组指标，涵盖创业、等级财产、处理施工许可、接电、执行合同、获取信用、保护投资者、纳税、跨境贸易、处理破产以及雇佣员工。指标可于网站www.doingbusiness.org获取。

"营商"数据通过标准化调研收集；调研使用了简单的企业案例以保证跨经济体与跨时间的可比性，并对企业的法律形式、规模、地理位置以及运营的性质都做了假设。190个国家的调研由超过10,700名当地专家进行管理，包括律师、企业顾问、会计、货运代理、政府官员以及其他定期对法律及规章要求进行管理或建议的职业人。

《2017经商报告》拓展了纳税指标以覆盖后申请程序（如退税、审计、行政税务上诉），并在11个指标组的4个之中涵盖了性别分类：创业、登记财产、执行合同以及劳动力市场规章（2016年获取了按性别分类的数据）。为方便进行排序，"营商"于三年前改变了基本原则，从百分等级变为与前沿距离分数。与前沿得分的差距通过衡量管理的最佳实务来对各经济体进行基准测试——显示出各个经济体的表现与每一指标中的最好表现之间的差距。使用这种衡量方式作为基本原则，比起从前单纯的排名，可以捕捉更多信息：不仅展示了各经济体于各指标之中的表现排序，还体现了各自之间的差距。

"营商"方法有几方面的局限性。第一，收集之数据指向该经济体最大商业城市中的企业，可能无法代表该经济体其他地区的管理情况。为处理这种情况，在选定经济体内收集了亚国家层面指标，覆盖面也延伸至经济体（人口超过1亿的）中的第二大商业城市。亚国家层面指标表明，同一经济体内，不同城市之间，存在着改革速度与经商难易程度的巨大差异。第二，数据往往关注某一特定的企业形式——通常为特定规模的有限责任公司——因而可能无法反映其他形式企业的管理情况，如独资公司。第三，标准企业案例所述交易，指向一组特定的问题，可能无法代表一家企业遭遇的所有问题。第四，时间衡量包含被调查专家的判断元素。当数据来源指向不同估算结果时，"营商"时间指标代表基于标准化案例假设所作回答的中位数。第五，该方法默认为一家企业充分了解所需之事，且不浪费时间于完成程序。在构建指标之时，默认为企业家了解所有规章并遵守。在实际操作中，企业家可能并不知晓所有必要程序，或完全规避法律要求的程序。

金融体系

一经济体的金融市场发展，与其全盘发展联系紧密。运作良好的金融体系中，信息健全且易于获取。这能降低交易成本，反过来改善资源配置并推动经济增长（Beck与Levine 2001）。发展水平较低的经济体中，商业银行常常主导着金融体系，而在水平较高的经济体中，国内股市更为活跃且高效。

拥有健全宏观经济政策、良好司法体系以及股东保护的开放型经济体，能够吸引资本，进而拥有更庞大的金融体系（Claessens, Klingebiel，与Schmukler 2002）。表格包括市场资本总额占国内生产总值的比重，用以衡量股市规模。市场规模也可使用其他方式衡量，但可能形成不同的国家排序。

5 政府与市场

对于股市发展的最新研究表明，现代通讯技术以及金融一体化加强引起了跨境资本流动增多，全球金融企业存在感增强，贸易活动向国际证券交易所迁移。新兴市场中的许多企业在数家国际证券交易所中交叉上市，以获得成本更低的资本与交易流动性更强的股份。然而，这同时也意味着新兴市场中的交易所没有足够的金融活动得以维持。跨国可比性或受限于概念或统计的薄弱环节，如不准确的报告与不同会计标准之间的差异。

国内信用（金融业所提供）对于国内生产总值的占比从规模上衡量银行业深度以及金融业发展情况。数据取自国际货币基金组织（IMF）《国际金融统计》中的"金融公司调研"；当《统计》中的"存托公司调研"可用时，使用该调研数据。"金融公司调研"包括金融当局（中央银行）、存款货币银行以及其他银行机构，如金融公司、发展银行以及储蓄贷款机构。在少数国家，政府持有国际储备作为银行体系的存款，而非中央银行的存款。对中央政府之债权为净条目（对中央政府之债权减去中央政府存款），因而可能为负，造成金融行业提供给国内信用的为负值。

税收收入

税收是多数国家主要的收入来源。税收收入占国内生产总值的比例提供了私营部门的财政义务与对其激励的概览。表格展示了中央政府数据，可能与总的税收负担相去甚远（特别是在地方政府与市政府众多或拥有相当税收权力的国家）。数据基于国际货币基金组织（IMF）《政府财政统计手册2014》。

税收收入占国内生产总值的比例较低，可反映出行政不力以及大规模避税或逃税。低占比同时可反映出存在另一相当规模的平行经济体，其收入未记录、未公开。税收收入通常随收入一同增加，高收入国家比起低收入国家，更能依靠税收来负担更为全面的社会服务与社会安全。

军费支出

虽然国防是政府的一项重要职能，但国防或民事冲突的高昂开支，会给经济带来负担，从而阻碍经济增长。军费支出对于国内生产总值的占比是一种大致指标，表明国内资源用于军事活动的比例。作为一种对"输入"的衡量，军费支出并不直接同军事活动、能力以及安全的"产出"相关联。跨国对比需考虑诸多因素，包括历史与文化传统、需设防边境线长度、同邻国的关系质量以及政治体中武装部队所扮演的角色。

数据来自斯德哥尔摩国际和平研究所（SIPRI），其军费支出数据的主要来源为各国政府提供的官方数据。这些数据源于预算文件、国防白皮书以及其他政府官方机构提供的公共文书，包括政府对SIPRI、联合国裁军事务办公室或欧洲安全与合作组织所发问卷的回答。次级来源包括国际统计，如北大西洋公约组织（NATO）所作统计与国际货币基金组织（IMF）的《政府财政统计年鉴》。其他次级来源包括经济学人智库的各国报告、IMF工作人员完成的各国报告以及专业期刊与报纸。

许多情况下，SIPRI无法做出独立估算，此时将使用各国提供的数据。由于定义上的差异以及证实数据准确性与完整度的困难，因此数据并非始终具备跨国可比性。不过，SIPRI首先保证，一国之数据序列，具有时间上的可比性。更多SIPRI军费支出项目相关信息，可于网站www.sipri.org/research/armaments/milex中获取。

基础设施

经济体的基础设施质量，包括信息与通讯技术，是投资决策与经济发展的重要元素。

据国际电信联盟（ITU）估算，2016年，全球共有73亿移动订购数。从未有其他技术以如此速度席卷全球。移动通讯对于农村地区的影响尤为重要。移动性、使用便捷、灵活的调配以及不断降低的无线技术推广成本，使得移动通讯普及到了收入与文化程度依然很低的农村人口。未来新增的10亿用户将主要由农村人口组成。

政府与市场 5

运营商向来都是通讯数据的主要来源，因此对于多数国家，订购信息都广泛可用。这使我们对网络的使用情况有了大致了解，但更为准确的衡量标准称为普及率——能够使用通讯的家庭占比。过去数年之中，更多关于信息与通讯技术使用的信息，逐渐可以从户口调研与企业调研之中获取。通讯服务实际使用的数据也同样重要。由于涉及数据提供与数据可用性的规章存在不同，不同国家报告之中，数据质量差异明显。

高科技出口

判定高科技出口的方法，由经济合作与发展组织同欧盟统计局合作开发而成。该方法基于来自德国、意大利、日本、荷兰、瑞典以及美国的不同种类产品的研发强度（支出除以销售总额），采用产品法（而非部门法）。由于专门从事某几种高科技产品的工业部门也可能生产低科技产品，因此产品法更适合国际贸易。此方法只考虑了研究与开发强度，但高科技的其他特征同样重要，如专业技术、科技人员以及体现于专利之中的技术。考虑这些特征将产生一份不同的列表（见Hatzichronoglou 1997）。

统计能力

统计能力指一国之收集、分析并分解有关其人口与经济的高质量数据的能力。当统计能力提高，决策者利用准确统计数据来指导决策之时，该国将得到更好的发展政策设计与成果。统计能力指标是追踪世界银行客户国家统计能力的重要工具，并能帮助全球各国统计局明确各自在收集、产生与使用数据上的差距。

定义

"**企业进入密度**"指每1,000名15—64岁人中，新注册有限责任公司的数量。"**创业所需时间**"指使用最快程序（不计成本），完成合法创办一家企业所有程序的自然日数。"**股票市场资本总额**"指股价乘以国内上市公司已发行（包括其不同种类）股数。投资基金、单位信托基金以及以持有其他上市公司股份为唯一企业目标的公司，不在此列。"**金融业提供之国内信用**"指向各行各业提供的净信用，但不包括中央政府。金融业包括金融当局、存款货币银行以及其他数据可用的银行业机构。"**中央政府税收收入**"指为公共用途向中央政府的强制转移。特定强制转移，如罚款、罚金以及大部分社会保险税已被排除。对错误征收的税收收入的退款或纠正，视为负收入。国际货币基金组织（IMF）《政府财政统计手册2001》（GFSM2001）的分析框架依据权责发生制与资产负债表而来。由于各国仍按现金报告政府财政数据，IMF将所报数据按照GFSM2001权责发生制框架进行了调整。"**军费支出**"指源于北大西洋公约组织先前定义（2002年停用）的斯德哥尔摩国际和平研究所（SIPRI）数据，包括用于武装部队的一切经常性支出与资本性支出；武装部队包括维和部队、国防部门及其他参与国防项目的政府机构、预备部队（若判定为为军事行动而受训并装备）以及军事航天活动。这些支出覆盖军事人员与文职平民，包括军事人员的退伍金与社会福利、行动与维护、采购、军事研发以及军事援助（计入援助国的军费支出中）。排除在外的：民防以及过往军事活动的经常性支出，如老兵福利、复员以及武器的转换或销毁。然而，这一定义若适用于全部国家，则需更为详尽的军费预算与预算外军费支出的信息（例如，军费预算是否涵盖民防、储备与附属部队、警力与预备部队以及军人抚恤金），因而不可能适用于所有国家。"**移动蜂窝订购**"指，能使用蜂窝技术，将用户接入公共交换电话网的公共移动电话服务的订购数量。后付费订购以及活跃预付费账户（即账户于三个月内使用过）也包含其中。指标适用于所有提供语音通讯的移动蜂窝订购，排除数据卡或USB（通用串行总线）调制解调器订购、公共移动数据服务订购、私人信道无线电、无线电话中继站、无线电寻呼以及遥测服务。"**使用互联网个体数**"指过去三个月中，使用过互联网（无论何地）的个体占比。互联网可通过电脑、移动电话、个人数字助理、游戏机、数字

5 政府与市场

电视或类似设备。"**高科技出口**"指具有高研发强度的产品，如航空航天、计算机、药物、科学仪器以及电力机械等领域产品。"**整体统计能力**"指对一国统计系统能力进行评估的综合得分。该得分基于一套诊断框架，对方法、数据来源以及周期性与时效性进行评估。该框架使用公共可用信息与各国输入，对照这些领域的25项标准为各国评分。整体统计能力得分通过将三个领域的得分（0—100）取平均数而得。

数据来源

商业进入密度数据来自世界银行企业家数据库（www.doingbusiness.org/data/exploretopics/entrepreneurship）。创业所需时间来自世界银行经商项目（www.doingbusiness.org）。市场资本总额数据来自全球证券交易所联合会。国内信用数据来自国际货币基金组织（IMF）《国际财政统计》。中央政府税收收入数据来自IMF《政府财政统计年鉴》及其数据库。军费支出数据来自斯德哥尔摩国际和平研究所（SIPRI）军费支出数据库（www.sipri.org/research/armaments/milex/milex_database/milex_database）。移动蜂窝电话订购数据与使用互联网个体数数据，来自国际电信联盟（ITU）世界电信/世界通讯技术（ICT）指标数据库。高科技出口数据来自联合国统计司商品贸易（Comtrade）数据库（http://comtrade.un.org）。统计能力指标数据来自世界银行统计能力公告栏（http://bbsc.worldbank.org）。

参考文献

Beck, T., and R. Levine. 2001. "Stock Markets, Banks, and Growth: Correlation or Causality?" Policy Research Working Paper 2670. World Bank, Washington, DC.

Claessens, S., D. Klingebiel, and S.L. Schmukler. 2002. "Explaining the Migration of Stocks from Exchanges in Emerging Economies to International Centers." Policy Research Working Paper 2816, World Bank, Washington, DC.

Hatzichronoglou, T. 1997. "Revision of the High-Technology Sector and Product Classification." STI Working Paper 1997/2. Organisation for Economic Co-operation and Development, Paris.

IMF (International Monetary Fund). Various years. *Government Finance Statistics Manual*. Washington, DC.

———. Various issues. *Government Finance Statistics Yearbook*. Washington, DC.

———. Various issues. *International Financial Statistics*. Washington, DC.

政府与市场 5

在线表格与指标

获取"世界发展指标"在线表格,请访问 http://wdi.worldbank.org/table/ 并键入表格编号(例如,键入 http://wdi.worldbank.org/table/5.1)。直接获取特定"世界发展指标"指标,使用链接 http://data.worldbank.org/indicator/ 加指标编号(例如,键入 http://data.worldbank.org/indicator/IE.PPI.TELE.CD)。

5.1 经济中私营部门
电信投资	IE.PPI.TELE.CD
能源投资	IE.PPI.ENGY.CD
运输投资	IE.PPI.TRAN.CD
水与卫生投资	IE.PPI.WATR.CD
私营部门的国内信贷	FS.AST.PRVT.GD.ZS
新登记企业	IC.BUS.NREG
登记企业密度	IC.BUS.NDNS.ZS

5.2 商业环境:企业调研
用于应付官员的管理时间	IC.GOV.DURS.ZS
会见税务官员的平均次数	IC.TAX.METG
获取营业执照所需时间	IC.FRM.DURS
贿赂发生率	IC.FRM.BRIB.ZS
由盗窃、抢劫、破坏和纵火所致的损失	IC.FRM.CRIM.ZS
同未注册公司竞争的公司	IC.FRM.CMPU.ZS
有女高管的企业	IC.FRM.FEMM.ZS
利用银行提供运营资本的公司	IC.FRM.BKWC.ZS
电力中断导致的价值损失	IC.FRM.OUTG.ZS
拥有国际认可的质量认证	IC.FRM.ISOC.ZS
出口清关平均时间	IC.CUS.DURS.EX
提供正规培训的公司	IC.FRM.TRNG.ZS

5.3 商业环境:经商指标
创业所经程序数量	IC.REG.PROC
创业所需时间	IC.REG.DURS
创业成本	IC.REG.COST.PC.ZS
财产登记所经程序数量	IC.PRP.PROC
财产登记所需时间	IC.PRP.DURS
建立仓库所经程序数量	IC.WRH.PROC
建立仓库所需时间	IC.WRH.DURS
接通电所需时间	IC.ELC.TIME
执行合同所需时间	IC.LGL.DURS
企业信息披露指数	IC.BUS.DISC.XQ
处理破产所需时间	IC.ISV.DURS

5.4 股票市场
市场资本总额,美元	CM.MKT.LCAP.CD
市场资本总额,占GDP百分比	CM.MKT.LCAP.GD.ZS
股票交易价值	CM.MKT.TRAD.GD.ZS
交易额占比	CM.MKT.TRNR
国内上市公司	CM.MKT.LDOM.NO
S&P全球股票指数	CM.MKT.INDX.ZG

5.5 金融渠道、稳定性与效率
法律权利力度指数	IC.LGL.CRED.XQ
征信信息深度指数	IC.CRD.INFO.XQ
商业银行的存款人	FB.CBK.DPTR.P3
商业银行的借款人	FB.CBK.BRWR.P3
商业银行分支机构	FB.CBK.BRCH.P5
自动取款机	FB.ATM.TOTL.P5
银行资本对资产的比值	FB.BNK.CAPA.ZS
银行不良贷款与贷款总额的比率	FB.AST.NPER.ZS
银行贷与私营部门的国内信用	FD.AST.PRVT.GD.ZS
利差	FR.INR.LNDP
贷款的风险溢价	FR.INR.RISK

5.6 税收政策
中央政府税收	GC.TAX.TOTL.GD.ZS
企业支付税种	IC.TAX.PAYM
筹备、申报以及支付税款所需时间	IC.TAX.DURS
利润税	IC.TAX.PRFT.CP.ZS
劳动税和缴费	IC.TAX.LABR.CP.ZS
其他企业税	IC.TAX.OTHR.CP.ZS
商业总税率	IC.TAX.TOTL.CP.ZS

5.7 军费支出与武器转移
军费支出,占GDP百分比	MS.MIL.XPND.GD.ZS
军费支出,占中央政府支出百分比	MS.MIL.XPND.ZS
武装人员	MS.MIL.TOTL.P1
武装人员,占同劳动力百分比	MS.MIL.TOTL.TF.ZS
武器出口	MS.MIL.XPRT.KD
武器进口	MS.MIL.MPRT.KD

5.8 脆弱情况
国际开发协会(IDA)资源分配指数	IQ.CPA.IRAI.XQ
维和军队、警察以及军事观察员	VC.PKP.TOTL.UN
战争相关死亡	VC.BTL.DETH
蓄意谋杀	VC.IHR.PSRC.P5
军费支出	MS.MIL.XPND.GD.ZS
由盗窃、抢劫、破坏和纵火所致的损失	IC.FRM.CRIM.ZS
同未注册公司竞争的公司	IC.FRM.CMPU.ZS
受雇佣儿童 ♀♂	SL.TLF.0714.ZS
难民,按来源国家	SM.POP.REFG.OR
难民,按避难国家	SM.POP.REFG

5 政府与市场

国内流离失所者	VC.IDP.TOTL.HE
获取改善后水资源	SH.H2O.SAFE.ZS
获取改善后卫生设施	SH.STA.ACSN
产妇死亡率，各国估算	SH.STA.MMRT.NE
产妇死亡率，模拟估算	SH.STA.MMRT
5岁以下死亡率 ♀♂	SH.DYN.MORT
食品短缺程度	SN.ITK.DFCT
初等教育总入学率 ♀♂	SE.PRM.ENRR

5.9 公共政策与制度

国际开发协会（IDA）资源分配指数	IQ.CPA.IRAL.XQ
国家政策和制度评估(CPIA)宏观经济管理评级	IQ.CPA.MACR.XQ
国家政策和制度评估(CPIA) 财政政策评级	IQ.CPA.FISP.XQ
国家政策和制度评估(CPIA) 债务政策评级	IQ.CPA.DEBT.XQ
国家政策和制度评估(CPIA) 经济管理集群均值	IQ.CPA.ECON.XQ
国家政策和制度评估(CPIA) 贸易评级	IQ.CPA.TRAD.XQ
国家政策和制度评估(CPIA) 金融部门评级	IQ.CPA.FINS.XQ
国家政策和制度评估(CPIA)企业监管环境评级	IQ.CPA.BREG.XQ
国家政策和制度评估(CPIA)结构政策集群平均值	IQ.CPA.STRC.XQ
国家政策和制度评估(CPIA) 性别平等评级	IQ.CPA.GNDR.XQ
国家政策和制度评估(CPIA)公共资源使用公平性评级	IQ.CPA.PRES.XQ
国家政策和制度评估(CPIA) 人力资源建设评级	IQ.CPA.HRES.XQ
国家政策和制度评估(CPIA) 社会保障评级	IQ.CPA.PROT.XQ
国家政策和制度评估(CPIA) 环境可持续性政策和制度评级	IQ.CPA.ENVR.XQ
国家政策和制度评估(CPIA) 社会包容性/公平政策集群平均值	IQ.CPA.SOCI.XQ
国家政策和制度评估(CPIA) 财产权和基于规则的治理评级	IQ.CPA.PROP.XQ
国家政策和制度评估(CPIA)预算和金融管理质量评级	IQ.CPA.FINQ.XQ
国家政策和制度评估(CPIA)收入动员效率评级	IQ.CPA.REVN.XQ
国家政策和制度评估(CPIA)公共管理质量评级	IQ.CPA.PADM.XQ
国家政策和制度评估(CPIA) 公共部门透明度、问责性和腐败评级	IQ.CPA.TRAN.XQ
国家政策和制度评估(CPIA) 公共部门管理和机构集群平均值	IQ.CPA.PUBS.XQ

5.10 运输服务

铁路线	IS.RRS.TOTL.KM
铁路客运量	IS.RRS.PASG.KM
铁路运货量	IS.RRS.GOOD.MT.K6
港口集装箱吞吐量	IS.SHP.GOOD.TU
航空运输量，注册承运人全球出港量	IS.AIR.DPRT
航空客运量	IS.AIR.PSGR
航空货运量	IS.AIR.GOOD.MT.K1

5.11 电力与通讯

人均耗电量	EG.USE.ELEC.KH.PC
输配电损耗	EG.ELC.LOSS.ZS
固话用户量	IT.MLT.MAIN.P2
移动电话用户量	IT.CEL.SETS.P2
固话国际语音通讯量	..a
移动蜂窝网络国际语音通讯量	..a
移动蜂窝网络覆盖人口	..a
固话子网	..a
移动蜂窝子网	..a
电信收入	..a
每位员工移动蜂窝与固话用户数	..a

5.12 信息社会

有电视的家庭	..a
有电脑的家庭	..a
使用互联网的个体	..a
固定宽带互联网用户数	IT.NET.BBND.P2
国际互联网带宽	..a
固定宽带子网	..a
安全互联网服务器	IT.NET.SECR.P6
信息和通信技术(ICT) 商品，出口	TX.VAL.ICTG.ZS.UN
信息和通信技术(ICT) 商品，进口	TM.VAL.ICTG.ZS.UN
信息和通信技术(ICT) 服务，出口	BX.GSR.CCIS.ZS

5.13 科技

研究与开发（R&D），研究人员	SP.POP.SCIE.RD.P6
研究与开发（R&D），技术人员	SP.POP.TECH.RD.P6
科技期刊文章	IP.JRN.ARTC.SC
R&D 支出	GB.XPD.RSDV.GD.ZS
高科技出口，美元	TX.VAL.TECH.CD
高科技出口，占制造业出口百分比	TX.VAL.TECH.MF.ZS
知识产权使用费，接收	BX.GSR.ROYL.CD
知识产权使用费，支付	BM.GSR.ROYL.CD
专利申请量，常住居民	IP.PAT.RESD
专利申请量，非常住居民	IP.PAT.NRES
商标申请量，常住居民	IP.TMK.RSCT
商标申请量，非常住居民	IP.TMK.NRCT
工业设计申请量，常住居民	IP.IDS.RSCT
工业设计申请量，非常住居民	IP.IDS.NRCT

5.14 统计能力

统计能力总体水平	IQ.SCI.OVRL
方法评估	IQ.SCI.MTHD
来源数据评估	IQ.SCI.SRCE
频率与时效性评估	IQ.SCI.PRDC

♀♂ 表示按性别分列的数据可于《世界发展指标》数据库中获取。
a.在线提供，只作为表格的一部分，而非独立指标。

全球联系

全球联系展示了流动与交流的概况，这些流动与交流使世界经济以及各国经济得以增长与发展。指标衡量贸易中商品与服务的规模与流向、援助与其他资金流动的规模与流向、人口流动的规模与流向，并衡量政策干预的影响。这些数据还有利于阐释"可持续发展目标17"，该目标旨在加强全球合作，以实现可持续发展。

2015年，世界贸易总量增长2.7个百分点，基本与国内生产总值增长平行，但由于原油与其他商品价格大幅下跌、汇率波动，全球商品贸易总值反而下降了14个百分点，降至16万亿美元。亚洲及资源型经济体对于进口的需求放缓，而美国与欧盟的进口需求增加。中低收入国家的商品贸易占比持续增高，由2005年的33%，升至2015年的42%。

中低收入国家的国际资金流动于2008年全球经济危机后，首次显示流出（1,840亿美元），主要原因在于短期债务收缩，由2014年1,300亿美元的净流入，转为2015年3,980亿美元的流出。长期债务流动减少了一半，减至2,140亿美元。虽然债券的发行减少，但仍占据了2015年半数以上的长期债务流动。

全球外商直接投资流入反弹，2015年回升20%——主要原因在于向高收入经济体的流动增加了35%。该增加值的很大一部分来自企业的重新配置；这类企业的交易往往涉及国际收支平衡的大幅波动，而实际操作却基本不会发生改变。2015年，全球外商直接投资（1.5万亿美元）的70%都将高收入国家选为目标。中国、巴西以及印度，占据了一半以上向中低收入国家的外商直接投资流入；外商直接投资2015年总体下降了4个百分点，反映出公司间拆借的收缩。

2015年，以私人转账及员工报酬形式的国际汇款增速大幅减缓。由于欧洲经济增长疲软，俄罗斯经济衰退，欧元与卢布的贬值，该增幅仅为0.4%，为5,520亿美元。2015年，全球汇款（4,210亿美元）中，超过四分之三流入中低收入国家，在为经济提供资金支持中扮演了重要角色。国际移民数量持续增加，2015年已突破2.5亿人。

2011年年底至2015年年底，全球旅游外汇收入对总出口的占比提高了21个百分点。长久以来，旅游外汇收入被公认为能极大助力经济与发展、增加就业机会，同时还是外汇收入的重要来源。不仅如此，旅游外汇收入还在最不发达国家出口收入来源中，位居前列。连续四年增长之后，2015年，全球旅游收入对总出口的占比再次提高，由6.3%升至6.7%，突出了旅游业作为全球出口的一部分，不断提高的重要性。2015年，欧洲与东亚地区依旧是接待国际游客最多的地区。对于如阿鲁巴岛、巴哈马群岛、马尔代夫、圣马丁岛和瓦努阿图等小型岛屿经济体，旅游外汇收入占总出口的68%以上。

旅游

2015年国际旅游接待量（占总出口百分比）

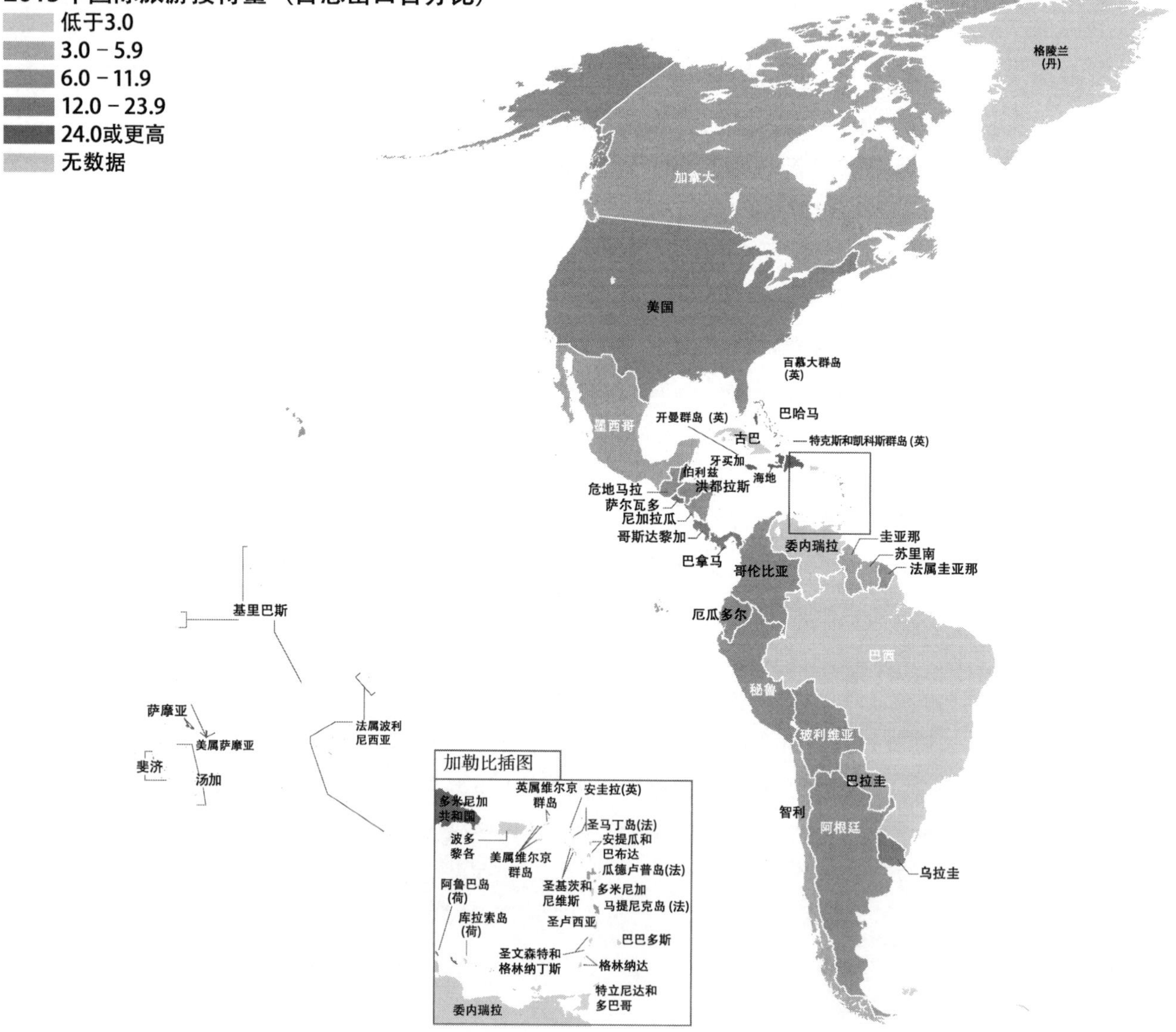

- 低于3.0
- 3.0 – 5.9
- 6.0 – 11.9
- 12.0 – 23.9
- 24.0或更高
- 无数据

2015年，马尔代夫的出口中，近85%来自旅游外汇收入。

2015年，美国领跑全球旅游收入，为2,460亿美元。

2015年，中东与北非地区的旅游外汇收入对总出口的占比，提高了48.4%。

2015年，刚果民主共和国与也门的旅游外汇收入下跌了逾90%。

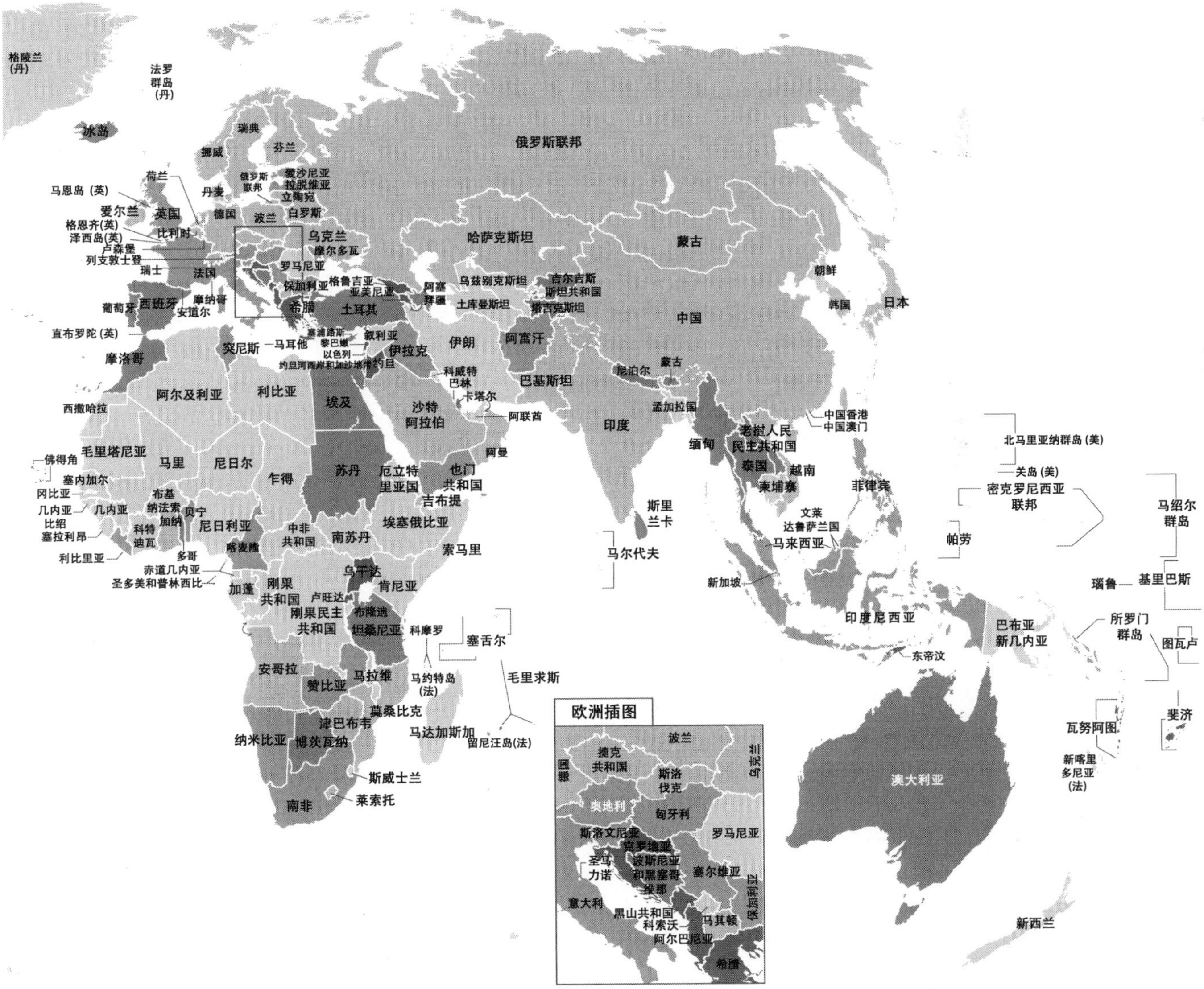

6 全球联系

	商品交易	价格贸易条件指数	入境旅游消费	净官方发展援助	净移民	个人汇款	对外直接投资	证券组合股权	外债总量	总债务还本付息额
	占GDP百分比	2000=100	占出口百分比	占GNI百分比	千人	接收（百万美元）	净流入（百万美元）	净流入（百万美元）	百万美元	占商品、服务与初级收入出口百分比
	2015	2015	2015	2015	2010—2015	2015	2015	2015	2015	2015
阿富汗	31.3	145.5	7.0	21.7	473	301	169	..	2,489	2.9
阿尔巴尼亚	54.8	88.0	52.0	3.0	-92	1,047	991	63	8,269	27.9
阿尔及利亚	53.5	174.4	0.9	0.1	-143	275	-403		4,677	1.7
美属萨摩亚	..	150.2	..	..	..	..	..	..	..	..
安道尔	..	..	..	..	..	..	..	..	..	..
安哥拉	54.4	149.2	3.4	0.4	102	11	9,282	..	27,991	15.6
安提瓜和巴布达	44.1	55.4	..	..	0	22	154	..	..	..
阿根廷	19.9	146.7	7.1	..	30	483	11,979	239	159,694	24.1
亚美尼亚	45.0	116.0	30.5	3.2	-10	1,491	178	4	8,925	38.7
阿鲁巴岛	..	102.4	68.6	..	1	8	-23	..	..	..
澳大利亚	29.6	148.3	13.2	..	1,023	2,113	38,639	13,846	..	..
奥地利	81.6	88.4	9.1	..	147	2,846	4,302	1,376	..	..
阿塞拜疆	45.1	113.8	12.7	0.1	-16	1,270	4,048	24	13,215	5.2
巴哈马	37.3	76.0	73.4	..	10	..	76	..	..	..
巴林	67.1	87.6	..	..	30	..	-1,463	..	..	..
孟加拉国	36.8	66.5	0.4	1.2	-2,226	15,388	3,380	-118	38,640	4.1
巴巴多斯	47.9	121.4	..	..	2	108	254	..	..	..
白俄罗斯	104.4	98.7	3.1	0.2	121	767	1,652	5	37,876	15.9
比利时	170.0	95.9	3.6	..	270	9,790	-20,797	8,346	..	..
伯利兹	86.7	100.8	36.0	1.6	8	85	59	..	1,330	8.4
贝宁	61.0	105.7	7.9	5.2	-10	304	229	..	2,179	3.6
百慕大群岛	..	80.4	29.8	..	..	1,368	-204	55	..	..
不丹	85.3	120.7	16.8	5.2	10	20	34	..	1,956	17.8
玻利维亚	54.1	99.7	8.1	2.5	-62	1,191	503	13	9,849	8.9
波斯尼亚和黑塞哥维那	87.1	101.9	12.5	2.2	-3	1,801	293	2	12,887	29.7
博茨瓦纳	86.8	90.1	12.6	0.5	20	30	393	0	2,147	3.1
巴西	20.5	106.4	2.8	0.1	16	2,897	75,075	10,030	543,399	38.1
英属维尔京群岛	..	56.6	..	..	..	..	51,606	..	..	..
文莱达鲁萨兰国	71.0	140.1	2.1	..	2	..	173	..	..	..
保加利亚	109.5	112.3	11.1	..	-50	1,495	1,850	-9	37,492	31.6
布基纳法索	44.8	113.8	..	9.6	-125	396	167	..	2,627	4.4
布隆迪	28.0	147.5	1.7	11.9	40	51	50	..	626	13.5
佛得角	38.7	108.7	59.2	9.9	-11	201	78	..	1,520	6.2
柬埔寨	146.0	75.5	..	4.0	-150	397	1,701	..	9,319	6.2
喀麦隆	36.7	141.3	7.1	2.4	-60	242	694	-21	6,558	..
加拿大	54.4	114.4	3.3	..	1,176	1,323	54,702	11,519	..	..
开曼群岛	..	66.8	..	..	..	..	18,987	..	..	..
中非共和国	27.6	81.1	..	30.6	10	..	3	..	662	..
乍得	46.8	120.6	..	5.7	100	..	600	..	1,617	..
海峡群岛	..	..	..	..	4	..	..	..	..	..
智利	52.5	180.7	4.5	0.0	201	127	20,457	-6	..	..
中国	35.9	93.7	4.7	0.0	-1,800	44,445	249,859	14,964	1,418,291	4.7
中国香港	346.0	96.8	11.6	..	150	387	181,047	-42,525	..	..
中国澳门	25.9	89.5	..	..	35	57	338	55	..	..
哥伦比亚	30.7	108.3	0.0	0.5	-145	4,680	11,732	1,760	111,050	28.1
科摩罗	..	146.8	..	11.5	-10	129	5	..	133	..
刚果民主共和国	34.1	106.9	20.3	8.0	-96	5	-508	-94	5,435	3.7

全球联系 6

	商品交易	价格贸易条件指数	入境旅游消费	净官方发展援助	净移民	个人汇款	对外直接投资	证券组合股权	外债总量	总债务还本付息额
	占GDP百分比	2000=100	占出口百分比	占GNI百分比	千人	接收（百万美元）	净流入（百万美元）	净流入（百万美元）	百万美元	占商品、服务与初级收入出口百分比
	2015	2015	2015	2015	2010—2015	2015	2015	2015	2015	2015
刚果共和国	144.9	138.2	..	1.1	-60	..	1,486	..	4,204	..
哥斯达黎加	46.4	74.4	37.0	0.2	20	552	3,024	8	23,667	16.0
科特迪瓦	66.4	170.6	..	2.2	50	385	430	..	10,028	7.4
克罗地亚	68.5	99.9	36.4	..	-20	2,104	159	14	..	..
古巴	..	156.9	20.8	..	-80	..	..	..	..	..
库拉索岛	..	..	4.4	..	6	142	146	..	..	..
塞浦路斯	37.8	91.6	4.0	..	35	254	8,011	1,107	..	..
捷克共和国	161.3	104.3	5.3	..	30	2,693	2,479	181	..	..
丹麦	60.0	99.5	..	..	97	1,255	1,889	-165	..	..
吉布提	59.2	80.5	36.1	..	-16	63	124	..	1,222	7.2
多米尼加	49.7	104.7	7.3	2.3	..	24	36	..	314	10.8
多米尼加共和国	39.1	98.4	18.4	0.4	-153	5,196	2,244	..	26,632	29.7
厄瓜多尔	39.8	96.5	17.9	0.3	-38	2,388	1,060	2	27,273	24.4
埃及	25.4	122.4	..	0.8	-216	18,325	6,885	14	46,585	13.3
萨尔瓦多	61.5	84.4	..	0.4	-240	4,285	518	..	14,982	17.0
赤道几内亚	89.3	142.3	10.2	0.1	20	..	316	..	..	..
厄立特里亚	..	83.1	..	..	-160	..	49	..	873	..
爱沙尼亚	122.1	94.3	..	..	-12	446	-652	-65	..	..
埃塞俄比亚	37.2	134.5	48.4	5.3	-60	624	2,168	..	20,414	..
法罗群岛	..	102.1	3.0	..	..	158	..	..	..	..
斐济	93.5	110.4	7.2	2.4	-29	251	308	..	871	2.2
芬兰	51.4	93.1	..	..	107	806	17,023	1,858	..	..
法国	44.6	91.3	..	..	332	23,352	34,969	6,354	..	..
法属波利尼西亚	..	88.7	..	..	-1	664	83	..	..	..
加蓬	56.8	150.3	34.3	0.7	5	0	624	..	5,097	..
冈比亚	55.2	100.7	3.0	..	-13	181	11	..	527	..
格鲁吉亚	71.1	133.6	5.5	3.3	-296	1,459	1,571	5	14,854	29.7
德国	70.7	99.4	..	..	1,250	15,362	46,227	17,498	..	..
加纳	60.8	174.5	29.5	4.9	-50	4,982	3,192	..	20,677	6.2
直布罗陀	..	55.2	..	..	..	..	-412	..	..	..
希腊	39.5	88.8	..	..	-136	429	1,141	6,997	..	..
格陵兰	..	87.9	..	..	..	..	..	..	..	..
格林纳达	39.1	94.7	11.6	2.4	-4	30	61	..	686	11.4
关岛	..	100.8	..	..	0	..	..	..	..	..
危地马拉	44.5	89.1	..	0.7	-120	6,573	1,176	..	20,182	15.2
几内亚	60.3	93.1	5.0	8.6	-10	93	85	..	1,389	4.1
几内亚比绍	46.1	94.2	34.8	9.0	-10	64	18	..	315	0.8
圭亚那	83.7	120.3	9.8	1.0	-27	294	117	..	1,639	6.4
海地	50.1	72.6	7.0	11.9	-150	2,196	109	..	2,084	2.0
洪都拉斯	93.0	80.2	6.3	2.8	-80	3,666	1,317	..	7,584	19.2
匈牙利	157.1	100.7	18.0	..	30	4,418	-2,624	774	..	..
冰岛	59.8	88.5	5.0	..	0	206	1,039	-105	..	..
印度	31.5	104.4	7.1	0.2	-2,598	68,910	44,009	1,933	479,559	10.9
印度尼西亚	34.0	121.8	..	0.0	-700	9,659	20,054	-1,547	308,540	32.1
伊朗	..	135.2	8.2	..	-300	1,330	2,050	..	6,322	..
伊拉克	56.3	107.2	3.1	0.8	549	1,005	3,316	-15	..	..
爱尔兰	67.6	93.6	..	..	-140	601	203,463	208,137	..	..

6 全球联系

	商品交易	价格贸易条件指数	入境旅游消费	净官方发展援助	净移民	个人汇款	对外直接投资	证券组合股权	外债总量	总债务还本付息额
	占GDP百分比	2000=100	占出口百分比	占GNI百分比	千人	接收（百万美元）	净流入（百万美元）	净流入（百万美元）	百万美元	占商品、服务与初级收入出口百分比
	2015	2015	2015	2015	2010—2015	2015	2015	2015	2015	2015
马恩岛	..	..	6.6	..	..	..	..	..	..	..
以色列	42.9	111.8	7.2	..	19	853	11,510	4,521	..	..
意大利	47.7	103.4	55.3	..	528	9,517	13,008	12,898	..	..
牙买加	44.2	89.7	3.5	0.4	-97	2,361	925	92	14,122	87.8
日本	29.1	86.9	35.3	..	350	3,670	-42	10,786	..	..
约旦	75.1	79.3	3.3	5.8	230	5,348	1,275	15	25,746	14.3
哈萨克斯坦	41.2	145.8	..	0.0	160	194	6,585	6	154,288	63.6
肯尼亚	34.7	102.3	..	3.9	-50	1,560	1,437	..	19,148	6.8
基里巴斯	68.1	102.6	..	19.1	-2	16	2	..	..	..
朝鲜	..	65.8	3.0	..	0	..	83	..	..	..
韩国	69.9	52.0	..	..	300	6,454	5,042	-1,987	..	..
科索沃	..	..	1.5	6.7	..	971	343	..	2,158	10.8
科威特	76.0	122.0	20.0	..	518	34	285	0	..	..
吉尔吉斯斯坦	87.4	108.7	19.1	12.1	-114	1,688	1,139	0	7,504	15.7
老挝人民民主共和国	50.1	100.0	7.1	4.0	-118	93	1,079	0	11,645	10.9
拉脱维亚	97.6	105.3	36.6	..	-73	1,354	763	119	..	..
黎巴嫩	47.6	103.5	3.8	2.1	1,250	7,481	2,342	-553	30,896	18.0
莱索托	119.8	82.6	8.9	3.3	-20	366	113	0	880	3.8
利比里亚	121.6	111.0	..	61.7	-20	641	721	..	836	8.2
利比亚	..	146.5	..	..	-502	0	726	..	..	..
列支敦士登	..	..	4.2	..	..	..	..	..	..	..
立陶宛	130.1	98.3	4.3	..	-170	1,372	970	20	..	..
卢森堡	71.7	74.7	90.6	..	49	1,635	24,596	350,946	..	..
马其顿	..	96.2	5.5	2.2	-5	307	297	-9	6,942	20.8
马达加斯加	55.8	88.0	..	7.2	-5	427	517	..	2,985	..
马拉维	67.3	114.2	2.5	16.9	-30	34	515	0	1,735	4.3
马来西亚	126.8	96.6	8.4	..	450	1,643	10,963	..	190,951	6.1
马尔代夫	61.4	101.7	84.8	0.9	0	4	299	2	943	3.5
马里	44.7	148.8	..	9.7	-302	895	153	..	3,668	4.2
马耳他	85.6	140.1	9.3	..	6	200	2,718	-1,188	..	..
马绍尔群岛	105.9	108.4	..	22.9	..	27	-54	..	..	..
毛里塔尼亚	..	128.1	1.9	..	-20	..	502	..	3,691	12.6
毛里求斯	62.1	85.6	30.5	0.7	0	1	208	285	14,643	28.9
墨西哥	68.7	102.7	4.6	0.0	-524	26,233	32,864	3,601	426,334	13.2
密克罗尼西亚联邦	82.5	99.0	..	22.0	-8	24	1	..	..	..
摩尔多瓦	90.6	72.2	11.5	4.4	-10	1,540	234	3	6,338	12.9
摩纳哥	..	..	..	..	..	..	..	..	..	..
蒙古	72.1	159.2	5.4	2.2	-15	261	94	0	21,542	32.6
黑山共和国	60.2	..	55.5	2.4	-2	381	700	10	2,665	25.2
摩洛哥	59.0	119.5	23.3	1.4	-311	6,904	3,253	..	42,989	10.5
莫桑比克	84.3	91.3	4.9	12.4	-25	196	3,868	..	10,056	9.5
缅甸	34.9	111.9	16.4	2.0	-474	387	4,084	..	6,401	0.5
纳米比亚	100.1	127.3	9.6	1.2	-1	9	1,060	2	..	..
瑙鲁	..	142.1	..	23.5	..	..	0	..	..	..
尼泊尔	33.5	85.9	22.7	5.6	-372	6,730	52	..	4,155	8.3
荷兰	143.0	93.4	3.1	..	110	1,365	101,789	49,111	..	..
新喀里多尼亚	..	165.5	..	..	6	728	1,879	..	..	..

全球联系 6

	商品交易	价格贸易条件指数	入境旅游消费	净官方发展援助	净移民	个人汇款	对外直接投资	证券组合股权	外债总量	总债务还本付息额
	占GDP百分比	2000=100	占出口百分比	占GNI百分比	千人	接收（百万美元）	净流入（百万美元）	净流入（百万美元）	百万美元	占商品、服务与初级收入出口百分比
	2015	2015	2015	2015	2010—2015	2015	2015	2015	2015	2015
新西兰	40.8	132.8	..	..	7	421	-135	2,449	..	..
尼加拉瓜	94.0	91.2	11.1	3.7	-135	1,198	950	..	10,490	17.5
尼日尔	42.6	161.1	..	12.2	-28	146	525	..	2,892	7.5
尼日利亚	20.0	131.5	0.9	0.5	-300	21,060	3,129	-487	29,029	2.9
北马里亚纳群岛	..	77.9								
挪威	47.0	126.4	4.4		236	609	-8,716	174	..	..
阿曼		175.0	5.7		1,211	39	-2,692	1,939	..	..
巴基斯坦	24.5	60.2	3.2	1.3	-1,082	19,306	979	524	65,482	12.9
帕劳	67.8	99.9	..	5.0		2	35		..	..
巴拿马	57.7	91.4	21.2	0.0	28	560	5,835	..	87,724	8.9
巴布亚新几内亚	..	164.9	0.0	..	0	10	203	-1	20,031	11.3
巴拉圭	68.8	112.8	3.0	0.2	-87	554	315	..	16,162	18.6
秘鲁	38.1	160.4	10.4	0.2	-240	2,725	7,817	-60	65,938	11.5
菲律宾	44.0	68.6	8.9	0.1	-700	29,799	5,835	-744	77,725	9.9
波兰	81.9	100.4	4.8		-74	6,783	14,067	4,115	..	..
葡萄牙	61.3	96.8	19.2		-140	358	633	-1,478	..	..
波多黎各					-104					
卡塔尔	69.4	153.4	13.1	..	364	437	1,071	116	..	..
罗马尼亚	73.3	109.3	2.9		-437	3,085	4,318	362	95,955	31.4
俄罗斯联邦	40.1	138.5	3.4	..	1,118	6,870	6,478	-5,538	467,720	23.3
卢旺达	39.9	156.9	29.0	13.7	-75	161	323	1	2,244	7.7
萨摩亚	50.8	89.9	76.7	12.7	-13	131	41	0	437	11.0
圣马力诺										
圣多美和普林西比共和国	51.9	155.9	69.5	15.3	-6	20	29	0	249	2.8
沙特阿拉伯	57.9	121.1	5.1		850	295	8,141	..	..	..
塞内加尔	60.3	115.2		6.6	-100	1,614	345	..	5,893	10.5
塞尔维亚	84.8	106.9	7.6		-100	3,371	2,345	-90	30,807	23.6
塞舌尔	98.8	94.2	37.2	0.5	-2	18	106	-11	..	..
塞拉利昂	52.3	44.1	..	22.6	-21	66	519	..	1,378	..
新加坡	221.1	82.6	3.2		398	..	65,263	-3,031	..	..
荷属圣马丁			75.8		..	55	28		..	..
斯洛伐克	170.9	93.2	3.0		1	2,138	1,151	68	..	..
斯洛文尼亚	144.1	96.6	8.1		4	729	1,680	58	..	..
所罗门群岛	72.6	90.1	11.4	17.0	-12	19	32	..	207	2.4
索马里		100.8		23.0	-400		516		2,892	..
南非	59.2	133.1	9.4	0.5	600	825	1,521	7,335	137,887	7.7
南苏丹				21.1	865	..	-277		..	..
西班牙	49.6	92.2	14.3		-593	2,650	25,299	40,453	..	..
斯里兰卡	35.9	109.7	23.5	0.5	-485	7,000	681	-58	43,920	18.7
圣基茨和尼维斯	36.5	72.2				52	78		..	..
圣卢西亚	53.0	122.9		0.9	0	30	95	..	529	10.6
圣马丁岛										
圣文森特和格林纳丁斯	50.2	99.6		1.8	-5	32	121	..	339	17.2
苏丹	11.9 a		19.2	1.0	-800	151	1,737	..	21,406 a	10.5 a
苏里南	72.0	130.8	5.4	0.3	-5	7	197	..	..	..
斯威士兰	76.0	112.2	0.8	2.4	-6	19	32	..	391	1.3
瑞典	56.0	92.1	5.0		273	3,364	7,994	1,927	..	..

6 全球联系

	商品交易	价格贸易条件指数	入境旅游消费	净官方发展援助	净移民	个人汇款	对外直接投资	证券组合股权	外债总量	总债务还本付息额
	占GDP百分比	2000=100	占出口百分比	占GNI百分比	千人	接收（百万美元）	净流入（百万美元）	净流入（百万美元）	百万美元	占商品、服务与初级收入出口百分比
	2015	2015	2015	2015	2010—2015	2015	2015	2015	2015	2015
瑞士	80.8	107.7	4.7	..	382	2,553	97,578	-10,933	..	..
叙利亚	..	102.4	..	..	-4,030	1,623	..	..	4,420	..
塔吉克斯坦	54.8	86.6	17.7	4.4	-117	2,259	426	0	5,100	16.8
坦桑尼亚	33.3	146.6	23.8	5.8	-200	389	1,961	4	15,049	3.6
泰国	105.5	104.4	17.6	0.0	100	5,895	9,004	-8,969	129,654	6.9
东帝汶	60.0	..	56.0	7.8	-50	62	43	..	..	..
多哥	82.0	121.3	14.2	5.4	-10	364	258	0	1,056	3.5
汤加	50.8	94.8	..	15.6	-8	118	13	..	173	20.2
特立尼达和多巴哥	58.5	126.3	..	..	-5	126	1,619	..	..	..
突尼斯	79.7	111.3	10.7	1.1	-33	1,971	966	153	27,363	12.9
土耳其	48.9	98.3	17.8	0.3	2,000	1,395	17,067	-2,395	397,923	10.7
土库曼斯坦	60.8	169.8	..	0.1	-25	16	4,259	..	403	..
特克斯和凯科斯群岛	..	72.0	..	..	..	..	..	..	..	..
图瓦卢	34.6	..	..	89.2	..	4	1	..	..	..
乌干达	29.1	118.7	24.2	6.0	-150	1,049	1,057	0	5,756	1.8
乌克兰	81.9	83.7	3.5	1.6	195	5,845	3,050	177	122,825	58.3
阿联酋	133.7	192.6	..	..	405	..	10,976	..	..	..
英国	38.0	98.5	7.7	..	900	5,003	58,451	116,190	..	..
美国	21.1	95.7	10.9	..	5,008	7,069	379,434	-178,267	..	..
乌拉圭	32.1	117.5	15.4	0.0	-30	116	1,369	-1	..	..
乌兹别克斯坦	40.5	164.8	..	0.7	-195	3,104	1,068	..	14,838	..
瓦努阿图	60.6	102.1	78.9	..	1	24	31	..	170	1.4
委内瑞拉	..	..	1.7	..	-69	104	3,764	5	123,666	60.4
越南	169.5	136.3	4.2	1.7	-200	13,200	11,800	134	77,798	3.8
美属维尔京群岛	..	..	..	..	-4	..	..	..	..	..
约旦河西岸和加沙地带	..	86.8	19.5	..	-44	1,679	120	-40	..	..
也门共和国	36.8	..	6.2	4.2	-50	3,351	-15	..	7,287	18.8
赞比亚	72.9	165.1	8.0	4.0	-34	47	1,583	0	8,785	6.2
津巴布韦	46.6	113.5	4.8	5.7	-220	2,047	399	123	8,735	13.4
全球	44.6	..	6.7[b]	0.2[c]	0	552,998	2,137,884	655,398	..	..
东亚及太平洋地区	47.5	..	6.0	0.0	-1,457	120,960	609,914	-16,569	..	..
欧亚和中亚地区	62.8	..	6.1	0.0	5,547	144,506	694,374	808,594	..	..
拉丁美洲和加勒比地区	38.3	..	7.2	0.2	-2,082	69,097	256,646	15,684	..	..
中东和北非地区	64.4	..	9.2	0.8	-213	51,214	51,184	4,960	..	..
北美地区	23.8	..	9.5	0.0	6,184	9,760	433,932	-166,694	..	..
南亚地区	31.4	..	5.8	0.6	-6,281	117,658	49,603	2,283	..	..
撒哈拉以南非洲地区	41.3	..	8.0	3.0	-1,689	39,803	42,231	7,139	..	..
中、低收入地区	42.8	..	13.0	8.8	-1,116	19,102	14,692	34	110,701	5.9
低收入地区	41.2	..	6.9	0.6	-15,351	421,961	648,364	21,155	6,669,367	11.8
中低收入地区	39.6	..	6.9	0.8	-15,785	261,582	130,775	-60	1,650,755	13.8
中高收入地区	41.7	..	6.9	0.1	1,550	141,276	502,897	21,180	4,907,911	11.4
高收入地区	46.4	..	6.7	0.0	15,360	131,038	1,489,519	634,243	..	..

a.包含南苏丹。b.使用世界银行加权总量方法（见"来源与方法"）计算，故可能有别于世界旅游组织报告之数据。c.基于世界银行经济体分类，故可能有别于经济合作与发展组织报告之数据。

全球联系 6

关于数据

自《世界发展指标2013》始,世界银行调整了国际收支平衡数据的展示方式,以符合世界货币基金组织(IMF)《国际收支平衡手册(第六版)》(BPM6)的标准。基于BPM5的历史数据序列至2005年而止。2005年之后的国际收支平衡数据,皆按照BPM6方法进行展示,并可于网站 www.imf.org/external/np/sta/bop/ bop.htm 获取。

商品贸易

商品贸易数据来源有二:其一,海关报告,报告进入某一经济体的商品;其二,国际收支平衡中记录中与商品贸易相关的金融交易报告。由于时间选择与定义间的差异,依据海关报告与国际收支平衡而来的贸易流动估算结果可能不同。贸易数据由一些国际机构处理,但都独立修正未报或误报数据,因而会造成其他类型差异。国际商品贸易最为详尽的数据来源,为联合国统计司的商品贸易统计(Comtrade)数据库(http://comtrade.un.org)。IMF与世界贸易组织还收集基于关税的商品贸易数据。

"出进口价比率"指数测算一国出口与进口的相对价格。计算出进口价比率最常用的方法为纯易货(或商品)出进口价比率指数,或出口价格指数与进口价格指数之比。当一国之纯易货出进口价比率指数升高,则出口变得更为昂贵,或进口变得更为便宜。

旅游

旅游指人出于休闲、商务或其他与从访问地获取报酬无关的原因,而离开常驻环境,前往并在其他地方停留不超过一年的活动。入境与出境游客数据指到达者与离开者人次,而非个体数量。因此,一人于特定时间段内数次造访一国,则每次记为新到达者。入境旅游数据显示了暂住游客(过夜访问者)到达国境线的情况。国际游客数据不可用或不完整时,表格显示国际访客的到达数,包括游客、不过夜访客、邮轮乘客以及机组人员。总量使用世界银行加权总量计算法(见"来源于方法")计算,且有别于世界旅游组织计算之总量。

旅游支出:世界旅游组织使用IMF国际收支平衡计算,并利用各国数据进行补充。这些展示于表格中的数据,包含BPM6所定义的旅行与旅客运输项目。IMF未报告旅客运输项目时,则展示旅行项目的支出数据。

官方发展援助

所受官方发展援助数据指经济合作与发展组织(OECD)发展援助委员会(DAC)、多边组织以及非DAC捐赠者成员中,具备受援条件国家所受的援助。数据不反映受助国给予其他中低收入国家的援助,也不区分援助类型(项目、工程或食品援助;紧急援助;冲突后维和援助。不同援助可能给经济带来不同影响)。

援助相对国民总收入(GNI)占比、资本形成总额、进口以及政府开支,衡量一国对于援助的依赖程度。拟定政策时须谨慎。出于外交政策原因,部分国家长期以来接受大量援助。因此,援助依赖占比不仅反映受援国的需求,也可能反映出捐赠国的利益。援助依赖占比升高,反映出有影响分子(援助)与分母(GNI)的事件发生。

由于受援国时常排除全部或某些技术援助,特别是由捐赠国直接对外派人员的支付,因此基于捐赠国信息而来的数据,可能与受援国国际收支平衡中记录的信息不一致。同样,补助性商品援助同样很少记录于贸易数据或国际收支平衡中。DAC统计排除军事以及反恐用途的援助。总量参照世界银行经济体分类,因而可能同OECD报告总量存在差异。

移民与个人汇款

人口流动通常经由移民实现,是全球一体化的重要组成部分。移民有利于宿主国与原住国经济。然而,移民的可靠数据难以收集且时常不完整,给国际对比带来挑战。

由于各国难以收集移民总量数据,联合国人口司提供了净移民数据,并在估算净移民数量时,将一国或地区的移民历史、一国之移民政策以及近期难民流入等因素考虑在内。进行这些估算的数据来源众多,包括边检统计、行政记录、调研以及人

6 全球联系

口普查。当数据不足时，净移民通过一定时期内，一国之人口增长率与该国人口自然增长率（即出生率与死亡率的差额）的差额计算。

移民经常将资金汇往原籍国，国际收支平衡将其记录为个人转账。因此，个人转账包括常住个体与非常住个体间全部的经常性转账，而不考虑汇款者的收入来源（不考虑汇款者的收入究竟来自劳动、企业或财产所得、社会福利、抑或其他任何形式的转账或资产处置）与户籍间的关系（不考虑他们之间是否有亲属关系）。员工报酬指边境、季节性以及其他短期工作者（受雇于某经济体中，但并非常住居民）以及非常住实体所雇佣常住居民的收入。员工报酬有三大主要构成：现金工资与薪金、实物工资与薪金以及雇主为其缴纳的社会保险金。个人汇款为个人转账与员工报酬的总和。

股权流动

股权流动包括对外直接投资（FDI）与证券组合股权。对于FDI，国际认可的定义（来自BPM6）包括如下组成部分：股权投资，包括同股权相关的、能引发控制权或影响力的投资；间接受影响或控制的企业投资；同类企业投资；债务（选择性债务除外）；逆向投资。"直接投资关系框架"提供了标准，以基于控制权与影响力，来确定跨国所有权是否引起直接投资关系。

直接投资可能的呈现形式：绿地投资，投资者通过建设新的运营设施，于异国创立新的企业；合资企业，投资者同国外公司达成合伙协议，进而建立新企业；兼并或收购，投资者并购国外现有企业。IMF主张投资须至少占具有投票权股票的10%，才能算作FDI。实际操作中，许多国家都设立了更高的门槛。许多国家未能报告再投资收益；长期贷款的定义，各国不尽相同。

证券组合股权投资是指除直接投资或储备资产外，涉及股票证券的跨境交易和头寸。普通股为可转让且设计用于交易的权益类工具，通常与有组织的交易所交易或直接交易（over the counter）。证券的流通性促进交易，使得证券在有效期内由不同主体持有。流通性使得投资者将其证券投资组合多样化，并能迅速撤回投资。投资资金股份或单元（即投资资金所发行的）包含于证券组合投资之中，由证券证明，且并非储备资产或直接投资。虽然它们为可流通工具，但交易所交易的金融衍生产品因自成一类，而不包含于证券组合投资之中。

外债

对外负债影响一国之信誉度以及投资者心态。外债数据通过世界银行债务人报告系统（DRS）汇集。债务在计算时，使用了由长期公共或公共担保借款的国家提交的以债抵债报告，以及各国收集的短期债务；上述报告与债务，通过银行国际结算报告系统中的债权人，或基于世界银行季度外债统计的各国数据得来。主要多边银行以及主要债权国官方贷款机构所提供信息，对上述数据进行了补充。目前，123个中、低收入国家向DRS进行了报告。债务数据按照还款货币进行报告，但使用美元汇编与发行。股票数据（未偿还债务总额）汇编时，使用了周期末的汇率；预计还本付息额与年平均汇率则用于流动（flows）。汇率取自IMF国际金融统计。可用多种货币、商品，或服务与债务（具有为保持还款货币价值所立规定）进行偿还的债务，按照账面价值显示。

公共或公共担保债务相关数据按照以债抵债方式报于DRS，而长期私人无担保债务数据由各国报告年度总量，或由世界银行工作人员对各国进行估算。私人无担保债务基于世界银行季度外债统计的各国数据进行估算。

债务还本付息总额相对商品、服务以及初级收入出口的占比，可衡量一国通过出口收益偿还债务的能力。

定义

"商品交易" 包括一切商品交易，而不包括服务交易。**"纯易货出进口价比率指数"** 指出口单元价值指数与进口单元价值指数的比值，相对于基准年2000年进行衡量。**"入境旅游支出"** 指国际入境访客的支出，包括向国内运输公司支付的国际运输

全球联系 6

费用以及为在目的国使用商品或服务而支付的任何费用。这些经费支出可能包含来自不过夜访客的收益（除非这些支出项目十分重要，必须单独分类）。一如BMP6所定义，数据包括旅行与旅客运输项目。当旅客运输项目未报告时，展示旅行项目支出数据。出口指一国常住居民与世界其他居民间的一切交易，包括一般商品由常住居民向非常住居民的所有权转移、送去加工与维修的商品、非货币黄金以及服务。"**净官方发展援助**"指满足DAC官方发展援助定义的资金流动（偿还本金的净值），并流向DAC被援助国名单（按照世界银行国民总收入估算划分）上的国家及地区。"**净移民**"指周期内净移民总数（移入减去移出，包括公民与非公民）。数据为五年周期估算值。"**个人汇款，已收到**"指个人转账（现金或实物进行的经常性转账，由常住户/非常住户向非常住户/常住户流动）与员工报酬（与企业订立雇佣关系的个体，因其对于生产环节的投入而获得的报酬）的总和。"**对外直接投资**"指涉及一经济体内常驻企业对另一经济体中某常驻企业的管理具有控制权或重大影响力的跨境投资。"**证券组合股权**"指来自股票证券的净流入，而非记录为直接投资或储备资产的流入，包括股份、股票、存托凭证以及外国投资者于当地股票市场直接购买的股份。"**外债总额**"指欠非常住债权人之债，可由该国公私实体使用外国货币、商品或服务进行偿还，是长期外债、短期债务以及IMF信贷使用的总和。"**债务还本付息总额**"包括：以外国货币、商品或服务实际偿还的长期债务的本金与利息；短期债务已支付利息；向IMF进行的偿付（再购买与赊账）。商品、服务以及初级收入的出口为商品与服务出口、非常住工作者所得报酬以及初级投资国外收入的总和。

数据来源

商品交易数据来自世界贸易组织。交易指数数据来自联合国贸易暨发展会议（UNCTAD）年度《统计手册》。旅游支出数据来自世界旅游组织《旅游统计年鉴》与世界旅游组织（2017），并根据其电子文档进行了更新。净官方发展援助数据由OECD（http://stats.oecd.org）汇编。净移民数据来自联合国人口司（2015）。个人转账数据来自IMF《国际收支平衡统计年鉴》，并由世界银行工作人员估算结果进行补充。FDI数据由世界银行工作人员基于IMF国际收支平衡统计以及UNCTAD数据（http://unctadstat.unctad.org/ReportFolders/reportFolders.aspx）估算而来。证券组合股权数据来自IMF《国际收支平衡统计年鉴》。外债数据主要由接受了国际银行重建与发展贷款或国际发展援助补助的成员国，通过世界银行DRS向其报告而来；补充信息来自世界银行、IMF、非洲发展银行与非洲发展基金、亚洲发展银行与亚洲发展基金以及泛美发展银行文件。中低收入国家外债汇总表格每年于世界银行《国际债务统计》与国际债务统计数据库（http://databank.worldbank.org/data/reports.aspx?source=international-debt-statistics）公布。

参考文献

IMF (International Monetary Fund). Various issues. *International Financial Statistics*. Washington, DC.

———. Various years. *Balance of Payments Statistics Yearbook*. Parts 1 and 2. Washington, DC.

UNCTAD (United Nations Conference on Trade and Development). Various years. *Handbook of Statistics*. New York and Geneva.

United Nations Population Division. 2015. *World Population Prospects: The 2015 Revision*. New York: United Nations, Department of Economic and Social Affairs.

World Bank. Various years. *International Debt Statistics*. Washington, DC.

———. Various issues. *Quarterly External Debt Statistics.*. Washington, DC.

World Tourism Organization. 2017. *Compendium of Tourism Statistics 2017*. Madrid.

———. Various years. *Yearbook of Tourism Statistics*. Vols. 1 and 2. Madrid.

6 全球联系

> **在线表格与指标**
>
> 获取"世界发展指标"在线表格，请访问 http://wdi.worldbank.org/table/并键入表格编号（例如，键入 http://wdi.worldbank.org/table/6.1）。直接获取特定"世界发展指标"指标，使用链接 http:// data.worldbank.org/indicator/加指标编号（例如，键入 http://data.worldbank.org/indicator/TX.QTY.MRCH.XD.WD）。

6.1 商品交易增长

出口量	TX.QTY.MRCH.XD.WD
进口量	TM.QTY.MRCH.XD.WD
出口价值	TX.VAL.MRCH.XD.WD
进口价值	TM.VAL.MRCH.XD.WD
净易货贸易条件指数	TT.PRI.MRCH.XD.WD

6.2 方向与商品交易增长

此表格提供经济体群众间商品交易流动的估算 ..a

6.3 高收入经济体与中、低收入经济体间交易

此表格阐释中、低收入经济体在全球贸易体系中的重要性 ..a

6.4 中、低收入经济体交易流向

地区内向中、低收入经济体出口	TX.VAL.MRCH.WR.ZS
地区外向中、低收入经济体出口	TX.VAL.MRCH.OR.ZS
向高收入经济体出口	TX.VAL.MRCH.HI.ZS
地区内从中、低收入经济体进口	TM.VAL.MRCH.WR.ZS
地区外从中、低收入经济体进口	TM.VAL.MRCH.OR.ZS
从高收入经济体进口	TM.VAL.MRCH.HI.ZS

6.5 初级商品价格

此表格提供历史商品价格数据 ..a

6.6 关税壁垒

约束范围，所有产品	TM.TAX.MRCH.BC.ZS
约束税率，简单均值	TM.TAX.MRCH.BR.ZS
简单平均税率	TM.TAX.MRCH.SM.AR.ZS
加权平均税率	TM.TAX.MRCH.WM.AR.ZS
国际最高关税线上占比	TM.TAX.MRCH.IP.ZS
从量关税线上比例	TM.TAX.MRCH.SR.ZS
初级产品简单平均税率	TM.TAX.TCOM.SM.AR.ZS
初级产品加权平均税率	TM.TAX.TCOM.WM.AR.ZS
工业产品简单平均税率	TM.TAX.MANF.SM.AR.ZS
工业产品加权平均税率	TM.TAX.MANF.WM.AR.ZS

6.7 贸易便利化

物流表现指数	LP.LPI.OVRL.XQ
海关手续负担	IQ.WEF.CUST.XQ
出口周转时间	LP.EXP.DURS.MD
进口周转时间	LP.IMP.DURS.MD
单据符合，出口成本	IC.EXP.CSDC.CD
单据符合，进口成本	IC.IMP.CSDC.CD
班轮运输相关指数	IS.SHP.GCNW.XQ
港口基础设施质量	IQ.WEF.PORT.XQ

6.8 外债

外债总额，美元	DT.DOD.DECT.CD
外债总额，占GNI百分比	DT.DOD.DECT.GN.ZS
长期债务，公共及公共担保	DT.DOD.DPPG.CD
长期债务，私人无担保	DT.DOD.DPNG.CD
短期债务，美元	DT.DOD.DSTC.CD
短期债务，占债务总额百分比	DT.DOD.DSTC.ZS
短期债务，占储备总额百分比	DT.DOD.DSTC.IR.ZS
债务还本付息总额	DT.TDS.DECT.EX.ZS
债务当前价值，占GNI百分比	DT.DOD.PVLX.GN.ZS
债务当前价值（占出口货物、服务和初级收入的百分比）	DT.DOD.PVLX.EX.ZS

6.9 全球私人资金流动

对外直接投资净流入，美元	BX.KLT.DINV.CD.WD
对外直接投资净流入，占GDP百分比	BX.KLT.DINV.WD.GD.ZS
证券组合股权	BX.PEF.TOTL.CD.WD
债券	DT.NFL.BOND.CD
商业银行及其他放贷	DT.NFL.PCBO.CD

6.10 净官方资金流动

净资金流动，双边	DT.NFL.BLAT.CD
净资金流动，多边	DT.NFL.MLAT.CD
世界银行，IDA	DT.NFL.MIDA.CD
世界银行，IBRD	DT.NFL.MIBR.CD
IMF，优惠贷款	DT.NFL.IMFC.CD
IMF，无优惠贷款	DT.NFL.IMFN.CD
地区性发展银行，优惠贷款	DT.NFL.RDBC.CD
地区性发展银行，无优惠贷款	DT.NFL.RDBN.CD
地区性发展银行，其他机构	DT.NFL.MOTH.CD

全球联系 6

6.11 援助依赖度
净官方发展援助（ODA）	DT.ODA.ODAT.CD
人均净官方发展援助（ODA）	DT.ODA.ODAT.PC.ZS
捐赠，不包括技术合作	BX.GRT.EXTA.CD.WD
技术合作捐赠	BX.GRT.TECH.CD.WD
净ODA，占GNI百分比	DT.ODA.ODAT.GN.ZS
净ODA，占资本形成总额百分比	DT.ODA.ODAT.GI.ZS
净ODA，占商品、服务与收入进出口总额百分比	DT.ODA.ODAT.MP.ZS
净ODA，占中央政府支出百分比	DT.ODA.ODAT.XP.ZS

6.12 发展援助委员会成员捐助净援助分配
来自DAC捐助国的双边援助净流量	DC.DAC.TOTL.CD
美国	DC.DAC.USAL.CD
欧盟机构	DC.DAC.CECL.CD
德国	DC.DAC.DEUL.CD
法国	DC.DAC.FRAL.CD
英国	DC.DAC.GBRL.CD
日本	DC.DAC.JPNL.CD
荷兰	DC.DAC.NLDL.CD
加拿大	DC.DAC.CANL.CD
挪威	DC.DAC.NORL.CD
瑞典	DC.DAC.SWEL.CD
其他DAC捐助国	..a,b

6.13 人口迁移
净移民	SM.POP.NETM
国际移民总量	SM.POP.TOTL
高等教育人群向OECD成员国移民率	SM.EMI.TERT.ZS
难民数，按来源国	SM.POP.REFG.OR
难民数，按避难国	SM.POP.REFG
个人汇款，接收	BX.TRF.PWKR.CD.DT
个人汇款，支付	BM.TRF.PWKR.CD.DT

6.14 旅行与旅游
国际入境游客	ST.INT.ARVL
国际出境游客	ST.INT.DPRT
入境游客支出，美元	ST.INT.RCPT.CD
入境游客支出，占出口百分比	ST.INT.RCPT.XP.ZS
出境游客支出，美元	ST.INT.XPND.CD
出境游客支出，占进口百分比	ST.INT.XPND.MP.ZS

a. 在线提供的，只作为表格的一部分，而非独立指标。
b. 源自《世界发展指标》数据库中他处数据。

来源与方法

作为发展数据的主要使用者，世界银行意识到了使用数据文献告知用户初级数据收集者（通常为国家统计局、中央银行以及海关）与国际组织所用方法与惯例的重要性；这些数据文献汇编成《世界发展指标》数据库中的统计数据。

本版块说明了编纂《世界发展指标》的部分统计实际操作与过程，包含数据的一致性、可靠性、可比性，关键指标的报告标准以及计算方法（用于计算地区与收入群体总量，计算增长率）。此外，还说明了推导转换因数的"世界银行图谱法"；转换因数用于估算国民总收入与人均国民总收入（单位：美元）。其他统计过程于计算与每张表格之后"关于数据"版块进行说明。更多文献与元数据可于《世界发展指标》数据库（http://databank.worldbank.org/wdi）以及各国统计能力界面（http://datatopics.worldbank.org/statisticalcapacity）中获取。

数据可用性、可靠性与可比性

数据可用性、可靠性与可比性受多种因素影响。许多最贫困的国家缺乏统计系统；统计的方法、覆盖率、实际操作以及定义，相去甚远；跨国与跨时期的比较包含复杂的技术与概念问题，无法明确地解决。与国家层面相关的数据可能因方法问题或缺乏明确的文献，不适用于标准化国际用途。报告数据的延迟与使用陈旧调研结果作为估算当前数据的基础，可能会进一步影响所报告数据的质量。由于特殊状况（如冲突引起的问题）会影响数据的收集和报告，因此数据覆盖率可能不全面。

大量工作被用于将数据标准化，但仍无法保证完全的可比性，因此，在理解指标时须谨慎。虽然数据来源都被认为是最权威的，但仍应只将数据理解为说明走势以及解释各经济体之间的重要差异，而非提供上述差异之间准确、量化的测算结果。

不同版本《世界发展指标》中呈现的数据差异，反映了各国的数据更新、历史序列的修订以及方法上的改变。因此，建议读者不要对不同版本的《世界发展指标》中的数据序列进行比较，也不要将世界银行其他出版物中的数据序列进行比较。1960—2015年的连续时间序列数据，见 http://databank.worldbank.org/wdi。

来源与方法

| | 货币 | 国家账户 | | | | | 购买和贸易收支 | | | 政府财政 | 国际货币基金组织数据发布标准 |
		基准年	参考年	国家账户系统	价格评估	可选择转换因素	购买力调研年	使用中的国际收支手册	外债	贸易系统	会计概念	
阿富汗	阿富汗阿富汗尼	2002/03		1993	B			6	A	G	C	e-G
阿尔巴尼亚	阿尔巴尼亚列克	a	1996	1993	B		Rolling	6	A	S	C	e-G
阿尔及利亚	阿尔及利亚第纳尔	1999		1968	B		2011	6	A	S	B	e-G
美属萨摩亚	美元			1968			2011 b			S		
安道尔共和国	欧元	2000		1968	B					G		
安哥拉	安哥拉宽扎	2002		1993	P	1991-96	2011	6	A	S	B	e-G
安提瓜和巴布达	东加勒比海元	2006		1993	B		2011	6	A	S	B	e-G
阿根廷	阿根廷比索	2004		2008	B	1971-84; 2012-15		6	A	S	C	S
亚美尼亚	亚美尼亚拉姆	a	1996	1993	B	1990-95	2011	6	A	G	C	e-G
阿鲁巴岛	阿鲁巴弗罗林	2000		1993	B		2011	6		G	C	e-G
澳大利亚	澳币	a	2013/14	2008	B		2011	6		S	C	S
奥地利	欧元	a	2010	2008	B		Rolling	6		S	C	S+
阿塞拜疆	新阿塞拜疆马纳特	2000		1993	B	1992-95	2011	6	A	G	C	e-G
巴哈马群岛	巴哈马元	2006		1993	B		2011	6		G	C	e-G
巴林	巴林第纳尔	2010		2008	P		2011	6		G	B	e-G
孟加拉国	孟加拉塔卡	2005/06		1993	B		2011	6	A	G	C	e-G
巴巴多斯	巴巴多斯元	1974		1993	B		2011	6		G	B	e-G
白罗斯	白俄罗斯鲁贝尔	a	2000	1993	B	1990-95	2011	6		G	C	S
比利时	欧元	a	2010	2008	B		Rolling	6		S	C	S
伯利兹城	伯利兹元	2000		1993	B		2011	6	A	G	B	e-G
贝宁	非洲金融共同体法郎	2007		1968	B	1992	2011	6	A	G	B	e-G
百慕大群岛	百慕大元	2006		1993	B		2011	6		G	C	
不丹	不丹币	2000		1993	B		2011	6	A	G	C	
玻利维亚	玻利维亚币	1990		1968	B	1960-85	2011	6	A	S	C	e-G
波斯尼亚和黑塞哥维那	波斯尼亚和黑塞哥维那可兑换马克	a	2010	1993	B		Rolling	6		S	C	e-G
博茨瓦纳	博茨瓦纳普拉	2006		1993	B		2011	6		G	B	e-G
巴西	巴西雷亚尔	1995	2000	2008	B		2011	6	A	S	C	S
英属维京群岛	美元							6				
文莱达鲁萨兰国	文莱元	2010		1993	P		2011	6		G		e-G
保加利亚	保加利亚列弗	a	2010	1993	B	1978-89, 1991-92	Rolling	6	A	S	C	S+
布基纳法索	非洲金融共同体法郎	1999		1993	B	1992-93	2011	6	A	G	B	e-G
布隆迪	布隆迪法郎	2005		1993	B		2011	6	A	G	C	e-G
佛得角	佛得角埃斯库多	2007		1993	B		2011	6	A	G	C	e-G
柬埔寨	柬埔寨瑞尔	2000		1993	B		2011	6	A	G	B	e-G
喀麦隆	非洲金融共同体法郎	2000		1993	B		2011	6	A	G	C	e-G
加拿大	加拿大元	a	2010	2008	B		2011	6		G	C	S
开曼群岛	开曼群岛元	2007		1993	B		2011	6		G		
中非共和国	非洲金融共同体法郎	1985	2005	1968	B		2011	6	A	G	B	e-G
乍得	非洲金融共同体法郎	2005		1993	B		2011	6	A	S	C	e-G
海峡群岛	英镑	2003	2007	1968								
智利	智利比索	2008		1993	B		2011	6		G	C	S
中国	人民币	2010		1993	P	1978-93	2011	6	P	G	C	S
中国香港	港币	a	2014	2008	B		2011	6		G	C	S
中国澳门	澳门元	2013		1993	B		2011	6		G	C	e-G
哥伦比亚	哥伦比亚比索	2005		1993	B	1992-94	2011	6	A	S	C	S
科摩罗	科摩罗法郎	1990		1968	P		2011	6	A	G	C	e-G
刚果民主共和国	刚果法郎	2005		1968	B	1999-2001	2011	6	P	S	B	e-G
刚果共和国	非洲金融共同体法郎	1990		1968	P	1993	2011	6	A	S	C	e-G
哥斯达黎加	哥斯达黎加科朗	a	2012	2008	B		2011	6	A	G	C	S
科特迪瓦	非洲金融共同体法郎	2009		1968	B		2011	6	A	S	B	e-G
克罗地亚	克罗地亚库纳	a	2010	1993	B		Rolling	6		G	C	S
古巴	古巴比索	1997	2005	1993	B		2011	6		S		
库拉索	荷属安的列斯盾			1993			2011	6		G		
塞浦路斯	欧元	a	2005	1993	B		Rolling	6		G	C	S

114 2017年世界发展指标 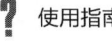 前缀 使用指南 世界概览 贫困与共同富裕 人口

	最新的人口调查	最新的人口、教育或健康家庭调查	最近的收入和支出数据的来源	生命登记完整与否	最新的农业普查	最新的工业数据	最新的贸易数据	最新取用水数据
阿富汗	1979	DHS, 2015	IHS, 2011				2015	2000
阿尔巴尼亚	2011	DHS, 2008/09	LSMS, 2012	是	2012	2013	2015	2006
阿尔及利亚	2008	MICS, 2012/13	IHS, 2011			2010	2015	2012
美属萨摩亚	2010			是	2008			
安道尔共和国	2011 c			是			2014	
安哥拉	2014	DHS, 2015/16	IHS, 2008/09				2015	2005
安提瓜和巴布达	2011			是	2007		2015	2012
阿根廷	2010	MICS, 2011/12	IHS, 2014	是	2008	2002	2015	2011
亚美尼亚	2011	DHS, 2015/16	IHS, 2014	是	2014		2015	2012
阿鲁巴	2010			是			2015	
澳大利亚	2016		ES/BS, 2010	是	2011	2013	2015	2013
奥地利	2011 c		IHS, 2012	是	2010	2014	2015	2010
阿塞拜疆	2009	DHS, 2006	LSMS, 2012	是	2015	2013	2015	2012
巴哈马群岛	2010						2015	
巴林	2010 c			是		2013	2015	2003
孟加拉国	2011	DHS, 2014	IHS, 2010		2008	2011	2011	2008
巴巴多斯	2010	MICS, 2012		是			2015	2005
白罗斯	2009	MICS, 2012	IHS, 2015	是		2014	2015	2013
比利时	2011 d		IHS, 2012	是	2010	2014	2015	2009
伯利兹城	2010	MICS, 2015/16	LFS, 1999		2011		2015	2000
贝宁	2013	MICS, 2014	CWIQ, 2011/12				2015	2001
百慕大群岛	2010			是			2015	
不丹	2005	MICS, 2010	IHS, 2012		2009 e		2012	2008
玻利维亚	2012	DHS, 2008	IHS, 2015		2013	2010	2015	2009
波斯尼亚和黑塞哥维那	2013	MICS, 2011/12	ES/BS, 2011	是		2011	2016	2013
博茨瓦纳	2011	Demographic survey, 2006	ES/BS, 2009/10		2015	2013	2015	2000
巴西	2010	PNDS, 2006	IHS, 2014		2006	2013	2015	2010
英属维京群岛	2010	STEPS Risk Factor Survey, 2010		是				
文莱达鲁萨兰国	2011			是			2015	1994
保加利亚	2011	LSMS, 2007	ES/BS, 2014	是	2010	2014	2015	2013
布基纳法索	2006	LSMS, 2014; MIS, 2014	CWIQ, 2014		2006–10		2015	2005
布隆迪	2008	DHS, 2016	CWIQ, 2014			2012	2015	2000
佛得角	2010	DHS, 2005	CWIQ, 2007	是	2014/15		2015	2001
柬埔寨	2008	DHS, 2014	IHS, 2012		2013	2000	2015	2006
喀麦隆	2005	MICS, 2014	PS, 2014		2013 e	2002	2015	2000
加拿大	2016		LFS, 2010	是	2011	2014	2015	2009
开曼群岛	2010			是			2015	
中非共和国	2003	MICS, 2010	PS, 2008				2015	2005
乍得	2009	DHS, 2014/15	PS, 2011				1995	2005
海峡群岛	2011/15 f			是 g				
智利	2012		IHS, 2013	是	2007	2013	2015	2006
中国	2010	NSS, 2014	IHS, 2014		2007	2007	2015	2013
中国香港	2016			是		2014	2015	
中国澳门	2016			是		2013	2015	
哥伦比亚	2006	DHS, 2015/16	IHS, 2015		2014/15	2012	2015	2008
科摩罗	2003	DHS, 2012	IHS, 2004				2014	1999
刚果民主共和国	1984	DHS, 2013/14	1-2-3, 2012/13					2005
刚果共和国	2007	MICS 2014/15	CWIQ/PS, 2011		2014/15	2009	2014	2002
哥斯达黎加	2011	MICS, 2011	IHS, 2015	是	2014	2013	2015	2013
科特迪瓦	2014	MICS, 2016	IHS, 2015		2014/15		2015	2005
克罗地亚	2011	WHS, 2003	IHS, 2013	是	2010 e		2015	2013
古巴	2012	MICS, 2014		是			2006	2013
库拉索	2011			是				
塞浦路斯	2011				2010	2014	2015	2013

来源与方法

	货币			国家账户			购买和贸易收支			政府财政	国际货币基金组织数据发布标准
		基准年	参考年	国家账户系统	价格评估	可选择转换因素	购买力调研年	使用中的国际收支手册	外债	贸易系统	会计概念	
捷克共和国	捷克克朗币		a	2010	2008	B		Rolling	6		S	C	S+
丹麦	丹麦克朗		a	2010	2008	B		Rolling	6		G	C	S+
吉布提	吉布提法郎	1990		1968	B		2011	6	A	G		e-G
多米尼加岛	东加勒比海元	2006		1993	B		2011	6	A	S	B	e-G
多米尼加共和国	多米尼加比索	2007		2008	B		2011	6	A	G	C	e-G
厄瓜多尔	美元	2007		2008	B		2011	6	A	S		S
埃及	埃及镑	2011/12		1993	B		2011	6	A	G	C	S
萨尔瓦多	美元	1990		1968	B		2011	6	A	G	C	S
赤道几内亚	非洲金融共同体法郎	2006		1968		1965–84	2011	6		G	B	
厄立特里亚国	厄立特里亚纳克法	2000		1968				6	E			
爱沙尼亚	欧元		a	2010	2008	B	1987–95	Rolling	6		S	C	S
埃塞俄比亚	埃塞俄比亚比尔	2010/11		1993	B		2011	6	A	G	B	e-G
法罗群岛	丹麦克朗			1993	P			6				
斐济	斐济元	2011		1993	B		2011	6		S	B	e-G
芬兰	欧元		a	2010	2008	B		Rolling	6		S	C	S
法国	欧元		a	2010	2008	B		Rolling	6		S	C	S+
法属波利尼西亚	太平洋法郎	1990		1993	P		2011 b	6		S		
加蓬	非洲金融共同体法郎	2001		1993	B	1993	2011	6	A	S		e-G
冈比亚	冈比亚达拉西	2004		1993	B		2011	6	A	G	C	e-G
格鲁吉亚	格鲁吉亚拉里		a	1996	1993	B	1990–95	2011	6	A	G	C	S
德国	欧元		a	2010	2008	B		Rolling	6		S	C	S+
加纳	新加纳塞地	2006		1993	B	1973–87	2011	6	A	G	B	e-G
直布罗陀	直布罗陀镑							6				
希腊	欧元		a	2010	2008	B		Rolling	6		S	C	S
格陵兰	丹麦克朗	1990		1993								
格林纳达	东加勒比海元	2006		1968	B		2011	6	A	S	B	e-G
关岛	美元			1993			2011 b					
危地马拉	危地马拉格查尔	2001		1993	B		2011	6	A	G	B	e-G
几内亚	几内亚法郎	2003		1993	B		2011	6	A	G		e-G
几内亚比绍	非洲金融共同体法郎	2005		1993	B		2011	6	A	G		e-G
圭亚那	圭亚那元	2006		1993	B			6	A			e-G
海地	海地古德	1986/87		1968	B	1991	2011	6		G		
洪都拉斯	洪都拉斯伦皮拉	2000		1993	B	1988–89	2011	6	A	G	C	e-G
匈牙利	匈牙利福林		a	2010	2008	B		Rolling	6		S	C	S
冰岛	冰岛克朗		a	2010	2008	B		Rolling	6		S	C	S
印度	印度卢比	2011/12		2008	B		2011	6	A	G	C	S
印度尼西亚	印度尼西亚盾	2010		1993	P		2011	6	A	S	C	S
伊朗	伊朗里亚尔	2004/05		1993	B	1980–2002	2011	6	A	S	C	e-G
伊拉克	伊拉克第纳尔	2007		1968	B	1997, 2004	2011	6		G	B	e-G
爱尔兰	欧元		a	2010	2008	B		Rolling	6		G	C	S
英属曼岛	英镑	2013		1968								
以色列	以色列新克尔		a	2010	2008	B		2011	6		S	C	S
意大利	欧元		a	2010	2008	B		Rolling	6		S	C	S+
牙买加	牙买加元	2007		1993	B		2011	6	A	G	C	e-G
日本	日元		a	2010	1993	B		2011	6		G	C	S+
约旦	约旦第纳尔	1994		1968			2011	6	A	G	B	S
哈萨克斯坦	哈萨克斯坦坚戈		a	2005	1993	B	1987–95	2011	6	A	G	C	S
肯尼亚	肯亚先令	2009		2008	B		2011	6	A	G	B	e-G
基里巴斯	澳元	2006		1993	B		2011 b	6		S	C	e-G
朝鲜	朝鲜圆			1968				6				
韩国	韩元	2010		2008	B		2011	6		G	C	S
科索沃	欧元	2008		1993	B			6	A			e-G
科威特	科威特第纳尔	2010		1993	B			6		G	B	e-G
吉尔吉斯斯坦共和国	吉尔吉斯索姆		a	1995	1993	B	1990–95	2011	6	A	G	B	S
老挝人民民主共和国	老挝基普	2002		1993	B		2011	6	A	G		
拉脱维亚	欧元		a	2010	2008	B	1987–95	Rolling	6		S	C	S
黎巴嫩	黎巴嫩磅			2010	1993	B		2011	6	A	S	B	e-G

	最新的人口调查	最新的人口、教育或健康家庭调查	最近的收入和支出数据的来源	生命登记完整与否	最新的农业普查	最新的工业数据	最新的贸易数据	最新取用水数据
捷克共和国	2011 d	WHS, 2003	IHS, 2013	是	2010	2013	2015	2013
丹麦	2011 c		ITR, 2012	是	2010	2014	2015	2012
吉布提	2009	MICS, 2006	PS, 2013		2015 e		2010	2000
多米尼加岛	2011			是	2015		2012	2010
多米尼加共和国	2010	MICS, 2014	IHS, 2015				2015	2010
厄瓜多尔	2010	RHS, 2004	IHS, 2015			2008	2015	2005
埃及	2006	HIS, 2015	ES/BS, 2010/11	是	2009/10	2012	2015	2010
萨尔瓦多	2007	MICS, 2014	IHS, 2014	是	2007/08		2016	2005
赤道几内亚	2015	DHS, 2011	PS, 2006		2015			2000
厄立特里亚国	1984	DHS, 2002	PS, 1993			2012	2003	2004
爱沙尼亚	2012 d	WHS, 2003	IHS, 2012	是	2010	2014	2015	2016
埃塞俄比亚	2007	DHS, 2016	ES/BS, 2010/11			2014	2015	2016
法罗群岛	2011			是			2009	
斐济	2007		ES/BS, 2008/09	是	2009	2011	2015	2005
芬兰	2010 c		IHS, 2012	是	2010	2014	2015	2006
法国	2015		ES/BS, 2012	是	2010	2014	2015	2012
法属波利尼西亚	2012			是			2015	
加蓬	2013	DHS, 2012	CWIQ/IHS, 2005				2009	2005
冈比亚	2013	DHS, 2013	IHS, 2010		2011/12	2004	2014	2000
格鲁吉亚	2014	GERHS, 2010	IHS, 2014	是		2013	2015	2008
德国	2011 h		IHS, 2011	是	2010	2014	2015	2010
加纳	2010	MIS, 2016	LSMS, 2012			2003	2013	2000
直布罗陀	2012			是				
希腊	2011		IHS, 2012	是	2009	2013	2015	2007
格陵兰	2010 c			是			2015	
格林纳达	2011	RHS, 1985		是	2012		2009	2014
关岛	2010			是	2007			
危地马拉	2002	DHS, 2014/15	LSMS, 2014		2013		2015	2006
几内亚	2014	MICS, 2016	CWIQ, 2012				2015	2001
几内亚比绍	2009	MICS, 2014	CWIQ, 2010				2005	2000
圭亚那	2012	MICS, 2014	IHS, 1998				2015	2010
海地	2003	DHS, 2016	IHS, 2012		2008/09		1997	2009
洪都拉斯	2013	DHS, 2011/12	IHS, 2014				2014	2003
匈牙利	2011	WHS, 2003	IHS, 2014	是	2010	2013	2015	2012
冰岛	2011 d		IHS, 2012	是	2010	2005	2015	2014
印度	2011	DHS, 2015/16	IHS, 2011/12		2010/11	2014	2015	2010
印度尼西亚	2010	DHS, 2012	IHS, 2014		2013	2013	2015	2000
伊朗	2011	IrMIDHS, 2010	ES/BS, 2013		2014	2014	2011	2004
伊拉克	1997	LSMS, 2012	IHS, 2012		2011/12	2011	2015	2000
爱尔兰	2016		IHS, 2012	是	2010	2012	2015	2009
马恩岛	2016			是				
以色列	2009 d		ES/BS, 2010	是		2014	2015	2004
意大利	2012 d		IS, 2012	是	2010	2014	2015	2008
牙买加	2011	MICS, 2011	LSMS, 2012		2007		2015	2007
日本	2015		IHS, 2008	是	2010	2012	2016	2009
约旦	2015	DHS, 2012	ES/BS, 2010		2007	2013	2015	2005
哈萨克斯坦	2009	MICS, 2015	ES/BS, 2015	是	2006/07	2013	2015	2010
肯尼亚	2009	MIS, 2015	IHS, 2005/06			2013	2013	2010
基里巴斯	2015	KDHS, 2009	ES/BS, 2006				2013	
朝鲜	2008	MICS, 2009						2005
韩国	2015		ES/BS, 1998	是	2010	2014	2015	2005
科索沃	2011	MICS, 2013/14	ES/BS, 2013		2014			
科威特	2011	FHS, 1996		是		2013	2015	2002
吉尔吉斯斯坦共和国	2009	MICS, 2014	IHS, 2015	是		2012	2015	2006
老挝人民民主共和国	2015	MICS/DHS, 2011/12	ES/BS, 2012		2010/11			2005
拉脱维亚	2011 d	WHS, 2003	IHS, 2014	是	2010	2013	2015	2013
黎巴嫩	1943	FHS, 2004	ES/BS, 2011/12		2010	2007	2014	2005

 环境 经济  政府与市场 全球联系 后缀

来源与方法

	货币	国家账户					购买和贸易收支			政府财政	国际货币基金组织数据发布标准
		基准年	参考年	国家账户系统	价格评估	可选择转换因素	购买力调研年	使用中的国际收支手册	外债	贸易系统	会计概念	
莱索托	莱索托洛蒂	2012		1993	B		2011	6	A	G	B	e-G
利比里亚	美元	2000		1968	P		2011	6	A	S	B	e-G
利比亚	利比亚第纳尔	2003		1993	B	1986		6		G		e-G
列支敦士登	瑞士法郎	1990		2008	B					S		
立陶宛	欧元	a	2010	2008	B	1990–95	Rolling	6		S	C	S
卢森堡	欧元	a	2010	2008			Rolling	6		S	C	S
马其顿	马其顿第纳尔	2005		1993	B		Rolling	6	A	S	C	S
马达加斯加	马达加斯加阿里亚里	1984		1968	B		2011	6	A	G	C	e-G
马拉维	马拉维克瓦查	2010		2008	B		2011	6	A	G	B	e-G
马来西亚	马来西亚林吉特	2010		1993	P		2011	6	E	G	B	S
马尔代夫	马尔代夫拉菲亚	2003		1993	B		2011	6	A	G	C	e-G
马里	非洲金融共同体法郎	1999		1968	B		2011	6	A	G	B	e-G
马耳他	欧元	a	2010	1993	B		Rolling	6		G	C	S
马绍尔群岛	美元	2003/04		1968			2011 [b]	6		G	B	e-G
毛里塔尼亚	毛里塔尼亚乌吉亚	2004		1993	B		2011	6	A	G	B	e-G
毛里求斯	毛里求斯卢比	2006		1993	B		2011	6	A	G	B	S
墨西哥	墨西哥比索	2008		2008	B		2011	6	A	G	B	S
密克罗尼西亚联邦	美元	2003/04		1993	B		2011 [b]	6		G	B	e-G
摩尔多瓦	摩尔多瓦列伊	2000		1993	B	1990–95	2011	6	A	G	C	S
摩纳哥	欧元	1990		1993						S		
蒙古	蒙古图格里克	2010		1993	B		2011	6	A	G	C	e-G
黑山共和国	欧元	2000		1993	B		Rolling	6	A	G	B	e-G
摩洛哥	摩洛哥迪尔汗	2007		1993	B		2011	6	A	G	C	S
莫桑比克	新莫桑比克梅蒂卡尔	2009		1993	B	1992–95	2011	6	A	G	B	e-G
缅甸	缅甸元	2010/11		1968	P		2011	6	E	G	B	e-G
纳米比亚	纳米比亚元	2010		1993	B		2011	6	A	G	C	S
瑙鲁	澳元	2007		1993				6				
尼泊尔	尼泊尔卢比	2000/01		1993	B		2011	6	A	S	B	e-G
荷兰	欧元	a	2010	2008	B		Rolling	6		S	C	S+
新喀里多尼亚	太平洋法郎	1990		1993	P		2011 [b]	6		G		
新西兰	新西兰元	a	2010	2008	B		2011	6		G	C	
尼加拉瓜	尼加拉瓜黄金科尔多瓦	2006		1993	B	1965–95	2011	6	A	G	B	e-G
尼日尔	非洲金融共同体法郎	2006		1993	P	1993	2011	6	A	G	B	e-G
尼日利亚	尼日利亚奈拉	2010		2008	B	1971–98	2011	6	E	G	B	e-G
北马里亚纳群岛	美元			1968			2011 [b]	6				
挪威	挪威克郎	a	2010	2008	B		Rolling	6		G	C	S
阿曼	阿曼里亚尔	2010		2008	B		2011	6		G	B	e-G
巴基斯坦	巴基斯坦卢比	2005/06		1993	B		2011	6	A	G	B	e-G
帕劳群岛	美元	2004/05		1993	B		2011 [b]	6		G		
巴拿马	巴拿马巴波亚	2007		1993	B		2011	6	A	G	C	S
巴布亚新几内亚	巴布亚新几内亚基纳	1998		1993	B	1989	2011 [b]	6	A	G	B	e-G
巴拉圭	巴拉圭瓜拉尼	1994		1993	B		2011	6	A	G	B	S
秘鲁	秘鲁新索尔	2007		1993	B	1985–90	2011	6	A	G	B	S
菲律宾	菲律宾比索	2000		1993	P		2011	6	A	G	B	S
波兰	波兰兹罗提	a	2010	2008	B		Rolling	6		S	C	S
葡萄牙	欧元	a	2010	2008	B		Rolling	6		S	C	S+
波多黎各	美元	1953/54		1968	P					G		
卡塔尔	卡塔尔里亚尔	2013		1993	P		2011	6		S	B	e-G
罗马尼亚	罗马尼亚列伊	2005		1993	B	1987–89, 1992	Rolling	6	A	S	C	S
俄罗斯联邦	俄罗斯卢布	2011		1993	B	1987–95	2011	6	P	G	C	S
卢旺达	卢旺达法郎	2011		2008	B	1994	2011	6	A	G	B	e-G
萨摩亚	萨摩亚塔拉	2008/09		1993	B		2011 [b]	6	A	G	B	e-G
圣马力诺	欧元	1990		1993	B							
圣多美与普林希比共和国	圣多美与普林希比共和国多布拉	2008		1993	P		2011	6	A	S	B	e-G
沙特阿拉伯	沙特阿拉伯里亚尔	2010		2008	P		2011	6		G	B	e-G
塞内加尔	非洲金融共同体法郎	1999		1993	B		2011	6	A	G	B	e-G

	最新的人口调查	最新的人口、教育或健康家庭调查	最近的收入和支出数据的来源	生命登记完整与否	最新的农业普查	最新的工业数据	最新的贸易数据	最新取用水数据
莱索托	2016	DHS, 2014	ES/BS, 2010		2010		2012	2000
利比里亚	2008	MIS, 2016	CWIQ, 2007				1984	2000
利比亚	2006	FHS, 2007			2014/15		2010	2012
列支敦士登	2015 d			是				
立陶宛	2011 d		ES/BS, 2014	是	2010	2014	2015	2011
卢森堡	2011			是	2010	2013	2015	2013
马其顿	2002	MICS, 2011	ES/BS, 2014	是	2007	2010	2015	2007
马达加斯加	1993	MIS, 2016	PS, 2012			2006	2015	2000
马拉维	2008	DHS, 2015/16	IHS, 2010/11		2006/07	2012	2015	2005
马来西亚	2010	WHS, 2003	IS, 2014	是	2015		2015	2005
马尔代夫	2014	DHS, 2009	IHS, 2009/10				2015	2008
马里	2009	MICS, 2015; MIS, 2015	IHS, 2009/10				2012	2006
马耳他	2011			是	2010	2009	2015	2013
马绍尔群岛	2011	RMIDHS, 2007	IHS, 1999					
毛里塔尼亚	2013	MICS, 2015	IHS, 2014				2014	2005
毛里求斯	2011	WHS, 2003	IHS, 2012	是	2014	2012	2015	2003
墨西哥	2010	MICS, 2015	IHS, 2014	是	2007	2013	2015	2011
密克罗尼西亚联邦	2010		ES/BS, 2013				2013	
摩尔多瓦	2014	MICS, 2012	ES/BS, 2014	是	2011	2012	2015	2007
摩纳哥	2008 c			是				2009
蒙古	2010	MICS, 2013/14	LSMS, 2014	是	2011	2011	2015	2009
黑山共和国	2011	MICS, 2013	ES/BS, 2014	是	2010		2015	2010
摩洛哥	2014	ENPSF, 2011	ES/BS, 2007			2013	2015	2010
莫桑比克	2007	AIS, 2015	ES/BS, 2008/09		2009/10		2015	2001
缅甸	2014	DHS, 2015/16			2010		2010	2000
纳米比亚	2011	DHS, 2013	ES/BS, 2009/10		2014/15	2013	2014	2002
瑙鲁	2012	NDHS, 2007		是				
尼泊尔	2011	DHS, 2016	LSMS, 2010/11		2011/12	2011	2015	2006
荷兰	2011 d		IHS, 2012	是	2010	2014	2015	2012
新喀里多尼亚	2014			是			2015	
新西兰	2013			是	2012	2012	2015	2010
尼加拉瓜	2005	RHS, 2006/07	LSMS, 2014		2011		2014	2011
尼日尔	2012	LSMS, 2014	CWIQ/PS, 2014		2004–08	2002	2015	2005
尼日利亚	2006	MIS, 2015	IHS, 2009/10		2013		2015	2005
北马里亚纳群岛	2010				2007			
挪威	2011 c		IS, 2012	是	2010	2014	2016	2007
阿曼	2010	MICS, 2014			2012/13	2014	2015	2003
巴基斯坦	1998	DHS, 2012/13	IHS, 2013/14		2010	2006	2015	2008
帕劳群岛	2015		ES/BS, 2006	是			2015	
巴拿马	2010	MICS, 2013	IHS, 2015		2011	2001	2015	2010
巴布亚新几内亚	2011	DHS, 2017	IHS, 2009/10				2012	2005
巴拉圭	2012	RHS, 2008	IHS, 2015		2008	2010	2015	2012
秘鲁	2007	Continuous DHS, 2014	IHS, 2015		2012	2011	2015	2008
菲律宾	2015	DHS, 2013	ES/BS, 2012	是	2012	2012	2015	2009
波兰	2011 d		ES/BS, 2014	是	2010	2013	2015	2012
葡萄牙	2011			是	2009	2014	2015	2007
波多黎各	2010	RHS, 1995/96			2012	2006		2010
卡塔尔	2015	MICS, 2012				2013	2015	2005
罗马尼亚	2011	RHS-Ro, 2004	ES/BS, 2013	是	2010	2013	2015	2013
俄罗斯联邦	2010	RURHS, 2011	IHS, 2015	是	2006	2014	2015	2013
卢旺达	2012	DHS, 2014/15	IHS, 2013/14		2013		2015	2000
萨摩亚	2016	DHS, 2009	ES/BS, 2008		2009		2015	
圣马力诺	2010			是				
圣多美与普林希比共和国	2012	MICS, 2014	PS, 2010		2011/12		2015	1993
沙特阿拉伯	2010	Demographic survey, 2007			2010	2006	2015	2006
塞内加尔	2013	Continuous DHS, 2015	PS, 2011/12		2014	2012	2016	2002

来源与方法

	货币	国家账户					购买和贸易收支			政府财政	国际货币基金组织数据发布标准
		基准年	参考年	国家账户系统	价格评估	可选择转换因素	购买力调研年	使用中的国际收支手册	外债	贸易系统	会计概念
塞尔维亚	新塞尔维亚第纳尔	a	2010	1993	B		Rolling	6	A	G	C	e-G
塞舌尔	塞舌尔卢比	2006		1993	B		2011	6		G	C	S
塞拉利昂	塞拉利昂里昂	2006		1993	B		2011	6	A	G	B	e-G
新加坡	新加坡元	2010		2008	B		2011	6		G	C	S
圣马丁岛	荷属安的列斯盾			1993			2011	6		S		
斯洛伐克共和国	欧元	a	2010	2008	B		Rolling	6		S	B	S
斯洛文尼亚	欧元	a	2010	2008	B		Rolling	6		S	C	S
所罗门群岛	所罗门群岛元	2004		1993	B		2011 b	6	A	G	B	e-G
索马里	索马里先令	1985		1968	B	1977–90		6	E			
南非	南非兰特	2010		2008	B		2011	6	P	G	C	S+
南苏丹	南苏丹磅	2009		1993				6				
西班牙	欧元	a	2010	2008	B		Rolling	6		S	C	S+
斯里兰卡	斯里兰卡卢比	2010		1993	B		2011	6	A	G	B	S
圣基茨和尼维斯	东加勒比海元	2006		1993	B		2011	6	A	G	B	e-G
圣卢西亚	东加勒比海元	2006		1968	B		2011	6	A	G	B	e-G
圣马丁岛	欧元			1993								
圣文森特和格林纳丁斯	东加勒比海元	2006		1993	B		2011	6	A	S	C	e-G
苏丹	苏丹镑	1981/82 i	1996	1968	B		2011	6	P	G		e-G
苏里南	苏里南元	2007		1993	B		2011	6	G	G	B	e-G
斯威士兰	斯威士兰里兰吉尼	2011		1993	B		2011	6	A	G	B	e-G
瑞典	瑞典克朗	a	2010	2008	B		Rolling	6		S	C	S+
瑞士	瑞士法郎	a	2010	2008	B		Rolling	6		S	C	S
叙利亚	叙利亚磅	2000		1968	B	1970–2010	2011	6	E	S	C	e-G
塔吉克斯坦	塔吉克斯坦索莫尼	a	2000	1993	B	1990–95	2011	6	A	G	B	e-G
坦桑尼亚	坦桑尼亚先令	2007		2008	B		2011	6	A	G	C	e-G
泰国	泰铢	2002		1993	P		2011	6	A	G	C	S
东帝汶	美元	2010		2008	B			6		G	C	e-G
多哥	非洲金融共同体法郎	2000		1968	P		2011	6	A	G	B	e-G
汤加	汤加潘加	2010/11		1993	B		2011 b	6	A	G	B	e-G
特立尼达和多巴哥	特立尼达和托巴哥元	2000		1993	B		2011	6		S	C	e-G
突尼斯	突尼斯第纳尔	2010		1993	B		2011	6	A	G	C	S
土耳其	土耳其新里拉	1998		1993	B		Rolling	6	A	S	C	S
土库曼斯坦	新土库曼马纳特	2005		1993	B	1987–95, 1997–2007		6	E			
特克斯和凯科斯群岛	美元			1993			2011			G		
图瓦卢	澳元	2005		1968	B		2011 b	6		G		e-G
乌干达	乌干达先令	2009/10		2008	B		2011	6	A	G	B	e-G
乌克兰	乌克兰格里夫纳	2010		1993	B	1987–95	2011	6	A	G	C	S
阿联酋	阿联酋迪拉姆	2007		1993	B		2011	6		S	C	e-G
英国	英镑	a	2010	2008	B		Rolling	6		G	C	S
美国	美元	a	2010	2008	B		2011	6		S	C	S+
乌拉圭	乌拉圭比索	2005		1993	B		2011	6	A	S	C	S
乌兹别克斯坦	乌兹别克斯坦苏姆	a	1997	1993	B	1990–95		6	A	G		
瓦努阿图	瓦努阿图瓦图	2006		1993	B		2011 b	6	E	G	B	e-G
委内瑞拉	委内瑞拉玻利瓦尔	1997		1993	B		2011	6	A	S	C	S
越南	越南盾	2010		1993	B	1991	2011	6	A	G	B	e-G
维尔京群岛（美国）	美元	1982		1968						G		
约旦河西岸和加沙地带	以色列新克尔	2004		1968	B		2011	6		G	B	S
也门共和国	也门里亚尔	1990		1993	B	1990–96	2011	6	A	S	B	e-G
赞比亚	新赞比亚克瓦查	2010		2008	B	1990–92	2011	6	A	G	B	e-G
津巴布韦	美元	2009		1993	B	1991, 1998	2011	6	A	G	C	e-G

	最新的人口调查	最新的人口、教育或健康家庭调查	最近的收入和支出数据的来源	生命登记完整与否	最新的农业普查	最新的工业数据	最新的贸易数据	最新取用水数据
塞尔维亚	2011	MICS, 2014	ES/BS, 2014	是	2012	2014	2015	2013
塞舌尔	2010		ES/BS, 2013	是	2011		2015	2005
塞拉利昂	2015	MIS, 2016	IHS, 2011				2015	2005
新加坡	2010 c	NHS, 2010		是		2014	2015	1975
圣马丁岛	2011			是				
斯洛伐克共和国	2011	WHS, 2003	IS, 2013	是	2010	2013	2015	2014
斯洛文尼亚	2015 c	WHS, 2003	ES/BS, 2014	是	2010	2013	2015	2013
所罗门群岛	2009	SIDHS, 2006/07	IHS, 2012/13				2015	
索马里	1987	MICS, 2006					1982	2003
南非	2011	DHS, 2003; WHS, 2003	ES/BS, 2010/11		2007	2010	2016	2013
南苏丹	2008	MICS, 2010	ES/BS, 2009					2011
西班牙	2011 d		IHS, 2012	是	2009	2014	2015	2012
斯里兰卡	2012	DHS, 2006/07	ES/BS, 2012/13	是	2013	2012	2015	2005
圣基茨和尼维斯	2011			是			2011	2012
圣卢西亚	2010	MICS, 2012	IHS, 1995	是	2007		2014	2007
圣马丁岛	2015							
圣文森特和格林纳丁斯	2012			是			2015	2013
苏丹	2008	MICS, 2014	ES/BS, 2009		2015	2001	2015	2011
苏里南	2012	MICS, 2010	ES/BS, 1999	是	2008/09		2014	2006
斯威士兰	2007	MICS, 2014	ES/BS, 2009/10			2011	2007	2000
瑞典	2011 c		IS, 2012	是	2010	2014	2015	2010
瑞士	2010 d		ES/BS, 2012	是	2010	2013	2016	2012
叙利亚	2004	MICS, 2006	ES/BS, 2007			2005	2010	2005
塔吉克斯坦	2010	DHS, 2012	ES/BS, 2015		2013		2000	2006
坦桑尼亚	2012	DHS, 2015/16	ES/BS, 2011/12		2007/08	2010	2015	2002
泰国	2010	MICS, 2012/13	IHS, 2014		2013	2011	2015	2007
东帝汶	2015	DHS, 2016	LSMS, 2014/15				2013	2004
多哥	2010	DHS, 2013/14	CWIQ, 2015		2011–14		2015	2002
汤加	2006	DHS, 2012	IHS, 2009		2014		2014	
特立尼达和多巴哥	2011	MICS, 2011	IHS, 1992	是		2006	2010	2011
突尼斯	2014	MICS, 2011/12	IHS, 2010/11			2010	2015	2011
土耳其	2011 d	DHS, 2013	ES/BS, 2014	是	2014	2014	2015	2008
土库曼斯坦	2012	MICS, 2015/16	LSMS, 1998				2000	2004
特克斯和凯科斯群岛	2012			是			2012	
图瓦卢	2012	DHS, 2007	ES/BS, 2010				2008	
乌干达	2014	DHS, 2016	IHS, 2012/13		2008/09	2000	2015	2008
乌克兰	2001	MICS, 2012	ES/BS, 2015			2014	2015	2010
阿联酋	2010	WHS, 2003				2012	2015	2005
英国	2011		IS, 2012	是	2010	2013	2015	2012
美国	2010		LFS, 2013	是	2012	2011	2015	2010
乌拉圭	2011	MICS, 2012/13	IHS, 2015	是	2011	2011	2015	2000
乌兹别克斯坦	1989	MICS, 2006	ES/BS, 2013	是				2005
瓦努阿图	2009	MICS, 2007/08	IHS, 2010		2007		2011	
委内瑞拉	2011	MICS, 2000	IHS, 2015		2008		2013	2007
越南	2009	MICS, 2013/14	IHS, 2014	是	2011	2013	2015	2005
维尔京群岛（美国）	2010			是	2012			
约旦河西岸和加沙地带	2007	MICS, 2014	IHS, 2011		2010	2013	2014	2005
也门共和国	2004	DHS, 2013	ES/BS, 2005			2012	2015	2005
赞比亚	2010	DHS, 2013/14	IHS, 2010				2015	2002
津巴布韦	2012	DHS, 2015	IHS, 2011/12				2015	2007

注：对表中使用的缩写的解释，见表后注。

a.原始链式不变价格数据重新调整过。b.仅为家族消费。c.人口数据汇总自行政登记机关。d.人口数据汇总自行政登记机关及其他数据源，如抽样调查。e.自然资源普查、畜牧业普查、畜牧业和渔业普查或抽样农业普查。f.最近一次人口普查：根西岛，2015；泽西岛，2011。g.根西岛和泽西岛为人口动态登记。h.人口数据汇总自行政登记机关和抽样调查；住宅特征数据汇总来自全面现场计数。i.自1996年起报告期从财年转为自然年。1996年以前数据转为自然年。

来源与方法

国家表格注释

基准年指基础的或是定价的期间，用以进行一国国民收入中恒定物价的计算。物价指数源于国民收入总量，如国内生产总值隐性通货紧缩指数，用以表示相对于基准年物价的物价水平。**参考年**指对该年中一个国家的本国货币恒定物价序列进行估值。参考年通常与用以报告恒定物价序列的基准年为同一年。然而，恒定物价数据为链式连接时，基准年每年都会发生变化，因此数据须重新调整至特定年份以提供连续时间序列。当基准年发生变化而该国未重新进行调整时，世界银行工作人员重新调整数据以保持较长的历史序列。考虑到跨国对比与数据聚合，《世界发展指标》所报告的恒定物价数据按照共同参考年（2010）与货币（美元）进行重新调整。**国民收入系统**表明一国使用的是1968年、1993年还是2008年的国民收入系统（SNA）。2008年的SNA由1993年的SNA更新而来，但保留了基本的理论框架。**SNA价格估值**表示国民收入的增值是按照基础价格（B）还是按生产价格（P）报告的。生产价格包括生产商所纳税金，因而更倾向于放大了生产过程中的实际增值。但是，在高农业补贴的国家，基础价格的增值可高于生产价格的增值。**替代性转换因数**标记出使用世界银行估算的转换因数代替官方汇率（国际货币基金组织国际财政统计，rf线）的国家与年份。"来源与方法"稍后将对替代性转换因数进行进一步讨论。**购买力平价（PPP）调研年**指最近一次"国际对比项目"购买力平价估算值可用的调研年份。**"使用中国际收支平衡手册"**指用于汇编和报告国际收支平衡数据的分类系统。6代表国际货币基金组织的第六版国际收支平衡

手册（2009）。**外债**显示了2015年数据的债务汇报状态。A表示数据为报告数据，P表示数据基于报告或收集的信息但包含工作人员估算的成分，E表示数据为世界银行工作人员估算而来。**贸易体系**指联合国一般贸易体系（G）或特殊贸易体系（S）。一般贸易体系下，商品直接进入国内消费，进入海关仓库的商品则记录为到港进口商品。特殊贸易体系下，商品申报国内消费时（无论进入海关仓库还是从中提货），记录为进口商品。一般贸易体系下的出口包含向外运输的商品：（1）全部或部分于国内生产的国产商品；（2）在一国既未改造又未申报国内消费、由海关仓库向外运输的外国商品；（3）申报过国内消费的本土化商品，未经改造向外运输。特殊贸易体系下，出口指（1）与（3）两类。在某些汇编物中，（2）和（3）两类被称为再出口。在进口与出口的统计中，都排除了直接过境贸易——商品进出口都只出于运输的需要。**政府财务会计概念**是报告中央政府财政数据的会计基础。对于大多数国家来说，政府财政数据已被合并（C）至一组包含全部中央政府财政活动的账目之中。中央政府预算科目（B）排除了某些中央政府部门。**国际货币基金组织（IMF）数据公布标准**罗列了同意IMF特殊数据公布标准（S）或增强型一般数据公布标准（e-GDDS）的国家。S代表同意特殊数据公布标准的国家，并将数据公布于http://dsbb.imf.org网站的公布标准公告栏中。S+代表国家必须遵守附加覆盖率、周期性以及时效性的要求。e-G指同意增强型一般数据公布标准的国家。特殊数据公布标准最初制定的目的，是为了指导那些拥有或试图寻求国际资本

市场进入途径的成员国，如何向公众提供其经济与财政数据。制定增强型一般数据公布标准，则是为了指导各国如何进行数据公布，其主要方式包括支持透明、鼓励统计发展以及形成数据公布与监督之间强大的协同作用。IMF成员国可以选择特殊数据公布标准，也可以选择增强型一般数据公布标准。两种标准都增强了及时全面数据的可用性，因而有益于追求健全的宏观经济政策。特殊数据公布标准还有望改善金融市场的运作。**最新人口普查**展示了进行人口普查并至少发布了初级结果的最近年份。如果基础数据可用，来自近期人口普查的初级结果可反映于及时的修订之中，如各个年龄、不同性别的人数，以及计数、覆盖率、完整度的详细定义。使用登记作为人口普查基础的国家，每5年或每10年制作一次类似的人口普查表。**最新人口统计、教育或健康户口调研**指用于汇编版块2中人口统计、教育以及健康数据的户口调研。AIS指获得性免疫缺乏综合征指标调研，DHS指人口统计与健康调研。ENPSF指摩洛哥全国人口与家庭健康调研，FHS指家庭健康调研，GERHS指格鲁吉亚生殖健康调查，HIS指卫生问题调查，IrMIDHS指伊朗多指标人口统计与健康调研，KDHS指基里巴斯人口统计与健康调研，LSMS指生活水平测算研究，MICS指多指标群调研，MIS指疟疾指标调研，MICS/DHS指老挝人民民主共和国社会指标调研，NDHS指瑙鲁人口统计与健康调研，NHS指新加坡国民健康调研，NSS指中国人口变化抽样调研，PNDS指巴西全国妇女儿童人口统计与健康调研，RHS指生殖健康调研，RHS-Ro指罗马尼亚生殖健康调研，RMIDHS指马

国家表格注释

绍尔群岛共和国人口统计与健康调研，RURHS指俄罗斯联邦生殖健康调研，SIDHS指所罗门群岛人口统计与健康调研，Tonga DHS指汤加人口统计与健康调研，Turkey DHS指土耳其人口统计与健康调研，Tuvalu DHS指图瓦卢人口统计与健康调研，WHS指世界健康调研。有关AIS，DHS，HIS以及MIS的详细信息，可于www.dhsprogram.com网站获取；MICS的详细信息，可于http://mics.unicef.org网站获取；RHS的详细信息，可于www.cdc.gov/reproductivehealth网站获取；WHS的详细信息，可于www.who.int/healthinfo/survey/en网站获取。**大多数近期收入与支出数据的来源**展示了收集收入与支出数据的户口调研。户口调研中的姓名与详细信息可在国际户口调研网（www.surveynetwork.org）中找到。核心福利指标问卷调研（CWIQ）由世界银行设计，用以衡量不同人口群体关键社会指标中的变化，特别是核心社会经济服务的获取、使用以及满意度指标。支出调研/预算调研（ES/BS）除收集详细的家庭消费信息外，还收集一般人口统计、社会、经济特征的详细信息。综合户口调研（IHS）收集多个方面的详细信息，包括健康、教育、经济活动、住房以及公用事业。收入调研（IS）收集收入与家庭财富相关信息以及各类社会、经济特征的详细信息。所得税登记簿（ITR）提供人口收入与联系密切的相关信息，如按社会经济群体分类的总收入、须纳税部分收入以及纳税额。劳动力调研（LFS）收集雇佣、失业、工作时数、收入以及报酬方面的信息。生活水平测算研究（LSMS）由世界银行设计，提供家庭福利及对其影响因素的全面状况；该调研通常包括

个体、家庭以及社区层面收集的数据。优先级调研（PS）为一种轻监测调研，由世界银行设计，快速且低成本地从大量家庭中收集数据。1-2-3（1-2-3）调研分三个阶段实施，收集社会人口与就业数据、非正规部门数据以及生活条件与家庭消费信息。**完整生命登记标记**将完整度至少90%的生命（出生与死亡）统计报告给联合国统计司且见于其《人口与生命统计报告》的国家。拥有完整生命统计记录部门的国家，比起其他国家，或具有更为准确及时的人口统计指标。**最新农业普查**显示最近一次实施农业普查或计划实施农业普查的年份，与报联合国粮食农业组织的年份一致。**最新工业数据**显示联合国工业开发机构数据库中，国际标准工业分类（修订版2或修订版3）三位数水平工业增值数据可用的最近年份。**最新贸易数据**显示联合国统计司商品贸易（Comtrade）数据库中，商品贸易数据结构可用的最近年份。**最新取水数据**显示淡水取用数据依多种数据源汇编而成的最近年份。

例外报告期

多数经济体中，财政年与历年一致。例外显示与表格右侧。本文报告的结束日期为中央政府财政年结束日期。其他政府层面的财政年与统计调研的报告年份可能不尽相同。

国民收入数据报告期基于历年（CY）或基于财政年（FY）指定。多数经济体使用历年报告，报告其国民收入与国际收支平衡，但仍有部分使用财政年。《世界发展指标》中，财政年数据归于包含该财政年大部分时间的历年之中。如果一国之财政年于6月30日之前结束，则数据会显示于财政年周期的第

一年；如果于6月30日或之后结束，则数据显示于财政年周期的第二年。《世界发展指标》中的国际收支平衡为历年报告。

国民收入修订

当统计方法改变或更好的数据源出现时，国民收入数据由各国统计局修订。当数据源发生改变时，《世界发展指标》中的国民收入数据亦得到相应修订。以下说明，虽不全面，仍可由早先数据提供修订相关信息。**阿根廷**：国家统计普查研究所修订了2004—2015年的国民收入数据。2012—2015年间，存在两种汇率（官方汇率与平行汇率）；外汇与交易产品的国内交易，有大约20%使用平行汇率（蓝筹股掉期利率）。该期间替代性转换因数使用了加权平均法进行计算。**文莱达鲁萨兰国**：2010—2015年国民收入数据基于亚洲开发银行与国际货币基金组织数据进行了修订，新基准年为2010年。**佛得角**：增值数据以基础物价表示。**中非共和国**：基准年还原为1985年；新参考年为2005年。**中国**：2010—2015年国民收入基于国家统计局数据与世界银行估算结果进行了修订，新基准年为2010年。**哥斯达黎加**：1991—2015年国民收入基于政府官方数据，使用"国民收入系统2008"进行了修订，新参考年为2012年。**斐济**：2011—2015年国民收入基于斐济统计局数据与世界银行估算结果进行了修订，新基准年为2011年。**格鲁吉亚**：2007年之前的、以恒定物价计算的增值数据被暂时移除，待修订序列可用后恢复。2011年之前的恒定物价支出估算结果已被删除。**黎巴嫩**：新参考年为2010年。**莱索托**：新基

来源与方法

国家表格注释

准年为2012年。**列支敦士登**：2013—2014年国民收入数据根据"国民收入系统2008"进行了修订。**马拉维**：新基准年为2010年。**马里**：新基准年为1999年。**马耳他**：1995—2015年国民收入数据来自欧盟统计局；1994年及更早国民收入数据来自联合国。新参考年为2010年。**毛里求斯**：当局对2006—2015年国民收入数据做了大量修订。**摩尔多瓦**：因数据可靠性问题，早于1995年的估算数据被删除，新基准年为2000年。**缅甸**：2010—2015年国民收入数据基于企划部与国际货币基金组织数据进行了修订，新基准年为2010/2011年。**阿曼**：国家统计信息中心以"国民收入系统2008"为基础，对2011—2015年国民收入数据进行了修订。2011—2015年增值数据以基础物价表示；2010年与更早的增值数据以生产价格表示。**巴拿马**：2014—2015年国民收入数据基于政府统计进行了修订。**俄罗斯联邦**：新基准年为2011年。**圣多美与普林希比共和国**：新基准年为2008年。**斯里兰卡**：人口普查与统计局修订了2010—2015年国民收入数据。

例外报告期国家

经济体	财政年结束时间	国民收入数据报告期
阿富汗	3.20	CY
澳大利亚	6.30	FY
孟加拉国	6.30	FY
博茨瓦纳	3.31	CY
加拿大	3.31	CY
埃及	6.30	FY
埃塞俄比亚	7.7	FY
冈比亚	6.30	CY
海地	9.30	FY
印度	3.31	FY
印度尼西亚	3.31	CY
伊朗	3.20	FY
日本	3.31	CY
肯尼亚	6.30	CY
科威特	6.30	CY
莱索托	3.31	CY
马拉维	3.31	CY
马绍尔群岛	9.30	FY
密克罗尼西亚联邦	9.30	FY
缅甸	3.31	FY
纳米比亚	3.31	CY
尼泊尔	7.14	FY
新西兰	3.31	CY
巴基斯坦	6.30	FY
帕劳	9.30	FY
波多黎各	6.30	FY
萨摩亚	6.30	FY
塞拉利昂	6.30	CY
新加坡	3.31	CY
南非	3.31	CY
斯威士兰	3.31	CY
瑞典	6.30	CY
泰国	9.30	CY
汤加	6.30	FY
乌干达	6.30	FY
美国	9.30	CY
津巴布韦	6.30	CY

2010—2015年增值数据以基础物价表示；2009年与更早的增值数据以生产价格表示。**斯威士兰**：当局修订了1999—2015年的国民收入数据。**乌克兰**：新基准年为2010年。**也门共和国**：新基准年还原为1990年。

总量计算规则

基于世界银行对经济体按照地区与收入分类的总量，出现在表格的最后，包括能于线上获取的大多数。包含于这两种分类之中的217个经济体，如封面内页与封底所示，总量还包括中国台湾的数据。如无另外说明，地区总量包括各收入水平经济体的数据。

由于数据缺失，许多经济体的总量应被认为是未知总数或平均值的近似值。总量计算规则旨在为由一个周期到下一周期连续的一组经济状况以及为所有指标产生估算值。由于使用近似值，因而各子群总量全部相加后，可能会与总体合计值以及总体平均值之间存在细微差别。此外，汇编误差与数据报告的实际操作可能引起理论上完全相等的总量之间存在差异，如全球出口量与全球进口量。

《世界发展指标》中使用的五种总量计算方法：

- 对于表格中用字母"t"表示的分组总量或世界总量，缺失数据基于可用数据总额与上一次估算值之间的关系进行推算。推算过程以2010年为界限，向前及向后进行。2010年的缺失数值使用该年完整数据可用代理变量中的一个进行推算。计算推算值的目的是使其（或其代替值）与可用数据总值具有相同的关系。通常，如果缺失数据占数据总数的三分之一以上，则不对推算值进行计算。用作替代值的变量为国民总收入（单位：美元）；总人口；商品与服务的进出口（单位：美元）以及农业、工业、制造业、服务业的增值（单位：美元）。

- 标有字母"s"的总量为可用数据的总额。未对缺失数值进行推算。特定年份中，若序列中观察值缺失三分之一以上，或是序列中有替代值缺失，则不进行总额的计算。

- 占比的总量按照占比的加权平均数计算时，用字母"w"表示；按未加权平均数计算时，用字母"u"表示。总占比基于可用数据。缺失数值假定为与可用数据具有相同平均值。如若基准年中的权重值缺失三分之一以上数据，则不进行总量计算。少数情况下，总占比可能在根据上述推算总值的规则对缺失数据值进行推算后，按照分组总量占比进行推算。

- 总增长率按照增长率加权平均数计算时，用字母"w"表示。少数情况下，增长率可通过经济体经济总量的时间序列进行计算。如果一周期内半数以上的观察值缺失，则不对增长率进行计算。更多对计算增长率方法的讨论，见下文。

- 用字母"m"表示的总量为表格所示数值的中位数。人口大于100万的国家，如若超过半数的观察值缺失，则不给出任何数值。

 环境　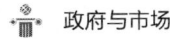 经济　政府与市场　 全球联系　 后缀　　2017 年世界发展指标　**125**

来源与方法

不符合上述规则的情况可能出现。根据世界银行分析师的判断，计算总量可能只使用了可用数据的50%。其他情况下，若将缺失数值或排除数值判定为可忽略或不相关，则总量仅仅根据表格中所列数据计算而来。

增长率

增长率按年平均数计算，以百分比表示。除特别说明外，数值增长率为由恒定物价序列计算而来、扣除物价因素的真实值。用于计算增长率的方法主要有三种：最小二乘法、指数端点法以及几何端点法。前一周期到后一周期的变化率，按照相对于前一周期的变化比例计算。

最小二乘法增长率

只要时间序列足够长，能使得计算结果可靠，则使用最小二乘法计算增长率。如若某一周期内半数以上的观察值缺失，则不计算增长率。最小二乘法增长率，即r，通过将线性回归趋势线拟合至相关周期中对年度变量值取对数来估算。回归方程如下：

$$\ln X_t = a + bt$$

为复合增长方程的对数变换，

$$X_t = X_0 (1+r)^t$$

该方程中，X为变量，t为时间，$a = \ln X_0$与$b = \ln(1+r)$为需要估算的参数。若b^*为b的最小二乘法估算值，则年平均增长率，即r，等于$[\exp(b^*) - 1]$；之后乘以100表示为百分数。计算所得增长率为代表了整个周期之中可用观察值的平均比率。因此，它并不一定与任何两周期之间的增长率相符。

指数增长率。对于特定人口统计指标（尤其是劳动力与人口），两时间节点间的增长率通过如下方程计算：

$$r = \ln(p_n/p_0)/n$$

其中，p_n与p_0为该周期中最末与最初观察值，n表示该周期包含的年数，ln表示自然对数运算符。此增长率基于两时间节点间连续的、成指数的增长模型。增长率并未将序列中的中间值列入考虑，也未同每隔一年测算一次的年变化率对应。该年变化率由如下公式得出：

$$(p_n - p_{n-1})/p_{n-1}$$

几何增长率。几何增长率适用于离散周期性复合增长率，如利息或分红的支付与再投资。虽然如指数增长率模拟的持续性增长可能更符合实际，但大多数经济现象只能间隔测算，因此复合增长模型更为合适。n个周期的平均增长率按如下公式计算：

$$r = \exp[\ln(p_n/p_0)/n] - 1$$

世界银行图谱法

因特定操作性或分析性原因，计算国民总收入与人均国民总收入（以美元为单位）

时，世界银行使用图谱转换因数，而非单纯的汇率。使用图谱转换因数的目的在于，减少国民收入跨国对比中汇率波动的影响。

任意一年的图谱转换因数，为该年一国汇率（或替代性转换因数）与之前两年汇率的平均值，并因国内通货膨胀率与国际通货膨胀率之间的差异而做出调整。

调整的目的是减少因通货膨胀而产生的汇率变化。一国在 t 年与 t-n 年之间的通货膨胀率通过国内生产总值平减指数（p_t）对的变化来测算：

$$r_{t-n} = p_t / p_{t-n}$$

t 年与 t-n 年间的国际通货膨胀，根据国际货币基金组织记账单位即特别提款权（SDRs），使用平减物价指数中的变化进行测算。特别提款权平减指数，是日本、英国、美国以及欧元区国内生产总值平减指数（按照特别提款权）的加权平均数，并换算为美元；权重为每种货币在一单位特别提款权中的数量。

$$r_{t-n}^{SDR\$} = p_t^{SDR\$} / p_{t-n}^{SDR\$}$$

来源与方法

t（e_t^{atlas}）年的图谱转换因数（本国货币换算为美元）按如下公式计算：

$$e_t^{atlas} = \frac{1}{3}\left[e_t + e_{t-1}\left(\frac{r_{t-1}}{r_{t-1}^{SDR\$}}\right) + e_{t-2}\left(\frac{r_{t-2}}{r_{t-2}^{SDR\$}}\right)\right]$$

e_t 为 t 年的年平均汇率（本国货币换算为美元）。

t（$Y_t^{atlas\$}$）年的以美元为单位的国民总收入（图谱法），通过对一国按当前物价（本国货币）（Y_t）之国民总收入适用图谱转换因数，公式如下：

$$Y_t^{atlas\$} = Y_t / e_t^{atlas}$$

所得图谱法国民总收入（单位：美元）随后可除以一国之年中人口数，得出人均国民总收入（图谱法）。

替代性转换因数

世界银行系统地评估官方汇率作为转换因数的适当性。当官方汇率被认定为不可靠或不能代表能有效适用于外汇与交易产品国内交易的汇率时，使用替代性转换因数。这对少数国家适用。替代性转换因数作为一种单一年份转换因数，用于图谱法或《世界发展指标》其他部分之中。

参与工作的人员

本书的全部工作在付海山（Haishan Fu）的指导下完成。Tatiana Didier Brandao，Poonam Gupta，David Rosenblat以及Claudia Paz Sepulveda提出了宝贵意见。

《世界发展指标》，其书、数据库以及相关产品在Neil Fantom的管理下，由下列团队成员及贡献者起草完成。指标及文本内容的选取，通过世界银行各类全球实务、跨界解决方案领域以及其他单元的员工所做的详尽咨询及大量工作，方得以形成。团队还从外部合作伙伴处获取了大量帮助、指导与数据。

1. 贫困与共同富裕

版块1由Umar Serajuddin，Espen Beer Prydz，Juan Feng以及Dereje Wolde起草。团队十分感谢来自Shaohua Chen，Prem Sangraula，Nobuo Yoshida以及其他"全球贫困工作组"同事的支持。

2. 人口

版块2由Juan Feng，Masako Hiraga，Haruna Kashiwase，Hiroko Maeda，Emi Suzuki以及Dereje Ketema Wolde，通过同世界银行各类全球实务、跨界解决方案领域（教育；性别；健康、营养与人口；工作；贫困；社会保护与劳工；水）通力合作起草。感谢下列人员所做的贡献：来自世界银行的Luis Alberto Andres、Patrick Eozenou、Sarah Iqbal、Samuel Mills、Eliana Carolina Rubiano Matulevich以及Alena Sakhonchik。此外，来自理解儿童工作项目规划小组的Lorenzo Guarcello、Furio Rosati及Cristina Valdivia，国际劳工组织的Marie-Claire Sodergren，联合国儿童基金会的Nassim Benali、Priscilla Idele、Padraic Murphy、Julia Krasevec、Tom Slaymaker及Robert Bain，联合国教育、科学和文化组织统计研究所的Chiao-Ling Chien、Friedrich Huebler、Weixin Lu、Adriano Miele及Said Ould A. Voffal，联合国人口司的Patrick Gerland、Danan Gu、Frangois Pel¬letier及Thomas Spoorenberg，世界卫生组织的Callum Brindley、Monika Bloess-ner、Elaine Borghi、Richard Cibulskis、Alison Commar、Mercedes de Onis、Jessica Ho、Daniel Hogan、Rifat Hossain、Teena Kunjumen、Wahyu Mahanani、Luz Maria de Regil、Lori Marie Newman、Colin Mathers、Leanne Riley、Lisa Rogers、Gretchen Stevens、Hazim Timimi、Nathalie Van de Maele及Ryan Williams，联合国艾滋病规划署的Juliana Daher及Mary Mahy，柳叶刀全球外科委员会的Justine Davies、John Meara、Joshua Ng及Mark Shrime，以及国际糖尿病联盟的Leonor Guariguata。

3. 环境

版块3由Mahyar Eshragh-Tabary，通过同世界银行环境与自然资源全球实务以及能源与提取物全球实务通力合作起草。感谢下列人员所做贡献：Gabriela Elizondo Azuela、Sudeshna Ghosh Banerjee、Juan Feng、Vivien Foster、Haruna Kashiwase、Glenn-Marie Lange、Jiemei Liu、Alejandro Moreno、Esther G. Nai-kal、Urvashi Narain、Ana Florina Pirlea、Elisa Portale、Christopher Sall、Jonathan Edwards Sinton及Emi Suzuki。此外，来自其他机构的工作者，亦做出巨大贡献：健康指标与评估研究所的Michael Brauer、Aaron Cohen、Mohammad H. Forouza-nfar、Joey Frostad、Peter Speyer及Joan E. Williams；马里兰大学的Pierre Boileau及Maureen Cropper；国际能源署的Sharon Burghgraeve、Dan Dorner及Jean-Yves Garnier；德国技术合作公司的Armin Wagner；以及国际自然保护联盟的Craig Hilton-Taylor及Caroline Pollock。团队对于下列机构提供其在线数据库的使用，表示感谢：国际地球科学信息网中心、全球大气研究与联合研究中心排放数据库、联合国粮食和农业组织、健康指标与评估研究所全球疾病负担、国际能源署、国际自然保护联盟、美国国际发展署外国灾害援助办公室、美国国家航空航天局社会经济数据和应用中心、联合国环境规划署和世界保护监测中心以及美国能源部二氧化碳信息分析中心。

4. 经济

版块4在Barbro Hexeberg的指导下，由Bala Bhaskar Naidu Kalimili进行领导。感谢下列员工所做贡献：Maja Bress-lauer、Tamirat Yacob Chulta、Liu Cui、Barbro Hexeberg、Yao Kouadio Charles Kouame、Esther G. Naikal、Chris¬topher Sall、Julio Eduardo Diaz Sosa以及Alagiriswamy Venkatesan。团队对于下列机构提供其在线数据库的使用，表示感谢：世界银行环境与自然资源全球实务、欧盟统计局、国际货币基金组织、经济合作与发展组织、联合国工业发展组织以及世界贸易组织。

5. 政府与市场

版块5由Buyant Erdene Khaltarkhuu与Ana Florina Pirlea，通过同下列机构通力合作起草：世界银行金融与市场全球实务、运输与信息通信技术全球实务以及公私合作跨界方案领域，国际金融公司以及其他外部合作伙伴。感谢下列人员所做贡献：Mustafa Dinc、Arvind Jain、Leora Klapper、Frederic Meunier、Jorge Luis Rodriguez Meza、Fernanda Ruiz Nunez、Rita Ramalho、Zichao Wei、Joshua Wimpey以及Junhe Yang。此外，来自其他机构的工作者，亦做出巨大贡献：全球交易所联盟的Padmasai Varanasi；标准普尔金融服务有限公司的Michael Orzano；国际战略研究所的James Hackett；斯德哥尔摩国际和平研究所的Sam Perlo-Freeman；乌普萨拉大学冲突数据库的Therese Pet-terson；境内流离失所监测中心的Ali Anwar、Justin Ginnetti以及Leonardo Milano；联合国药物管制与预防犯罪办事厅的Enrico Bisogno及Michael Jandl；国际民用航空组织的Antonin Combes与Ananthanarayan Sainarayan；联合国贸易与发展会议的Torbjorn Fredriksson、Scarlett Fondeur Gil、Diana Korka及Vincent Valentine；国际货币基金组织的Renato Perez；国际电信联盟的Vanessa Grey、Esperanza Magpantay、Susan Teltscher及Ivan Vallejo Vall；联合国教育、科学及文化组织统计研究所的Rohan Pathirage与Martin Schaaper；世界知识产权组织的Carsten Fink、Mosahid Khan及Ryan Lamb.

6. 全球联系

版块6由发展数据组金融数据团队（该团队由Evis Rucaj领导，成员包括Karla Mirari Yee Amezaga、Peter Bourke、Cynthia Nyanchama Nyakeri、Malvina Pollock、Sun Hwa Song、Rubena Sukaj及Rasiel Vellos），通过同下列机构通力合作起草：世界银行发展研究工作组、发展前景工作组、国际贸易部以及外部合作伙伴。来自世界银行银行—经济政策和债务部的Signe Zeikate提供了"重债穷国减债计划"与"多边减债计划"中债务免除的估算结果。来自其他机构的工作者，亦做出巨大贡献：联合国贸易与发展会议的Frederic Docquier、Flavine Creppy及Yumiko Mochizuki；国际贸易中心的Mondher Mimouni；中外运敦豪速递的Jeff Reynolds与Joseph Siegel；经济合作与发展组织的Yasmin Ahmad、Elena Bernaldo、Aimee Nichols及Ann Zimmerman；联合国难民事务高级专员办事处的Tarek Abou Chabake；世界旅游组织的Teresa Ciller与Leandry Moreno.

编辑、设计与制作

编辑团队由Neil Fantom领导，成员包括Tariq Khokhar、Hiroko Maeda、Ana Florina Pirlea、William Prince、Elizabeth Purdie及Umar Serajuddin。Andrew Whitby在世界银行地图设计单位Bruno Bonansea的协助下，协调了各个板块地图的准备工作。Denise Bergeron与Jewel Monique McFadden提供了出版支持。Jomo Tariku与通讯发展股份有限公司协调了制作的全部流程；该公司在Bruce Ross-Larson与Christopher Trott的领导下，提供了整体设计方向、编辑以及布局。Elaine Wilson设计了封面与制图，并对全书进行了排版。来自Peter Grundy艺术设计公司的Peter Grundy以及来自Broadley设计公司的Broadley，设计了报告样式。

数据管理

William Prince在来自数据管理与服务团队Biokou Mathieu Djayeola、Shelley Fu、Tony Fujs及Qingze Jia的协助下，协调管理《世界发展指标》数据库。在Malarvizhi Veerappan的领导下，Ramgopal Erabelly与Karthik Krishnamoorthy，同数据管理与服务团队通力合作，实现了数据管理系统的运转。

行政助理、办公技术以及系统研发支持

行政助理由Elysee Kiti与Lisa Michelle Jacqueline Burke提供。信息技术由Jean-Pierre Djomalieu、Gytis Kanchas及Nacer Megherbi提供。数据银行应用的软件支持由Ugendran Machakkalai、Atsushi Shimo及Malarvizhi Veerappan提供。

在线获取

Neil Fantom、Soong Sup Lee及Malarvizhi Veerappan，经由开放数据网站、数据银行应用、表格浏览应用以及应用编程界面，对世界发展指标在线的展示进行了协调。网站的开发、维护与管理团队，包括George Gongadze、Timothy Herzog、Tariq Khokhar、David Mariano、Jeffrey McCoy、Ana Florina Pirlea及Jomo Tariku。系统研发由Malarvizhi Veerappan领导的团队进行。设计、编程与测试由Ying Chi、Vishali Chikurthi、Rajesh Danda、Shelley Fu、Mohammed Omar Hadi、Siddhesh Kaushik、Karthik Krishnamoorthy、Ugendran Machakkalai、Atsu-shi Shimo及Jomo Tariku进行。Biokou Mathieu Djayeola与William Prince，Tony Fujs与Qingze Jia协调了制作过程并提供质量保证。在线内容的多语种翻译工作由综合服务部门的团队承担。

客户反馈

编写组还要感谢百忙之中为本书提供反馈与建议的许多人士，他们的帮助有助于我们改进今年的版本质量。联系我们，请通过data@worldbank.org。